구글 애드센스로 돈 벌기

〈AI 자동화 · 유튜브 쇼츠 최신 확장판〉
국민 부업! 블로그, 유튜브 수익화 공략집

구글 애드센스로 돈 벌기

1판 1쇄 인쇄 2025년 5월 15일
1판 1쇄 발행 2025년 5월 20일

지은이 안동수(풍요)
펴낸이 송준화
펴낸곳 아틀라스북스
등 록 2014년 8월 26일 제399-2017-000017호

기획편집총괄 송준화
마 케 팅 총 괄 박진규
디자인 김민정

주소 (12084) 경기도 남양주시 청학로 78 812호(스파빌)
전화 070-8825-6068
팩스 0303-3441-6068
이메일 atlasbooks@naver.com

ISBN 979-11-88194-53-7 (13320)
값 25,000원

Google AdSense

구글 애드센스로
돈 벌기

폭발적성장!
AI 자동화
유튜브 쇼츠
최신확장판

안동수(풍요) 지음

AI 자동화 초특급 노하우

국민 부업! 블로그, 유튜브 수익화 공략집

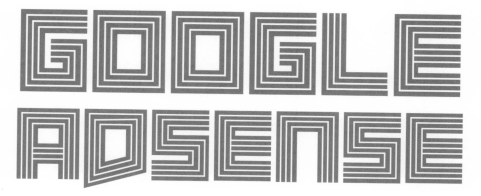

아틀라스
북스

사회생활을 하다 보면 똑똑한 사람보다 실천하는 사람이 더 많은 결과를 가져온다는 것을 느낄 수 있습니다. 아무리 지식과 경험이 많아도 그것을 실천에 옮기지 않으면 쓸모가 없죠. 이 책에서 제시하는 노하우와 아이디어도 마찬가지입니다. 이 책을 읽고 바로 실천하지 않으면 아무 소용이 없다는 것이지요.

이 책은 모두가 알고 싶었지만 아무도 말하지 않았던 구글 애드센스 수익의 깊숙한 노하우까지 제공합니다. 이 책의 구성은 다음과 같이 4개로 나뉩니다.

1부 - 구글 애드센스 시작하기

2부 - 블로그 수익 창출 방법

3부 - 유튜브 (숏폼, 롱폼) 수익 창출 방법

4부 - AI로 콘텐츠 생산 자동화하는 방법

각각의 파트와 장들은 연계적이지만, 어느 파트를 찾아 읽어도 개별적인 노하우를 얻을 수 있도록 구성했습니다. 구글 애드센스 입문자는 처음부터 읽어보시고, 블로그만 배우고 싶은 분, 유튜브만 배우고 싶은 분, AI 자동화만 배우고 싶은 분 등 각자 상황과 요구에 따라 필요 부분을 쉽게 찾아 읽을 수 있도록 했습니다. 이 책의 내용들은 모두 저의 실전적 경험을 바탕으로 하고 있으며, 현재도 웬만한 월급 수준의 애드센스 수익을 창출하고 있습니다. 이 책은 저의 경험을 녹인 것으로, 이 책에 따라 실천하면 누구나 구글 애드센스로 수익을 얻을 수 있는 실전 운용 전략서입니다.

구글 애드센스에 대해 전혀 몰랐던 분이라면 수익형 블로그 애드센스 입문부터 읽고, 수익형 블로그 운영법을 알아보기 바랍니다. 티스토리와 같은 수익형 블로그를 조금이라도 경험해보는 것이 '구글 애드센스에 대한 이해의 폭'을 넓히고, '키워드 선정에 대한 감'을 익히는 데 여러모로 도움이 됩니다. 수익형 블로그를 운영해보면 글쓰기 능력의 향상으로 유튜브 운영에도 많은 도움을 얻게 될 것입니다.

유튜브로 성공하고 싶은 분이라면 망설이지 마세요. 지금이 기회입니다. 유튜브 쇼츠는 지금 가장 빠르고 강력한 무기입니다. 이 책이 제시하는 방법대로 유튜브 쇼츠를 적극 공략하고, 책에 담긴 노하우를 따른다면 3~6개월 안에 눈에 띄는 성과를 만들 수 있습니다. 여기에 AI (반)자동화 기술까지 더한다면 폭발적인 성장을 경험하게 될 것입니다.

구글 애드센스는 크게 블로그 수익과 유튜브를 통한 수익으로 나뉩니다. 다만 블로그로 시작하든 유튜브를 운영하든 간에 반드시 기억해야 할 것이 있습니다. 처음부터 완벽하게 하려고 하지 말라는 것입니다. 무엇이든 완벽하게 하려고 하면 빨리 지치기 마련입니다. 또 흥미를 잃지 않고 재미있게 하는 것이 중요합니다. 따라서 처음에는 연습하듯 즐겁게 해볼 것을 추천합니다.

또한 블로그나 유튜브 운영 초기에는 기대보다 작은 수익에 실망할수 있습니다. 그렇다고 섣불리 포기하지 마십시오. 여러분이 투입한 노력은 끝끝내 누적된 수익으로 보답할 것이기 때문입니다.

이 책에서 제시하는 방법대로 자신의 블로그나 유튜브에 최소한 400개 이상의 콘텐츠를 업로드한 후 판단해보기 바랍니다. 최소한 6개월 정도만이라도 열정과 노력을 짜내 보십시오. 집중적으로 콘텐츠 생산을 지속하다 보면 티끌 같던 수익이 점차 눈덩이처럼 커지는 것을 경험하게 될 것입니다.

이제 애드센스 수익만으로 상상을 초월하는 큰 수익을 얻을 수 있는 시대가 되었습니다. 이 글을 열심히 읽고 있는 여러분은 저보다 더 나은 결과를 얻을 수 있습니다.

생각해보세요. 구글 애드센스를 시작한다고 해서 잃을 게 전혀 없습니다. 수익형 블로그나 유튜브 운영에는 투자금이 거의 들지 않기 때문입니다. 오직 끈기와 실천, 그리고 컴퓨터 한 대면 충분합니다. 투자금 손실이 발생하는 주식이나 부동산투자보다도 나은 것이 구글 애드센스입니다. 열정과 노력만 가지고 월세만큼, 아니 그보다 훨씬 큰 수익을 얻을 수 있습니다.

오늘부터 저와 함께 6개월만 눈 딱 감고 노력해보십시오. 저는 직장생활과 육아를 병행하면서 새벽시간을 쪼개서 블로그와 유튜브를 운영했고, 그 결실로 디지털 시대의 월세 수익을 얻고 있습니다. 당신도 무형의 콘텐츠로 돈 버는 수익구조를 만들기 바랍니다. 물론 그 과정은 어려울지 모릅니다. 그러나 한 번 만들어놓은 수익의 파이프라인은 여러분의 삶을 좀 더 풍요롭게 해줄 것을 믿고 가면 됩니다.

아는 것에 그치고 말 것인가

아는 것을 실천함으로써 수익을 내 것으로 만들어낼 것인가?

이 질문에 대한 해답은 오직 당신에게 달려 있습니다.

이 책이 독자 여러분들이 '돈과 시간으로부터의 자유'를 얻는 데 조금이나마 도움이 되기를 희망합니다. 마지막으로 책이 세상에 나오기까지 응원해주고 묵묵히 지켜봐준 사랑하는 아내와 두 아들(현웅, 지웅)에게 감사의 마음을 보냅니다.

안동수(풍요)

차례

2부 블로그로 돈 벌기

3부 유튜브로 돈 벌기

4장 구독자를 끌어당기는 5가지 절대법칙

정말 구글 애드센스로
부동산 월세만큼의
수익을 얻을 수 있나요?

반신반의하는 마음으로 시작한 수익형 블로그

제가 처음 구글 애드센스에 대해 알게 된 것은 2015년 7월 중순이었습니다. 당시 저는 《부의 추월차선》(엠제이 드마코 저, 토트)이라는 책을 읽고 '돈과 시간으로부터 자유를 얻어야겠다'는 생각에 집중하고 있었습니다. 그때 우연히 조엘 컴(Joel Comm)이라는 사람이 쓴 《애드센스 시크릿(Adsense Secret)》이라는 책을 접하게 되었습니다. 책에는 블로그에 글을 쓰고 구글 애드센스 광고를 게재하는 것만으로도 비교적 큰 수익을 소극적으로(passive) 벌 수 있다는 내용이 담겨 있었습니다. 실제로 조엘 컴은 애드센스로 백만장자가 된 인물이기도 합니다. 블로그로 직장인 월급 수준의 수익을 벌 수 있다는 내용에 솔깃해진 저는 그때부터 애드센스 수익을 얻기 위한 연구를 시작했습니다.

하지만 당시에는 국내에서 애드센스에 대한 정보를 얻는 것조차 힘들었을 뿐 아니라, 한 달 내내 블로그 포스팅을 해봤자 월 10만 원 벌기도 힘들다는 이야기가 많았습니다. 노력 대비 결과가 너무 미미하다는 회의감이 존재하고 있었던 것이지요.

그럼에도 불구하고 저는 일단 한번 시작해보자는 마음으로 애드센스 광고를 설치할 수 있는 다음(Daum) 티스토리 블로그를 개설해 운영하기 시작했습니다.

나만의 키워드를 발견하다

저는 티스토리 블로그를 개설한 후 도서리뷰 포스팅을 20개 정도 올려놓고 애드센스 승인신청을 했고, 3일 만에 구글 애드센스 측으로부터 광고승인을 받아 애드센스 광고코드를 블로그에 넣을 수 있게 되었습니다.(당시에는 지금처럼 승인절차가 까다롭지 않았습니다.)

그런데 막상 광고승인을 받고 나서는 블로그에 어떤 글을 써야 할지가 막막했습니다. 저는 일단 주변에서 흔히 찾을 수 있는 정보들을 토대로 포스팅하기 시작했습니다. 하지만 개설한 지 얼마 안 된 블로그이다 보니 아무리 인기 좋은 키워드*를 이용해서 포스팅**을 해도 포털 결과에서 몇 페이지를 넘겨도 찾기 힘들 정도로 제 게시글은 존재감이 없었습니다.

그러던 중 저는 우연히 인터넷공간에서 블로거들이 잘 사용하지 않는 저만의 포스팅 키워드를 발견했습니다. 마치 관광객들이 붐비지 않

● 블로그가 검색포털에 의해 노출되는 핵심단어
●● 블로그에 글이나 사진, 동영상 등을 게시하는 것

는 외딴 섬을 찾은 것 같은 기분이었지요. 제가 찾은 키워드 주제는 한 달 평균 500~1,000명 정도가 꾸준히 검색하는 키워드였지만, 관련 게시물이 거의 없어서 포스팅을 하면 바로 검색결과 첫 페이지 화면 상단에서 확인할 수 있었습니다. 그 키워드는 바로 '약 이름'에 관한 키워드였습니다.

그 키워드를 찾게 된 계기는 이렇습니다. 어느 날 감기 때문에 약 처방을 받고 약국에서 받아온 약 봉투를 보니 굉장히 생소한 약 이름이 적혀 있었습니다. 저는 그 약의 성분이나 효능, 부작용 등이 궁금했습니다. 인터넷에 검색을 해보았는데 관련 정보가 없었습니다. 그래서 다음 날 해당 약 이름을 키워드로 포스팅을 작성해서 올려보았는데, 올린 지 얼마 되지 않아 검색결과 1페이지 최상단에 노출되었습니다. 제가 쓴 글이 검색결과 첫 페이지에 뜨니, 블로그 글을 쓰고 검색하는 재미를 느끼게 되었고, 그때부터 약 이름을 키워드로 포스팅을 꾸준히 작성해서 올렸습니다. 그 결과 아래와 같이 제 블로그 일일 방문자는 1명에서 3명, 5명으로 점점 늘더니 49명, 89명, 140명으로 계속 늘어나게 되었습니다.

08.16	134
08.15	140
08.14	61
08.13	92
08.12	101
08.11	94
08.10	81
08.09	75
08.08	79
08.07	89
08.06	49
08.05	6
08.04	5
08.03	3
08.01	1

그 후부터 저는 매일 블로그 방문자수를 확인하는 버릇이 생겼습니다. 그리고 약 이름과 관련한 검색포털의 키워드 검색결과 상단을 조금씩 점령해나가게 되었습니다.

깨알 같은 수익이 10달러가 되다!

블로그 방문자수가 늘어나자 애드센스 수익도 조금씩 불어나기 시작했습니다. 그렇지만 한 가지 문제가 있었습니다. 애드센스 홈페이지에서 확인한 저의 블로그 수익이 현저히 기대에 미치지 못했던 것입니다. 한 달간 열심히 포스팅을 했지만 당시 월수익은 아래 그림과 같이 고작 0.18달러에 불과했습니다. 원화로 환산하면 300원 정도의 금액이었으니, 한 달 치 노력이 말 그대로 껌값도 안 되었던 것이지요.

2015. 8. 1 - 2015. 8. 31				최종 잔액: US$0.18
날짜 ?	설명	청구 금액(US$) ?	크레딧(US$) ?	잔액(US$) ?
2015. 8. 1 - 2015. 8. 31	수익 - 콘텐츠용 애드센스		0.18	0.18

*2015년 8월 당시 애드센스 월수익

매일 꾸준히 포스팅한 결과가 이처럼 초라하다 보니 저는 힘이 빠지기 시작했습니다. 수익이 이렇게 미미한데 계속 포스팅을 하는 것이 무슨 의미가 있을까 하는 회의감이 든 것이지요. 그런 마음이 들자 하루 1개 이상의 포스팅을 올리자던 초심은 점차 약해졌습니다. 급기야 블로그를 개설한 지 2개월째 되던 시점에는 블로그 활동을 거의 안 하게 되었습니다. 정말 시간이 남을 때만 올리기도 하고, 2주 동안 포스팅을 아예 안 올린 적도 있었습니다.

그렇게 구글 애드센스와 이별하려던 시기. 블로그를 개설한지 3개월 지난 시점에 신기한 일이 생겼습니다. 그동안 쌓아놓은 포스팅들의 영향이었는지, 포스팅을 거의 안 했는데도 애드센스 누적수익이 10달러가 된 것입니다. 이렇게 애드센스 누적수익이 어느새 10달러를 넘어가자 구글 본사로부터 애드센스 광고수익금을 수령할 수 있는 'PIN 번호'(86쪽 참조)가 담긴 우편을 받게 되었습니다. 이 우편을 받고 나자 저는 이런 생각이 들었습니다.

'최근 한 달간 아무것도 안 했는데도 돈이 쌓여 있네. 그럼 블로그 포스팅 개수를 꾸준히 늘리면서 포기만 않는다면 언젠가 애드센스 수익은 계속 늘어나지 않을까?'

당시 저는 블로그 활동을 접고 주식을 열심히 하고 있었는데, 곰곰이 생각해보니 '수익과 손실이 반복되는 주식과는 달리 애드센스의 경우 포스팅 개수만 꾸준히 늘려놓으면 손실 없이 계속 수익이 발생하겠다'는 생각이 들었습니다. 여러모로 따져 봐도 블로그 활동을 하지 않을 이유가 없다고 판단한 저는 그 시점부터 다시 블로그에 포스팅을 꾸준히 쌓아나갔습니다.

1일 1포스팅으로 애드센스 월세수익을 만들어내다!

이후 3개월 정도 꾸준히 포스팅을 했습니다. 마치 습관이 된 운동처럼 하루라도 포스팅을 안 하면 뭔가 할 일을 안 한 것 같은 느낌이 들 정도였지요. 가끔 피곤할 땐 하루쯤 글 올리는 것을 쉬고 싶은 마음도

들었지만, 꾸준히 애드센스 수익이 늘어나는 것을 보면서 도저히 멈출 수는 없었습니다. 그러면서 저는 블로그 방문자수와 애드센스 수익을 늘릴 수 있는 방법들을 계속해서 연구했습니다. 그리고 거기서 발견한 방법들을 포스팅에 적용했습니다. 이렇게 꾸준히 포스팅을 올린 지 3개월이 다 되어갈 무렵, 마침내 제 블로그의 일일 방문자수는 2,000명을 넘게 되었습니다.

12.31	2,356
12.30	1,382
12.29	1,223
12.28	1,387
12.27	1,087
12.26	904
12.25	857
12.24	1,078
12.23	1,198
12.22	1,266
12.21	1,321
12.20	1,026
12.19	731
12.18	919
12.17	908
12.16	1,186
12.15	1,049

1일 1포스팅을 꾸준히 실천하자 애드센스 수익도 덩달아 상승해서 3개월째 되던 시기에 월수익 246달러(약 27만 원)를 달성했습니다. 지금은 하루에 약 40달러(약 4만 4,000원), 월간으로는 약 100만 원 안팎의 수익을 얻고 있습니다.

제가 생각하는 구글 애드센스의 가장 큰 매력은 꾸준히 콘텐츠를 쌓아놓으면 수익이 누적되어 부동산 임대수익 못지않은 월수익을 만들어준다는 데 있습니다. 게다가 컴퓨터 1대만 있으면 자본금 한 푼 없이 누구나 수익창출이 가능합니다.

독자들도 1일 1포스팅 원칙을 지속적으로 실천하는 끈기와, 이 책이 제시하는 노하우와 법칙들을 실행해나간다면 누구나 반자동화*된 소극적 소득(passive income)을 얻을 수 있을 것입니다.

● 콘텐츠를 한번 올려놓으면, 그 이후부터 콘텐츠가 스스로 돈을 벌어준다는 개념

1부 ▶

구글 애드센스를 시작하다

Google
Adsense

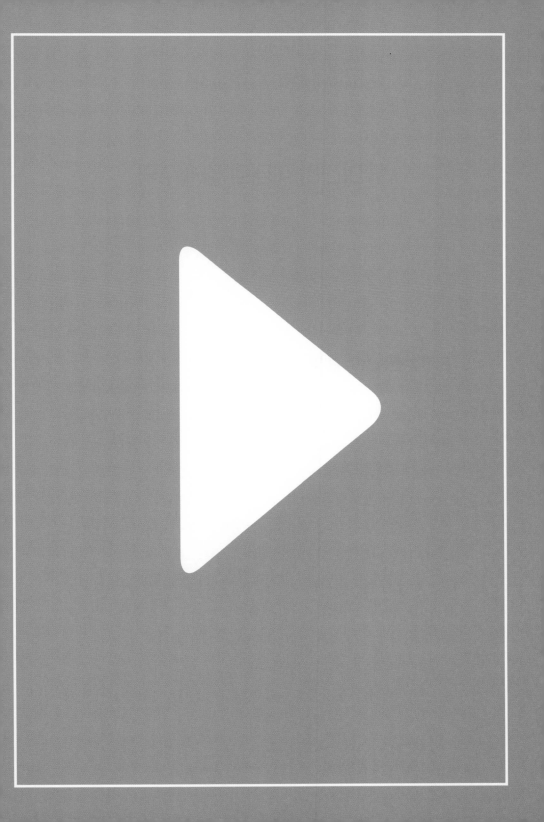

01

뉴미디어 시대의 월세수익

디지털 콘텐츠로 월 억을 버는 시대

부동산은 좋은 재테크 수단입니다. 땅은 영속성이 있기 때문에 부동산을 가지고 있으면 시간의 흐름에 따라 가치가 오릅니다. 오늘날에도 많은 사람들이 부동산을 선호하는 돈벌이 수단으로 생각하고 있습니다. 특히 부동산 임대를 놓으면 일하지 않아도 월수익이 꾸준히 들어오므로 훌륭한 소극적 소득원(passive income)이 됩니다.

그런데 최근 10년 만에 세상이 바뀌었습니다. 디지털 콘텐츠만으로 월 억을 버는 사람들이 나타난 것입니다. 구글, 애플, 마이크로소프트, 넷플릭스는 전 세계를 휘어잡고 있으며, 개인들은 디지털 콘텐츠를 올리는 것만으로 수천만 원 이상의 디지털 기반 소득을 창출하고 있습니다. 디지털 콘텐츠를 통제하거나 양질의 콘텐츠를 만들 수 있는 자에게 부(富)가 집중되고 있다는 것입니다.

디지털 미디어가 중심이 된 지금은 양질의 콘텐츠를 소유하거나 제공할 수 있는 사람이 부를 거머쥐는 시대입니다. 우리나라에도 온라인 커뮤니티나 웹사이트 혹은 개인 미디어(유튜브 등) 채널을 운영하면서 월 수천만 원 이상의 수익을 얻는 사례가 많아졌습니다.

그런데 우리가 마주하고 있는 블로그나 웹사이트, 유튜버들이 수익을 얻고 있는 핵심도구가 무엇인지 아십니까? 그것이 바로 우리가 이 책에서 알아볼 '구글 애드센스(Google Adsense)'라는 것입니다. 구글 애드센스로 어떻게 그런 수익을 얻을 수 있는지는 이 책에서 차근차근 알아보기로 하고, 먼저 구글 애드센스가 왜 미래를 대체할 재테크 수단이며, 주식이나 부동산보다 왜 더 좋은지 간단히 살펴보겠습니다.

주식과 부동산 투자의 치명적 단점

저도 주식을 많이 연구하고 해봤지만 주식에는 치명적인 단점이 있습니다. 바로 '외부요인으로 인한 변동성'입니다. 예를 들어 투자했던 종목의 회사가 갑자기 유상증자°를 결정하면 우리가 가진 주식의 가치가 하루아침에 급락합니다. 또 기업 임직원의 횡령혐의가 드러나면 주가가 일순간에 급락하기도 하고, 국제적 이슈인 미·중간 충돌이나 우크라이나 전쟁과 같이 전혀 예상하지 못한 상황이 전개되면 주식 가진 사람들은 속수무책으로 당할 수밖에 없습니다. 이처럼 주식은 회사의 실적이나 종목 추세와 관계없이 언제든 외부요인으로 인해 가치가 급락할 수 있는, 절대적 '불확실성'이라는 리스크를 안고 있습니다.

° 유상증자의 결과는 회사가 발행한 전체 주식수가 늘어나는 것이다. 사안에 따라 다르지만 동일한 시가 총액을 가진 회사의 주식수가 늘어나면 일반적으로 주식의 가치는 떨어진다.

그렇다면 부동산은 어떤가요? 부동산을 통해 안정적인 월세소득을 얻는 일은 어르신들의 몫이 되어 버렸습니다. 부동산 가치가 낮을 때 (상대적으로 적은 노력으로) 매입해놓은 부동산의 가격이 비정상적으로 상승하였습니다. 그 결과 젊은 2030세대는 부동산을 구입할 수 있는 기회조차 사라져 버렸습니다. 이른바 '부의 사다리'가 사라진 것이죠. 게다가 가장 안전하다는 부동산 역시 투자의 불확실성에서 완전히 벗어나지는 못합니다. 갑작스런 가격거품 붕괴와 글로벌 경기하락으로 언제든 가치가 상승과 하락을 반복할 수 있기 때문이지요. 특히 부동산의 경우 갑작스런 경기하락 국면을 맞게 되면 매도를 못하므로 궁지에 몰리게 됩니다. 결국 파산을 하거나, 헐값에 경매에 넘어가는 경우도 있으니 막강한 재테크 수단인 부동산에도 리스크가 전혀 없다고 볼수 없을 것입니다.

이제는 디지털 콘텐츠 소득에 집중할 때

'Change(변화)'라고 쓰고 'Chance(기회)'라고 읽습니다. 현시점 우리는 디지털 시대의 새로운 변화를 맞이하고 있습니다. 변화란 곧 새로운 수익창출의 기회이지요. 이 변화의 기회를 잘 활용하는 사람은 새로운 현금흐름을 창출할 수 있습니다.

즉, 인터넷이라는 공간에 유용한 양질의 콘텐츠를 생산하는 스킬만 체득한다면, '구글 애드센스'를 통해 수익이 따박따박 들어오는 구조가 가능합니다. 디지털 기반의 '수익 파이프라인'을 갖는다면 시간적인 여유와 물질적 여유도 도모할 수 있을 것입니다.

'애드센스(Adsense)'란 한마디로 구글이 운영하는 광고 시스템입니다. 콘텐츠 업로드만으로 돈 벌 수 있는 수단으로는 구글 애드센스가 수익성과 활용성, 편리성 측면에서 단연 독보적입니다.

매년 수백조 원을 벌어들이는 '구글(Google)'의 주수익원이 바로 '애드센스' 시스템입니다. 그렇다면 구글 애드센스의 광고수익 구조가 어떻게 되기에, 상상을 초월하는 수익이 발생할 수 있을까요? 그 구조는 이렇습니다.

구글 검색포털을 통해 상품이나 서비스를 홍보하고 싶은 기업이 있습니다. 그들은 '구글 애드워즈(Adwords)'라는 시스템으로 광고를 입찰합니다. 승인된 광고는 '구글 애드센스(Adsense)' 시스템을 통해 광고코드가 생성됩니다. 블로그에 이 광고코드를 붙이면 해당 광고가 블로그 내에서 실시간으로 업데이트됩니다.

블로그에 글을 올리면 구글 애드센스 광고가 게시되고, 방문자 중 광고에 관심 있는 사람들이 광고를 클릭함으로써 해당 광고에 할당된 수익을 받게 됩니다.

이때 광고주들의 입찰 기준은 '검색 키워드' 입니다. 즉, 광고주들은 키워드별로 입찰을 해서 최종 낙찰가격을 정하는데, 이것이 '광고 클릭당 가격'이며, 이는 콘텐츠 생산자 입장에서는 '광고수익의 크기'를 결정합니다. 예를 들어 '보험'이나 '대출' 같은 키워드는 각 보험사 또는 은행 간 입찰경쟁이 치열하기 때문에 광고수익 단가가 높습니다. 반면 '씨몽키 키우는 방법'과 같이 입찰경쟁이 치열하지 않은 키워드는 낮은 광고 단가로 책정됩니다. 실제로 보험 관련 키워드는 1건 클릭당 55달러(약 6만 1,000원)에 이르고, 인기 없는 키워드는 클릭당 0.02달러

(약 22원)에 불과할 정도로 차이가 많이 납니다. 콘텐츠를 만드는 블로거 입장에서는 당연히 포스팅을 할 때 광고수익 단가가 높은 키워드를 공략해서 고수익을 올려야겠지요.

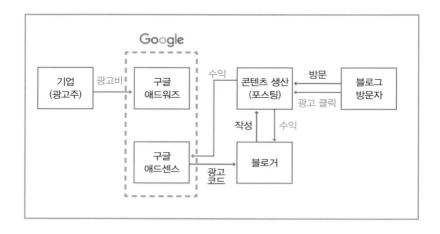

앞서 설명했듯 구글 애드워즈는 '광고주가 광고를 입찰하기 위한 공간'이며, 구글 애드센스는 '콘텐츠 생산자가 광고코드를 가져오기 위해 사용하는 공간'이라고 보면 됩니다.

광고코드는 콘텐츠 생산자 각자에게 부여되는 프로그램언어 패턴입니다. 블로그 포스팅을 작성할 때 이 패턴(광고코드)을 블로그 내에 있는 HTML 편집 공간에 넣으면(70~74쪽 참조) 구글 애드센스의 광고가 무작위(Random)로 노출됩니다.

물론 무작위라고 해서 아무런 기준 없이 광고가 노출되지는 않습니다. 구글 애드센스는 블로그 방문자의 '인터넷 검색 기록'과 게시된 콘텐츠의 '문맥'을 활용합니다. 이를 통해 사용자가 클릭할 확률이 가장 높은 방식으로 광고를 노출시킵니다. 예를 들어 '스마트폰'이라는 키워드를 검색했던 이력이 있는 사람이 '스마트폰 케이스'라는 내용의 블로그 포스팅을 보고 있다면 구글 애드센스는 해당 스마트폰 기종과 유사한 '스마트폰' 광고 중 '경쟁입찰 방식'에 의해 가장 높은 입찰가를 제시한 광고주의 광고를 보여줍니다.

그렇다면 만약 인터넷 검색기록이 전혀 없는 사람이 내 블로그에 들어왔다면 어떤 광고가 보이게 될까요? 방문자에 대해 아무런 정보가 없는 경우 구글 애드센스는 전체 광고 카테고리에서 광고수익 단가(입찰가)가 높은 광고를 랜덤으로 노출시킵니다.

'조규성(축구선수)'이라는 키워드는 2022년 카타르 월드컵 당시 엄청난 검색 유입량, 즉 트래픽을 일으켰습니다. 전 세계 수많은 사람들이 스마트폰과 PC를 이용해 '조규성'이라는 키워드를 검색했기 때문이지요. 당시 애드센스에 감각이 있는 사람들은 '조규성' 선수에 관련된 콘텐츠를 블로그나 웹사이트, 유튜브 등을 통해 업로드했고, '조규성' 선수에 대한 정보를 얻기 위해 들어온 사람들의 광고 클릭으로 애드센스 수익이 창출되었습니다. 즉, '조규성' 선수에 대한 정보제공 대가로 구글로부터 애드센스 수익금을 받은 것입니다.

독자들도 블로그나 유튜브를 활용해 구글이 벌어들이는 거대한 애드센스 광고수익을 배분받을 수 있습니다. 무엇보다 중요한 것은 애드센스 수익이 시간과 노력을 덜 들이는 소극적 소득(passive income)이라는 점입니다. 즉, 내 콘텐츠가 인터넷에 존재하는 한 잠을 자는 동안에도 수익은 꾸준히 발생된다는 사실입니다.

02

왜 반드시 구글 애드센스여야 하는가

애드센스 수익의 시작, 설치형 블로그

설치형 블로그는 애드센스 광고수익을 얻는 데 필요한 가장 기초적인 도구입니다. 티스토리나 워드프레스(wordpress)와 같은 설치형 블로그는 운영자의 기호에 따라 수익형 광고를 자유자재로 게재할 수 있는 블로그를 말합니다. 블로그 내에 다양한 기능을 사용자가 마음대로 설치할 수 있기 때문에 '설치형 블로그'라고 합니다. 수익 광고를 신고 수익을 얻을 수 있다는 점에서 '수익형 블로그'라고도 합니다(이 책에서는 설치형 블로그와 수익형 블로그를 혼용하도록 합니다). 반면 네이버 블로그 같은 기업주도형 블로그의 경우 애드센스 광고 게재 자체가 불가능하며, 애드센스 광고를 억지로 붙이는 경우 계정이 정지될 위험도 있습니다. 이 책의 '2부 블로그로 돈 벌기 편'에서는 우리나라의 대표적인 설치형 블로그인 '티스토리 블로그'를 이용해 수익을 얻는 방법에 대해 알아볼 것입니다.

부동산 임대소득을 넘어서는 설치형 블로그의 장점

처음에 막상 설치형 블로그를 접하면 낯설고 불편하다고 느낄 수 있습니다. 하지만 1개월쯤 글을 써보면 점차 익숙해집니다. 또한 설치형 블로그의 수익을 늘리기 위해 관련 정보를 공부하게 되면 점차 설치형 블로그에 대한 지식이 쌓이는 것을 느낄 수 있습니다.

설치형 블로그에는 장점이 많습니다. 설치형 블로그를 운영하면 구독자를 끌어당기는 글쓰기 능력과 정보 습득력이 향상됩니다. 무엇보다 설치형 블로그는 기업주도형 블로그보다 수익 규모가 큽니다. 설치형 블로그에 집중한다면, 비교적 빠른 시일 내 기업주도형 블로그보다 큰 수익을 얻을 수 있습니다. 실제로 나이 60 넘은 어르신이 설치형 블로그 글쓰기에 집중하여 월 500만 원 이상의 수익을 내는 사례도 보았습니다.

설치형 블로그로 글을 올리면, 처음에는 하루 1,000원이었던 수익은 누적되어 5,000원이 되고 어느 순간 가속도가 붙어 하루 몇만 원 단위의 돈이 붙습니다. 이때부터는 용돈 벌기 수준을 넘어 부동산 임대수익 못지않은 재테크 수단이 되는 것입니다.

03

딱! 6개월만 집중하면 누구나 점프할 수 있다

딱 6개월만 집중해보십시오. 블로그든, 유튜브든 상관없습니다. 딱 6개월만 제가 알려주는 대로 한다면 분명히 의미 있는 소득이 창출됩니다. 컴퓨터를 잘 못한다고요? 60대 어르신도 한 번 배워놓기만 하면 돈을 벌 수 있는 도구가 바로 '애드센스 수익'입니다. 처음 구글 애드센스로부터 광고승인을 받는 과정이 조금 까다로울 뿐, 승인 후에는 계속 반복적으로 콘텐츠를 생산만 하면 광고수익을 얻을 수 있는 게 애드센스 수익입니다.

요즘에는 ChatGPT가 인공지능으로 글을 생성해주기 때문에 아이디어만 있다면 글을 작성하는 데 들어가는 시간을 더 절약할 수 있습니다. 또 AI 인공지능 보이스를 활용하면 음성도 자유롭게 제작이 가능합니다. 영상 자막도 요즘은 프로그램이 자동으로 작성해주니 동영상 제작하는 데 들어가는 시간과 에너지가 50% 이상 줄었습니다.

딱 6개월만 이 책에서 설명하는 대로 블로그든 유튜브든 콘텐츠를 만들어보십시오. 저도 처음에는 맨땅에 헤딩하기인 줄 알았습니다. 하지만 6개월 만에 통장에 50만 원(원화)이 넘는 돈이 들어온 것을 계기로 여기까지 온 것입니다.

년월일 (DATE)	적요 SYMBOL	지급금액 WITHDRAWAL	예입금액/이자 DEPOSIT/ INTEREST	잔액 BALANCE	비고 REMARKS
초이스	계좌번호 ACCOUNT NO.	xxx-xx-xxxxxx 통화 CURRENCY	USD		
02	인출일기준 최근1개월평잔 USD 5,000이상시 해외송금수수료면제				
03	인출일기준 최근2개월평잔 USD10,000이상시 외화현찰수수료면제				
04	이 예금은 예금자보호법에 따라 예금보험공사가 보호하되, 보호				
05	한도는 본 은행에 있는 귀하의 모든 예금보호대상 금융상품의				
06	원금과 소정의 이자를 합하여 1인당 "최고 5천만원"이며,				
07	5천만원을 초과하는 나머지 금액은 보호하지 않습니다.				
08	20150914 INTST		*0.00	*0.00	
09	20151214 INTST		*0.00	*0.00	
10	20160122 TRANSGOOGLE ASIA PA		*246.79	*246.79	438
11	20160223 TRANSGOOGLE ASIA PA		*229.34	*476.13	438
12	20160223 TRANS	*476.13		*0.00	128

직장인이라면? 반드시 명심해야 할 4가지 처방전

월급 받는 직장인은 마땅히 업무시간 내 회사 일을 열심히 해야 합니다. 다만 업무 외 시간은 자유라는 사실을 잊지 말아야 합니다. 출근 전, 퇴근 후 그리고 주말시간은 콘텐츠를 생산할 수 있는 나만의 시간입니다. 저는 자투리 시간을 활용해 콘텐츠를 만들고, 책을 쓰고 유튜브 영상을 제작하고 수익을 달성하고 있습니다.

직장생활과 콘텐츠 비즈니스를 병행하는 과정은 고되지만 그 열매는 달콤합니다. 특히 콘텐츠를 만드는 일, 즉 시나리오 쓰기, 영상제작, 블로그 소재 찾는 일 들은 꾸준함과 인내심이 필요합니다. 책 쓰는 과정도 마찬가지입니다. 오랜 집필과정을 거치고, 출판사와의 편집과정을 거치면 마침내 책이 나옵니다.

자신의 생각과 아이디어가 실물로 만들어진 책을 서점에서 만져보는 짜릿한 경험은 해보지 않은 사람은 모를 것입니다. 자신이 쓴 콘텐츠가 돈이 되어 통장에 월급만이 아닌 애드센스 수익이 추가로 들어오는 상황을 상상해보세요. 그것은 매우 즐거운 경험입니다.

세계경기가 위축되고 있는 이 시기에 안정적 소득으로 여겨지는 직장을 나오라는 말은 아닙니다. 만약 제2의 수익을 만들고 싶다면, 직장생활과 콘텐츠 생산을 병행하기 바랍니다. 회사에 다니면서 제2의 수익을 점차 늘려 가는 방법으로 안정적 탈출전략을 세우는 것이 좋습니다.

다음은 N잡 혹은 월급 탈출을 꿈꾸는 직장인에게 드리는 4가지 처방전입니다.

1 수익을 궤도에 올리기 위한 최소의 시간을 기다리세요

30년 경력을 가진 스타강사 김미경은 8년간 무명강사 생활을 거쳐 비로소 지금의 위치에 이르렀습니다. 이처럼 콘텐츠 기반의 경제활동은 브랜드를 구축하고 그것을 확장해 수익을 창출하기까지 오랜 시간이 필요합니다. 쌓아올린 콘텐츠가 안정적인 수익으로 열매 맺으려면 꾸준한 노력과 함께 최소한의 절대적 시간이 필요합니다. 블로그와 유튜브라면 적어도 6개월에서 1년 이상의 시간이 필요하다고 봅니다.

2 취미처럼 해야 오래갑니다

콘텐츠 생산을 지속하려면 잘되지 않을 때도 즐겁게 할 수 있어야 합니다. 우선적인 조건은 수익에 얽매이지 않는 것입니다. 의무감으로 하지 말고 취미처럼 해야 합니다. 콘텐츠 생산을 취미처럼 한다면 오랫동안 일을 지속할 수 있을 것입니다. 뭐든지 오래 지속해야 성공할 수 있습니다.

3 양질의 결과를 얻기 위해 변경과정은 불가피합니다

모든 사업이 그렇듯 콘텐츠가 즉각적으로 사람들의 주목을 받기란 쉽지 않습니다. 어떤 비즈니스든 간에 의미 있는 결과값이 나오려면 시간이 필요합니다. 자신만의 주제가 정해졌다면 다양한 정보를 수집하여 자신만의 콘텐츠를 계속 발전시켜나가야 합니다. 구독자에게서 좋지 않은 피드백이 나오면 콘텐츠를 개선해나가야 합니다. 주제를 완전히 바꿔야 할 수도 있고, 지금껏 해오던 콘텐츠 구도를 변경해야 할 수도 있습니다. 제 경험으로 볼 때 처음 만든 콘텐츠가 사람들에게 큰 호응을 얻을 가능성은 10% 이내입니다. 그러므로 양질의 콘텐츠를 만들기 위한 수정과정이 있음을 받아들여야 성공할 수 있습니다. 자신의 콘텐츠를 발전시키고 개선하는 과정은 결코 단기간에 끝나지 않습니다.

4 자신의 팬(fan)을 만드는 일입니다

콘텐츠를 만드는 일은 당신을 따르는 누군가를 만드는 일입니다. 어찌 보면 나만의 팬(fan)을 만드는 일과 유사합니다. 소수의 팬이라도 생긴다면 나의 콘텐츠 비즈니스가 성장할 수 있는 발판을 만든 것입니다. 적정 규모의 팬층이 형성될 때까지는 메시지를 만들고 전달하는 일을 지속해야 합니다. 자신의 팬을 만들고, 메시지를 전달하는 일에 대해 다음 두 권의 책을 추천합니다. 저 역시 이 두 권의 책을 읽고 큰 의식의 변화를 얻게 되었습니다.

《팬 베이스》(사토 나오유키 저, 한스미디어)
《백만장자 메신저》(브렌든 버처드 저, 리더스북)

앞으로 디지털 콘텐츠를 만들어 성공하고 싶다면 꼭 한번 읽어보길 바랍니다.

돈과 시간의 연결고리를 해제하라

우리는 대부분 돈을 벌기 위해 시간을 소모하는 삶을 살고 있습니다. 우리는 오로지 '돈을 버는 활동'을 위해 불가피하게 많은 '시간을 소모'하고 있다는 말입니다. 예를 들어 직장으로부터 월급을 받기 위해 정해진 시간을 소모해야만 합니다. 하루 8시간씩, 일주일 40시간을 일해 정해진 급여를 받게 됩니다. 전통적인 업무방식에서 '경제활동'과 '시간'은 서로 '결속'되어 있습니다.

이러한 결속상태에서 우리는 시간의 한계뿐 아니라 수익의 한계를 벗어나지 못하게 됩니다. 투입할 수 있는 시간이 하루 24시간으로 한정되어 있으므로 수익도 물리적인 한계에 갇혀 있는 것입니다. 이렇게 시간과 수익이 결속된 패러다임에서 돈을 더 벌기 위해 할 수 있는 것은, 시간을 더 투입하는 방법밖에 없습니다. 야근을 하거나 초과근무를 해야 수익이 늘어나는 것입니다.

기존의 직장생활을 부정한다거나 그런 생활이 불합리하다는 말은 아닙니다. 이러한 돈과 시간의 결속을 끊기 위해 다른 노력을 추가로 해야 한다는 의미입니다.

이 책의 주제인 '구글 애드센스로 돈 벌기'는 돈과 시간의 연결고리를 끊는 일입니다. 시간과 장소에 관계없이 제2의 수익을 창출하는 데 집중해보세요. 책의 내용대로 꾸준히 한다면, 머지않은 미래에 돈과 시간의 연결고리를 끊고, 독립적인 경제활동을 하는 자신을 발견하게 될 것입니다.

➡ 다음 칼럼은 98쪽에 있습니다

Google
Adsense

1장

애드센스
수익형 블로그
시작하는 방법

01

외화입출금통장 개설하기

    2부의 1장은 수익형 블로그의 입문 편입니다. 기초적인 내용이므로 만약 이 내용을 스킵(Skip)하고 싶다면 '2장 수익 극대화를 위한 포스팅 노하우'로 넘어가면 됩니다.

    애드센스 수익활동을 통해 수입이 생기면 구글로부터 외화, 즉 달러가 들어옵니다. 따라서 외화입출금통장을 만들어야 합니다. 외화입출금통장은 대부분의 시중은행에서 개설이 가능하지만 저의 경우 스탠다드차타드 SC제일은행(이하 SC제일은행)을 사용합니다.

    구글 애드센스 광고수익이 총 100달러가 넘으면 구글에서는 그동안 쌓인 수익금을 해당 운영자에게 송금해줍니다. 물론 이 수익금은 달러로 들어오는데, 국내 시중은행에서는 100달러 이상을 송금 받으면 약 1만 원 안팎의 수수료를 부과하고 있습니다. 이에 반해 제가 첫 개설 당시에 SC제일은행에서는 300달러 미만의 수익금에 대해서는 수수료를 부과하지 않았습니다. 블로그 운영 초기에는 1만 원의 수수료도 아깝지 않겠습니까. 이왕이면 수수료를 최소화하는 것이 좋겠지요. 다만 최근에는 각 은행별 외화 송금수수료가 변동되었습니다. 대부분의 은행이 해외에서 외화가 송금될 때 건당 5천 원에서 1만 원의 수수료를 받고 있습니다. 최근에는 카카오뱅크가 그나마 5천 원으로 저렴한 것 같습니다. 이 책에서는 SC제일은행을 기준으로 외화입출금통장을 개설하는 방법을 설명하겠습니다. 외화입출금통장 개설에 필요한 준비물은 아래와 같습니다.

신분증(필수), 주민등록등본(필수), 재직증명서(지점별 선택사항)

위의 구비서류를 가지고 은행에 방문해서 외화입출금통장을 만들어 달라고 하면 됩니다. 이때 은행에서 통장 사용목적을 물어볼 수 있는데, 그럴 경우 '구글 애드센스 수익금 수령' 때문이라고 이야기하면 됩니다. 자, 이렇게 하면 아래와 같이 구글 애드센스 수익금이 들어올 통장을 개설할 수 있습니다.

02

설치형 블로그에 대하여

국내 블로그의 종류는 매우 다양합니다. 국내의 경우 대표적으로 네이버 블로그가 있으며, 다음(Daum)에서 제공하는 다음 블로그와 티스토리(Tistory) 블로그가 있습니다. 해외 블로그로는 대표적으로 워드프레스(Wordpress)와 구글에서 제공하는 블로거(Blogger) 등이 있습니다.

이 책에서는 수익을 창출하기 어려운 기업주도형 블로그와, 구글 블로그·워드프레스·블로거와 같이 우리가 접근하기 다소 어려운 해외 블로그에 대해서는 다루지 않겠습니다. 이 책에서 집중할 것은 국내 검색포털인 다음(Daum)에서 제공하는 '티스토리 블로그'입니다.

티스토리 블로그에 집중하는 이유는 티스토리 블로그가 국내에서 제공하는 대표적인 '설치형 블로그'이기 때문입니다. 현재 우리나라에도 다양한 수익형 블로그가 존재하지만, 아직까지 국내 시장에서 수익성이 확실히 입증된 구글 애드센스 수익형 블로그는 '티스토리'뿐입니다.

03

설치형 블로그 개설하기

자, 그러면 티스토리 블로그를 개설해보겠습니다.

먼저 티스토리 사이트에 들어가서 회원가입을 합니다. 사이트 주소는 아래와 같습니다.

http://www.tistory.com

참고로 초보자들의 첫 번째 진입장벽이었던, 블로그 개설 초대장제도는 폐지되었습니다. 기존의 티스토리 블로그 운영자에게서 '초대장'을 받아야 개설이 가능했던 이 제도가 12년 만에 그 기능을 종료했습니다. 이제는 이메일 계정만 있으면 누구나 쉽게 티스토리 블로그를 개설할 수 있게 되었습니다.

* 기존 티스토리 초대장 제도 화면 – 현재는 폐지됨

　다만 티스토리는 광고성 콘텐츠 범람을 막기 위해 1일 포스팅 최대 등록 수를 30개로 제한했고, 2018년 10월 22일 이후 가입한 사람들에게는 1일 최대 15개 포스팅을 할 수 있도록 제한했습니다. 이는 여러 개의 티스토리 블로그를 운영하는 사람에게도 통합 적용됩니다. 티스토리 블로그 5개를 운영한다면 블로그 1개당 3개의 포스팅만 발행 가능하다는 말입니다.

　또한 티스토리는 2020년 10월 카카오 계정 연동시스템을 만들었습니다. 이에 따라 관리자 메뉴에 '수익' 아이콘을 만들어서, 여기에 구글 애드센스뿐 아니라 카카오애드핏(카카오광고시스템) 등을 비교적 쉽게 설치할 수 있도록 해주었습니다.

  '수익' 메뉴에서 구글 애드센스를 연동하면 아래와 같이 광고위치 설
정을 쉽게 할 수 있습니다.

04

설치형 블로그 기본설정

필명과 블로그 이름 넣기

처음 티스토리 블로그를 개설할 때는 블로그 정보, 즉 필명과 블로그 이름을 기재해야 합니다. 이때 필명이나 블로그 이름은 자신의 블로그 주제와 연관된 단어를 이용해 정하면 됩니다.

다음으로 아래와 같이 내가 운영 중인 블로그명을 클릭하여 블로그 기본설정 화면으로 들어갑니다.

블로그 기본설정 탭은 아래와 같이 구성됩니다. 이 책은 블로그 글쓰기로 수익을 창출하는 데 목적이 있으므로 각 기능에 대한 세세한 설명은 건너뛰고, 수익창출에 필요한 주요 기능에 대해서만 짚어나가겠습니다.

티스토리 블로그에 수익형 광고를 넣기 위해 기본설정 탭에서 먼저 '스킨'과 '블로그' 기본정보를 설정합니다. 애드센스 광고수익률을 극대화하려면 '사이드바 설정', '플러그인 설정'을 해야 하는데, 이 부분은 매우 중요하므로 뒤에서 예제와 함께 자세히 설명하겠습니다.

스킨 선택

스킨은 건물로 따지면 인테리어와 같은 역할을 합니다. 인테리어가 깔끔한 카페에 손님이 많이 유입되죠. 그만큼 블로그 스킨은 방문자 유입에 중요한 요소입니다. 스킨을 선택할 때는 방문자들에게 신뢰감과 호감을 갖게 하는 것이 중요합니다. 뭔가 어설프거나 복잡한 스킨을 선택하면 정보전달이 잘 되지 않아 신뢰와 호감을 주기 어렵습니다. 따라서 스킨은 가능한 한 신뢰감과 호감을 느낄 만한 것 위주로 선택합니다.

특히 한 번 선택한 스킨은 바꾸지 않는 것이 좋습니다. 블로그의 방문자 규모를 키웠을 때 스킨을 바꾸면 내부 알고리즘이 변경되어 검색포털에서 내 블로그 포스팅을 잘 인식하지 못하기 때문입니다. 검색포털이 내 블로그 포스팅을 검색결과에서 누락시키면 방문자수가 급감하게 되고, 당연히 애드센스 광고수익도 줄어들게 됩니다.

티스토리에서는 티스토리 블로그에 최적화된 공개 스킨을 제공하고 있습니다. 특히 그 중에서 '반응형 스킨'을 선택하는 것이 좋습니다. 반응형 스킨은 일반형보다 화면 호환성이 좋아서 스마트폰이나 탭(Tab) 등 다양한 기기에서 블로그 화면이 잘 보이게 해줍니다.

반응형 스킨을 사용하려면 아래와 같이 스킨 설정 화면에서 '반응형' 메뉴를 클릭해서 원하는 스킨을 선택한 후 '적용' 아이콘을 클릭하면 됩니다.

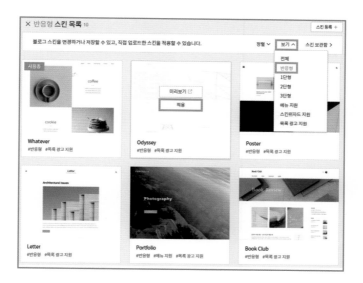

모바일웹 스킨 설정

스킨 설정에서 모바일 항목에 들어가면 아래와 같이 화면 우측에 '모바일웹' 스킨을 설정하는 항목이 나옵니다. 모바일웹 스킨이란 스마트폰 화면에서 별도의 스킨 적용을 의미합니다. 참고로 최근의 반응형 스킨은 PC나 모바일에 모두 최적화되어 있습니다.

기본정보 설정

다음은 기본정보 설정입니다. '관리'에 들어가서 '블로그'를 클릭합니다. 여기서 검색포털에 노출되는 블로그 이름과 닉네임, 블로그 설명, 이미지, 주소 설정을 기재합니다.

특히 이때 블로그 설명 설정이 중요합니다. 검색포털은 이 블로그 설명을 기준으로 블로그의 성격을 구분하기 때문이지요. 따라서 블로그 설명에는 내가 앞으로 작성할 포스팅의 주제와 매칭되는 설명을 기재하는 것이 바람직합니다.

만약 블로그 설명에 '블록체인'이라고 기재하고 실제 포스팅할 때도 '블록체인' 관련 글을 썼다면, 검색포털은 '블록체인' 키워드에 있어서 여러분의 포스팅이 '더 정확한 정보'라고 인식하게 됩니다. 그러면 검색결과 상단에 여러분의 포스팅이 노출될 가능성이 커지는 것이지요.

물론 블로그 설명값은 추후 언제든지 상황에 맞게 변경해도 괜찮습니다. 다만 주제를 잡아서 포스팅한 이후에도 블로그 설명을 주제와 전혀 무관한 내용으로 방치해두면 수익률을 높일 수 없으니 주의해야 합니다.

참고로 블로그 설명에 들어가는 키워드를 선택할 때는 네이버 광고 플랫폼의 키워드도구를 이용해(106~111쪽 참조) 키워드 분석을 해본 후 가장 효과가 큰 키워드를 선택하는 것이 좋습니다.

TIP

블로그 개수를 늘릴 때 애드센스 승인절차가 있습니다

만약 애드센스 사용승인을 받았다면 다수의 티스토리 블로그에 애드센스 광고를 게재할 수 있습니다. 티스토리는 개인당 최대 5개의 블로그를 개설할 수 있습니다. 다만 이미 승인된 애드센스 계정일지라도, 새로운 블로그를 추가하는 경우에는 콘텐츠 적정성 검토를 거쳐 승인 후 광고게재가 됩니다. 구글은 양질의 콘텐츠를 지향하기 때문에 무조건 여러 개의 블로그를 운영하는 것보다는, 한 개라도 양질의 블로그를 운영하는 것이 좋습니다.

05

블로그를 이용한
애드센스 광고승인 방법

티스토리 블로그 최초 개설 후 애드센스 광고를 붙이려면 애드센스로부터 광고 사용에 대한 최초 승인을 받아야 합니다. 최근 구글 애드센스 승인정책이 강화되면서 블로그를 통해서 승인받기가 상당히 까다로워졌습니다. 이로 인해 유튜브를 활용해서 우회적으로 애드센스 가입승인받는 방법을 활용하기도 합니다.

참고로 유튜브를 통한 애드센스 가입은 3단계입니다. '1단계 파트너 프로그램 약관 동의 → 2단계 애드센스 가입요건 충족(구독자 1,000명+ 시청시간 4,000시간 또는 쇼츠 조회수 1,000만 회) → 3단계 채널 적합성 검토 및 승인'입니다. 블로그 글 쓰는 것 못지않게 유튜브 승인요건을 채우기도 만만치 않습니다. 자신의 목적에 따라 블로그 또는 유튜브 승인 목표를 설정하고 집중하는 것이 요구됩니다.

양질의 콘텐츠가 우선이다

이제 '티스토리 블로그'를 중심으로 애드센스 광고승인을 받는 방법에 대해 설명하겠습니다.

최근 구글 애드센스 승인조건이 상당히 까다로워졌습니다. 구글 애드센스 측에서는 무분별한 콘텐츠에 애드센스 광고가 게재되는 것을 우려해 광고승인을 잘 안 해주고 있습니다. 따라서 광고승인을 수월하게 받고 싶다면 광고승인 요청을 하기 전 블로그에 양질의 콘텐츠를 충분히 채워놓아야 합니다. 구글 애드센스 광고승인을 빨리 받기 위한 6가지 방법은 다음과 같습니다.

구글 애드센스 가입승인 빨리 받는 6가지 방법

1 블로그 주제를 명확히 하라

애드센스 광고승인을 빨리 받고 싶다면 여러분의 블로그가 어떤 주제를 전문으로 다루고 있는지를 명확히 해야 합니다. 블로그 이름, 블로그 카테고리의 주제, 주제에 맞는 일관성 있는 포스팅이라는 삼박자가 모두 맞아 떨어져야 하는 것이지요. 만약 반대로 블로그 이름이나 카테고리 주제들을 일관성 없이 막연하게 정하면 구글 애드센스로부터 광고승인을 받기가 어려워집니다.

예를 들어 '독서리뷰'를 블로그의 주제로 정했다면 블로그 이름을 명확하게 독서에 관한 주제로 설정해야 하며, 카테고리 역시 '경제서적', '자기계발서적', '문화서적', '미용서적', '건강서적' 등으로 명확하게 분류해주는 것이 좋습니다. 또한 블로그 운영 초기에는 카테고리를 3개 정도 만들고 각 카테고리별로 적어도 10개 이상의 양질 포스팅을 하는 것이 좋습니다.

2 1일 1포스팅 원칙을 지켜라

'콘텐츠 불충분'은 애드센스 광고승인이 거절되는 가장 큰 요인이 됩니다. 반대로 생각하면 콘텐츠가 풍부할수록 광고승인을 받기가 수월해진다는 말입니다. 이를 위해 꼭 지켜야 할 원칙이 바로 '1일 1포스팅'입니다. 이 원칙을 지키면 구글 애드센스 측에 일관성 있는 정보라는 인식을 줄 뿐 아니라, 여러분 스스로 블로그 글쓰기 습관을 들이는 데도 큰 도움이 됩니다.

최근 마이크로소프트에서 공개한 ChatGPT와 같이 인공지능을 활용하는 방법도 유효합니다. 최근 ChatGPT로 작성한 포스팅으로도 애

애드센스 신청 결과 알림

애드센스 계정을 이용해 웹사이트에 광고 코드를 구현하는 데 관심을 가져주셔서 감사합니다. 귀하의 신청서를 검토한 결과, 유감스럽게도 지금은 신청을 승인할 수 없습니다. 신청은 비승인되었지만 귀하의 계정에서 파트너 사이트에 광고 게재하는 것에는 영향이 없습니다.
비승인 사유는 아래와 같습니다.
문제:

콘텐츠 불충분 애드센스에서 승인을 받고 귀하의 사이트에 관련 광고를 게재하려면, 웹페이지에 있는 텍스트의 양이 Google 전문가가 검토하고 Google 크롤러가 페이지의 주제를 파악할 수 있을 만큼 충분해야 합니다.

이 문제를 해결하는 방법은 다음과 같습니다.

- 페이지에 충분한 양의 텍스트가 있는지 확인하세요. 콘텐츠의 대부분이 이미지, 동영상 또는 플래시 애니메이션인 웹사이트는 승인되지 않습니다.
- 콘텐츠에는 완전한 문장이나 구문이 있어야 하며, 제목만 나열하는 것은 허용되지 않습니다.
- 애드센스 신청서를 제출하기 전에 귀하의 웹사이트가 제작이 완료되어 게시된 상태인지 확인하세요. 사이트가 베타 테스트 또는 '공사 중' 단계에 있거나 웹사이트 템플릿으로 구성되어 있다면 신청서를 제출하지 마세요.
- 웹사이트의 라이브 페이지에 광고 코드를 삽입하세요. 메인 페이지가 아니어도 무방하지만, 애드센스 광고 코드만 삽입되어 있고 다른 콘텐츠가 전혀 없는 테스트 페이지는 승인되지 않습니다.
- 방문자가 웹사이트의 모든 섹션과 페이지를 쉽게 찾을 수 있도록 분명한 탐색 방법을 제공해야 합니다.
- YouTube 동영상으로 수익을 창출하려면 YouTube 수익 창출 프로그램에 가입해야 합니다. 동영상만 포함된 블로그와 웹사이트는 승인되지 않습니다.

드센스 승인을 받는 사례가 많이 나오고 있으니 활용하면 좋겠습니다. 참고로 구글 애드센스에 광고승인 요청을 했는데 블로그에 콘텐츠가 불충분한 경우 앞의 그림과 같은 메일을 받게 됩니다.

3 포스팅 내 글자수는 3,000자 이상

애드센스 광고승인을 받는 데 있어서 포스팅에 들어가는 사진의 양보다 텍스트, 즉 글의 양이 중요합니다. 일반적인 포스팅이라면 1,000자 이상이면 충분하지만, 구글 애드센스 광고승인을 위해서는 최소 3,000자 이상을 목표로 해야 합니다. 이를 위해 사진 개수는 포스팅당 2~3개 정도로 최소화하고 글의 양을 극대화하는 데 집중해야 합니다.

이때 무작정 글의 양만 늘려서는 안 되며, 사전에 정한 블로그 이름 및 카테고리 주제, 게시글 제목과 태그 등이 모두 일치하도록 구체적이고 유용한 내용으로 정리하고, 각 문단 주제에 'H' 태그를 활용하는 것도 매우 유용한 전략이 됩니다(189~192쪽 참조).

4 포스팅 내에 링크(url) 넣기는 금물

포스팅을 하다 보면 글의 출처를 밝히거나 다른 웹사이트의 주소를 넣어야 할 때가 있습니다. 하지만 애드센스 가입승인을 받기 위한 포스팅에는 사용자가 외부로 이탈되는 링크(url)를 넣어서는 안 되며, 순수한 정보성 글로만 채워야 합니다.

5 검색포털의 웹마스터도구 등록은 필수

블로그 주소를 웹마스터도구(네이버, 다음, 구글 등)에 등록해야만 방문자들이 검색을 통해 여러분의 블로그에 들어올 수 있습니다. 웹마스터도구 등록은 포털 검색노출의 입장권입니다. 웹마스터도구에 등록된 블로그만 포털의 검색결과에 노출될 수 있습니다. 검색포털의 웹마스터도구 등록방법에 대해서는 2장 1절 '포털 검색결과 노출 최대화 (102쪽 참조)'에서 별도로 설명하겠습니다.

6 비속어를 배제하고 표준어를 사용하라

포스팅에 표준어가 아닌 비속하거나 천한 어감이 있는 문장을 쓰지 마세요. 예를 들어 인터넷에서 무분별하게 사용되는 소위 외계어나 알아듣기 어려운 언어를 사용하면 애드센스 광고승인 확률이 낮아집니다. 이왕이면 같은 내용이라도 구어체보다는 '~니다'와 같이 문어체로 쓰는 것이 좋습니다.

Q&A

Q 1일 1포스팅을 5개월간 하면 포스팅 수가 150개(30일×5개월)밖에 되지 않고, 이것은 책에서 이야기한 수익 임계점인 400개 포스팅에 크게 못 미칩니다. 결국 최고의 노력을 기울여 하루 3개씩 꾸준히 5개월간 포스팅하면 포스팅 수가 450개(3개×30일×5개월)가 되는데요, 그렇다면 매일 꾸준히 한다는 가정하에 하루 1개 포스팅과 하루 3개(아침, 점심, 저녁) 포스팅 중 어느 쪽이 좋을까요?

A 수익 극대화를 추구한다면 하루 3개 이상 포스팅이 무조건 좋습니다. 다만 수량을 많이 만드는 데 치중하다 보면 포스팅의 질적 수준이 떨어질 수 있습니다. 그러므로 블로그 포스팅은 양질의 콘텐츠로 채우되, 여유시간에 2~3개 이상 몰아서 써놓고 예약을 걸어놓는 것도 좋은 방법입니다.

06

구글 애드센스 승인 후
소스코드 붙여넣기

블로그 이름과 카테고리 주제를 명확히 했고, 거기에 맞는 정보성 포스팅을 채웠다면 이제 구글 애드센스 사이트에 가서 광고승인 요청을 해야 합니다. 구글 애드센스의 주소는 아래와 같습니다.

https://www.google.co.kr/adsense

참고로 구글 애드센스는 '크롬 브라우저'를 기반으로 운용되므로 아래 주소를 참조해서 크롬 브라우저를 설치하는 것이 좋습니다(또는 네이버 '웨일브라우저'도 괜찮습니다).

https://www.google.com/chrome/browser/desktop/index.HTML

먼저 구글 애드센스 사이트에 들어가서 다음 그림과 같이 '시작하기'

를 클릭합니다.

기존 구글 계정(또는 gmail 계정)이 있는 경우 기존 계정으로 로그인
하고, 계정이 없다면 회원가입 화면에 들어가서 계정 만들기를 완료합
니다.

여기서 웹사이트 주소에는 티스토리 블로그 주소를 입력합니다. 애드센스를 최대한 활용하기에는 '이메일 받기' 혹은 '받지 않기'를 자신의 선호에 따라 선택합니다. 수취인 국가/지역에는 '대한민국'을 선택합니다. 우측 하단의 확인을 누릅니다.

아래 그림에서 '귀하에 대한 정보를 입력'하는 곳에 들어가 고객 정보를 입력합니다.

여기서 블로그 주소를 반드시 입력하고 '저장'을 해야 다음 단계로 넘어갑니다. 자신의 블로그 주소가 입력되었다면, 우측의 '시작하기' 버튼을 클릭하세요.

자신의 블로그 주소를 입력하고 '저장'을 클릭합니다.

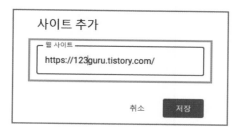

'Tistory로 이동'을 클릭하면 내 티스토리 페이지로 넘어갑니다.

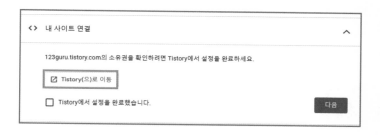

티스토리 페이지에서 '수익'을 클릭하고, 우측의 구글 애드센스 '연동하기'를 클릭합니다. 구글 로그인 화면에서 로그인을 하면 애드센스 동의절차가 나옵니다. '모두 동의'를 클릭하고 확인을 클릭하면, 티스토리에서의 연동은 완료됩니다.

다시 구글 애드센스 페이지로 돌아가서 '검토요청'을 클릭합니다.

이제 구글 애드센스 페이지 좌측에 '광고'를 클릭하면, 자신의 블로그 사이트가 애드센스에 설정된 것을 볼 수 있습니다. 이 화면에서 가운데 있는 '코드 가져오기'를 클릭합니다.

이 소스코드는 구글 애드센스에서 티스토리 블로그를 인식하게 하는 중요 코드입니다. '코드 복사'를 눌러서 복사한 후 티스토리 블로그

로 다시 들어갑니다.

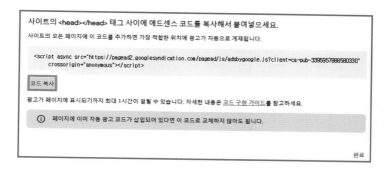

티스토리 메뉴에서 '스킨 편집'을 클릭하면 다음과 같은 화면이 나옵니다.

스킨 편집 창에서 우측 'html 편집'을 클릭하면 다음과 같은 화면이 나옵니다.

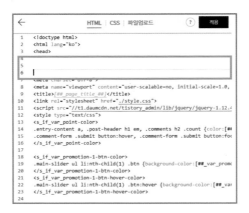

여기서 '〈head〉' 있는 곳에 엔터를 쳐서 공간을 만들고 아래에 미리 복사해놓은 구글 애드센스 코드를 붙여넣기(ctrl+V) 한 뒤 '적용'을 누릅니다.

이제 구글 애드센스의 사이트 등록이 끝났습니다. 이제부터 애드센스 승인을 위한 블로그 포스팅을 진행하면서 구글 애드센스 측의 승인을 기다리면 됩니다.

TIP

구글 애드센스에 블로그 등록이 안 된다면?

1. 익스플로러 브라우저를 사용하는 경우
구글 애드센스는 크롬(Chrome) 브라우저를 기반으로 운영되므로 익스플로러 브라우저를 사용하면 에러가 생기는 경우가 많습니다. 따라서 반드시 크롬 브라우저를 사용해야 합니다.

2. 해외 IP 주소(Internet Protocol)로 우회 등록하는 경우
해외 IP 주소로 우회해서 가입신청을 하는 경우 블로그 등록이 안 되므로 반드시 국내 IP로 접속해야 합니다.

3. 도메인 하위주소를 입력하는 경우
티스토리 블로그 메인주소는 '블로그 이름.tistory.com'입니다. 따라서 '내 웹사이트' 항목에 '블로그 이름.tistory.com/1234'처럼 포스팅 순번(개수)을 의미하는 하위주소(1234)까지 입력하면 등록이 되지 않습니다.

07

구글 애드센스의
디스플레이광고 설정방법

여기서는 가장 보편적으로 선택하는 광고 형태인 디스플레이광고를 활용하는 방법을 알아보겠습니다. 구글 애드센스의 디스플레이광고는 일반적으로 사각형 모양으로 구성된 이미지 형태의 광고를 말합니다.

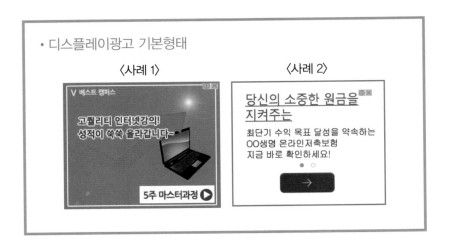

디스플레이광고를 설정하는 방법에 대해서는 다음 절에서 상세히 알아보기로 하고, 여기서는 먼저 광고코드를 생성하는 기본적인 방법에 대해서 순차적으로 알아보겠습니다.

1 내 광고에서 '광고 단위' 설정

구글 애드센스 사이트의 메뉴 중 '광고'를 클릭해서 '광고 단위 기준'을 선택하여 애드센스 광고 단위를 설정할 수 있는 화면으로 들어갑니다.

2 광고 이름·크기·유형 정하기

'광고 단위 기준' 중 가장 보편적인 광고 단위인 '디스플레이광고'를 클릭해줍니다. 광고 이름은 필수 입력값이며 자신이 알아보기 편하게 '블로그광고-1' 식으로 임의 작성해줍니다.

화면 우측 상단에서 '광고 크기'를 결정해줍니다. 아래와 같이 기본 값인 '반응형'을 선택하는 경우 알아서 광고 크기를 조정해주기 때문에 편리합니다.

만약 광고 크기를 고정하고 싶다면 아래와 같이 광고 크기를 '고정'으로 선택해주면 됩니다. '고정' 광고에서는 너비와 높이를 임의로 결정할 수 있습니다.

3 광고코드 만들기와 복사하기

위의 사항들을 모두 결정한 후에 '만들기'를 클릭하면 컴퓨터언어로

된 코드가 포함된 화면이 나옵니다. 이것이 구글 애드센스 광고코드에 해당하는 'HTML 코드*'입니다. 이것을 복사해서 티스토리 블로그의 광고코드 넣는 공간에 붙여넣기하면 여러분의 블로그에 애드센스 광고가 게재되는 것입니다.

이제 티스토리 블로그로 돌아와서 블로그 관리항목 중 '수익'을 클릭한 후 구글 애드센스 '연동하기'를 눌러줍니다.

● 'HyperText Markup Language'의 약자로, 웹문서를 만들기 위해서 사용하는 기본적인 컴퓨터 프로그래밍언어의 한 종류다.

추후 티스토리 화면에서 '수익'을 클릭하고, 하단에 추가된 '에드센스 관리'를 클릭하면 광고 설정을 할 수 있습니다. 아래와 같이 해당 카테고리에서 자신의 블로그 게시글 어느 위치에 광고를 넣을지를 결정합니다.

구글 애드센스가 연동되면 '수익-애드센스관리'에서 광고 게재 위치를 설정할 수 있습니다.

08

사이드바에 애드센스 광고 설정하기

　광고수익률을 극대화하기 위해서는 반드시 '사이드바광고'를 추가
설정해야 합니다.

　아래와 같이 블로그 오른쪽 사이드바에 디스플레이광고를 넣는다는
가정 하에 광고설정 단계를 순서대로 살펴보겠습니다.

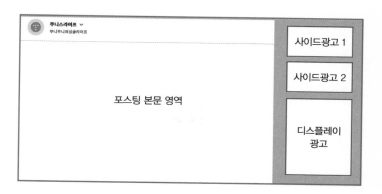

1 애드센스에서 디스플레이광고 생성하기

아래와 같이 광고 단위 기준 설정 화면에서 '디스플레이광고'를 선택합니다

광고 이름을 임의로 기재(예 : 사이드바광고)하고, 광고 형태를 '사각형', 광고 크기를 '반응형'으로 선택합니다.

'만들기'를 클릭해서 나온 광고코드를 복사해놓습니다.

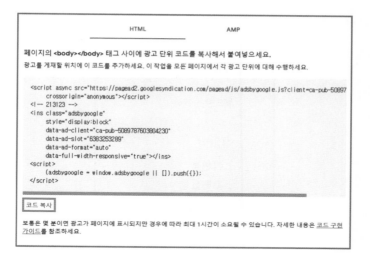

2 티스토리에서 사이드바광고 설정하기

이제 티스토리 블로그로 돌아갑니다. 메뉴 바에서 '수익'을 클릭한 후 우측 '광고 설정'에서 모든 위치의 광고 설정을 켠 뒤 '변경사항 저장'을 클릭합니다.

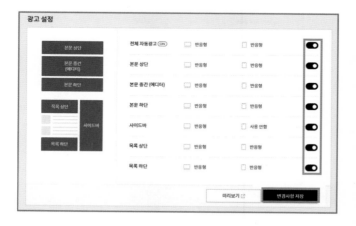

이제 좌측 '꾸미기' 메뉴에서 '사이드바'를 클릭합니다.

우측 사이드바 공간에 애드센스 광고 게재공간이 생긴 것을 볼 수 있습니다.

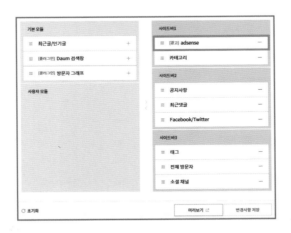

이제 광고코드를 넣기 위해, 좌측 메뉴에서 플러그인을 클릭합니다.

메뉴를 아래쪽으로 내리면 '배너 출력'이 보입니다. '배너 출력'을 클릭하여 '적용'합니다.

좌측 '사이드바' 메뉴로 돌아가면 'HTML 배너 출력' 아이템이 기본 모듈로 장착된 것을 볼 수 있습니다. 'HTML 배너 출력'을 드래그해서 우측 사이드바1에 올려놓습니다.

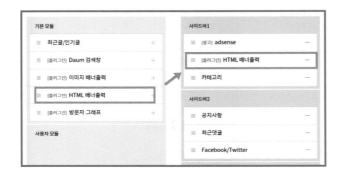

  'HTML 배너 출력' 카테고리에 마우스를 올려서 '편집' 아이콘을 클릭하고 아래와 같이 각 광고의 이름을 임의로 기재한 뒤, 애드센스에서 복사해온 광고코드를 HTML 소스에 붙여넣기해줍니다.

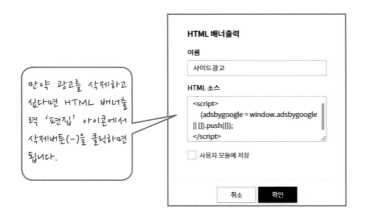

만약 광고를 삭제하고 싶다면 HTML 배너출력 '편집' 아이콘에서 삭제버튼(−)을 클릭하면 됩니다.

  광고코드를 입력했으면 사이드바 설정 화면 상단 우측에 있는 '미리보기' 아이콘을 클릭해서 내 블로그에 광고가 제대로 적용되었는지 확인한 후 '저장'을 클릭합니다.

  다음 그림과 같이 티스토리 블로그 사이드바에 광고공간이 만들어져 있으면 성공입니다. 구글 애드센스에서 광고승인을 받았다면 새로 생성된 광고가 2시간 정도 후에 정상적으로 노출될 것입니다. 참고로 사이드바의 위치는 여러분의 스킨배경 설정에 따라 좌측 또는 우측으로 배치될 수 있습니다.

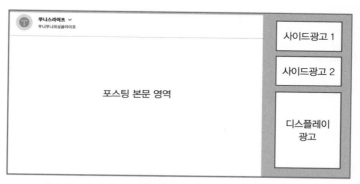

*실제 광고가 게재되기 전에는 위의 광고영역이 '공란'으로 표시됩니다.

이렇게 사이드바에 광고를 넣으면 방문자들이 카테고리로 인식해서 광고로 유입될 가능성이 커지기 때문에, 광고수익률을 극대화하는 데 있어서 매우 효과적입니다.

수익 극대화에 최적화된 4가지 레이아웃

자신의 기호에 따라서 다양한 블로그 레이아웃을 설정할 수 있습니다. 그중 수익을 높이는 데 있어서 효과가 좋은 4가지 레이아웃을 소개하면 다음과 같습니다.

1 레이아웃 유형 (1)

아래와 같이 포스팅 본문에 우측 상단과 내용 중간에 광고를 넣고(중간 광고 넣는 방법은 122~125쪽 참조), 우측 사이드바 상단에 카테고리 목록과 함께 디스플레이광고를 넣는 레이아웃입니다. 이것은 제가 가장 선호하는 레이아웃 유형으로, 이런 식으로 광고를 배열하면 블로그 방문자들에게 카테고리 목록과 광고가 상호 연동된다고 인식시킴으로써 최적화된 광고수익을 맛볼 수 있습니다.

*위의 그림에서 파란색 박스가 광고가 들어가는 공간(이하 동일함)
*그림 원본 출처 : http://leetblogger.com(이하 동일함)

참고로 위의 레이아웃처럼 블로그 사이드바영역에서 광고와 카테고리 목록 등의 위치를 바꿀 때는 사이드바 설정에 들어가서 위치를 바꾸고 싶은 항목을 마우스로 선택한 후 '드로그 앤 드롭' 방식으로 이동시키면 됩니다.

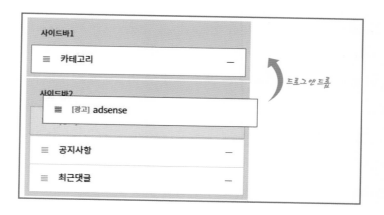

2 레이아웃 유형 (2)

아래와 같이 포스팅 본문 광고는 좌측 상단과 내용 중간에 배열하고, 사이드바광고는 유형 (1)과 대칭되게 좌측에 배열하는 레이아웃입니다.

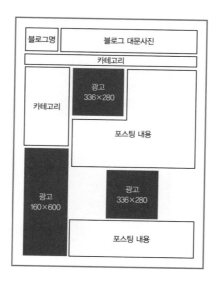

3 레이아웃 유형 (3)

아래와 같이 포스팅 본문 우측 사이드바에 게시글 카테고리 목록과 함께 디스플레이광고를 넣고, 포스팅 본문 최상단에는 '728×90' 크기의 긴 디스플레이광고를 넣는 레이아웃입니다. 이 레이아웃은 최상단에 큰 광고가 들어가기 때문에 광고 노출이 많아진다는 장점이 있는 반면, (1)번 또는 (2)번 유형에 비해서 광고와 포스팅 내용의 구분이 명확해져서 오히려 광고를 클릭할 확률이 낮아진다는 단점이 있습니다.

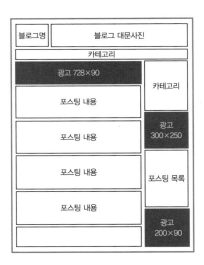

4 레이아웃 유형 (4)

다음과 같이 좌측 사이드바에 카테고리 목록과 함께 광고를 넣고, 포스팅 본문 상단과 중간에 긴 형태의 디스플레이광고를 넣는 레이아웃입니다. 유형 (3)과 대칭되는 형태의 레이아웃입니다.

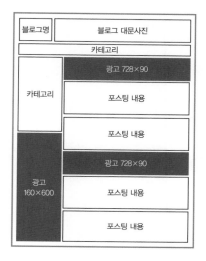

블로그명	블로그 대문사진
카테고리	
카테고리	광고 728×90
	포스팅 내용
	포스팅 내용
광고 160×600	광고 728×90
	포스팅 내용
	포스팅 내용

Q&A

Q 광고승인이 되었는데 왜 광고가 뜨지 않을까요? 포스팅을 하고 난 뒤에 광고자리가 공백으로 뜨고 며칠이 지나도 광고가 게재되지 않습니다.

A 유튜브를 통해 우회하여 애드센스 2차 승인을 받았더라도 블로그 포스팅 수가 부족하면 광고가 활성화되지 않습니다. 따라서 구글 측에서 요구하는 충분한 포스팅 수를 충족시켜야 합니다. 참고로 유튜브에서 애드센스 수익을 창출하려면 구독자 1천 명과 최근 1년 간 총 시청시간 4,000시간 또는 쇼츠의 경우 구독자수 1천 명과 최근 90일간 1,000만 조회수라는 조건을 충족해야 합니다.

09

애드센스 수익계좌 설정방법

여기까지 진도를 따라왔다면 이제 1일 1포스팅 이상의 원칙을 지키면서 꾸준히 광고수익을 향상시키는 단계로 넘어갈 준비가 다 된 것입니다. 여기서는 수익금 회수를 위한 단계로써 구글 애드센스에서 수익계좌를 설정하는 방법을 알아보겠습니다.

1 PIN 번호 수령

앞서 설명했듯 구글 애드센스 광고수익은 기본적으로 총 누적금액 100달러를 넘어야 합니다. 그리고 이 수익금을 찾기 위해서는 구글 애드센스로부터 고유의 'PIN 번호'를 부여받아야 합니다. 최소 수익이 누적 10달러가 넘으면 다음 그림과 같이 구글로부터 수익금 수령을 위한 PIN 번호가 우편으로 송달됩니다.

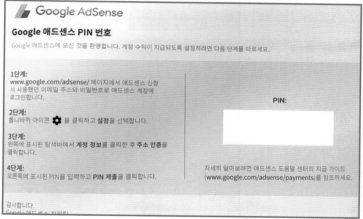

2 PIN 번호를 구글 애드센스 사이트에 등록하기

우편으로 PIN 번호를 받은 후 구글 애드센스 사이트에 접속해서 홈
화면을 보면 다음과 같이 '지급정보' 입력창이 나옵니다. 여기서 '정보
입력'을 클릭합니다.

PIN 번호 입력화면이 뜨면 구글에서 우편 발송한 PIN 번호를 입력하고 '제출'을 클릭하면 수익금 수령을 위한 PIN 번호 인증이 완료됩니다.

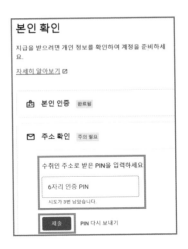

3 입금계좌 등록

이제 애드센스 수익금이 입금될 나의 외화입출금통장 계좌를 등록해야 합니다. 구글 애드센스 사이트 좌측 카테고리에서 '지급 정보'를 선택하고 화면에 나오는 '지급 받을 방법'이라는 메뉴에서 '결제 수단 관리'를 클릭하면 여러분의 통장계좌를 등록할 수 있습니다.

결제받는 수단은 은행송금 또는 수표로 받기를 선택할 수 있습니다. 은행송금을 선택하는 방법은 다음과 같습니다. 아래와 같이 '새 은행송금 세부정보 추가'를 선택합니다.

예금주 란에 통장에 기재된 것과 동일한 영문이름을 입력하고, 은행

명에는 계좌를 개설한 은행, 예를 들면 SC제일은행의 영문명을 입력합니다.

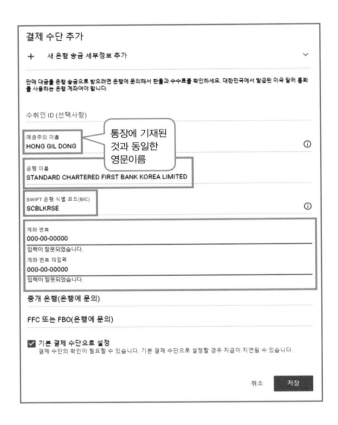

위의 항목 중 'SWIFT 은행 식별 코드'에는 SC제일은행을 기준으로 'SCBLKRSE'라고 기입합니다. 은행 식별 코드는 구글 애드센스에서 각각의 은행을 식별하는 특정 기호를 의미하는데, 만약 SC은행이 아닌 타 은행에서 계좌를 개설했다면 다음 표와 같은 은행별 SWIFT 은행 식별 코드를 참조해서 입력하면 됩니다.

은행명	영문 은행명	SWIFT 식별코드
국민은행	KOOK MIN BANK	CZNBKRSE
기업은행	INDUSTRIAL BANK OF KOREA	IBKOKRSE
농협	NATIONAL AGRICULTURAL COOPERATIVE FEDERATION	NACFKRSEXXX
신한은행	SHIN HAN BANK	SHBKKRSE
외환은행	KOREA EXCHANGE BANK	KOEXKRSEXXX
우리은행	WOORI BANK	HVBKKRSEXXX
하나은행	HANA BANK	HNBNKRSE
한국씨티은행	CITIBANK KOREA	CITIKRSX
우체국	KOREA POST OFFICE	SHBKKRSEKPO
SC제일은행	STANDARD CHARTERED FIRST BANK KOREA LIMITED	SCBLKRSE
부산은행	BUSAN BANK	PUSBKR2P
대구은행	DAEGU BANK	DAEBKR22
경남은행	KYONGNAM BANK	KYNAKR22XXX
광주은행	THE KWANGJU BANK, LTD.	KWABKRSE

마지막으로 계좌번호 란에 여러분의 통장 계좌번호(하이픈(-) 제외)
를 입력합니다.

만일 은행송금 방식이 아닌 '수표로 받기'를 선택한다면 계좌등록을
할 필요가 없습니다. 이런 경우 광고수익이 발생하면 구글로부터 수표
가 우편으로 송달됩니다. 이 수표와 함께 신분증과 통장을 가지고 가
까운 은행에 찾아가서 외화수표 환전신청서를 작성해서 제출하면 현
금으로 환전 받을 수 있습니다.

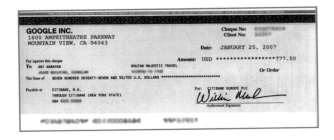

참고로 애드센스 광고수익은 달러로 지급되기 때문에 가급적 원/달러 환율이 높을 때(달러가치가 상승할 때) 찾는 것이 조금이라도 유리하겠죠?

4 세금정보 추가

세금정보 추가는 나중에 수익창출이 시작되면 기재되는 내용이므로 초보자는 참고만 하면 됩니다. 수익창출이 시작되면 다음 그림처럼 '세금정보 추가하기' 경고가 나옵니다. 참고로 아시아 지역의 구글 애드센스는 싱가포르에서 관리합니다.

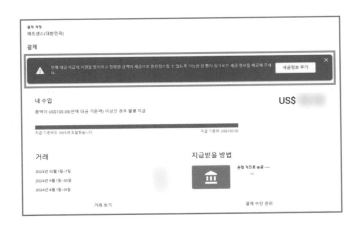

'세금정보 관리'에서 '세금정보 추가'를 클릭합니다.

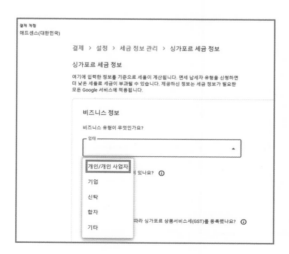

비즈니스 정보는 '개인/개인 사업자'를 선택하고, 싱가포르에 고정 사업장 '없음', 싱가포르 상품서비스 등록 여부에 '아니오'를 클릭합니다(만약 다른 업태에 해당하면 해당 정보를 입력합니다. 여기서는 부업으로 하는 개인 블로거(유튜버) 기준으로 설명합니다).

'세금 면제 〉 면세 대상인가요?'라는 질문에 '예'라고 선택합니다(일반적으로 부업을 하는 블로거 또는 유튜버 기준입니다. 면세 대상이 아닌 경우 '아니요'를 선택하면 됩니다).

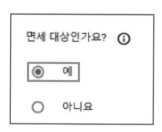

'납세자 거주지'에서 '문서 유형 선택'을 '납세자 거주지 증명서'로 선택하고, 하단의 '업로드'로 들어갑니다.

납세자 거주지

Google에서 원천징수 및 신고 요건을 확인할 수 있도록 납세자 거주 국가/지역을 선택하고 현지 정부에서 발급한 납세자 거주지 증명서를 업로드해 주세요.

납세자 거주 증명서가 유효하려면 일반적으로 다음 요건을 충족해야 합니다.

- 현지 세무 당국의 승인을 받음
- 조세 조약상의 이유로 귀하가 해당 국가의 납세 거주자라는 진술
- 납세자 거주 증명서의 유효 기간의 명시

납세자 거주지 증빙 자세히 알아보기

납세자 거주 국가/지역 선택
대한민국

납세자 거주 증빙

문서 유형 선택
납세자 거주지 증명서

서류의 정보가 Google 결제 프로필의 정보와 정확하게 일치해야 합니다. 파일은 50MB 미만의 PDF, PNG, JPEG 파일이어야 합니다.

업로드

취소   제출

참고로 위 과정에 앞서 '홈택스'에서 '거주자증명서'를 미리 발급받아놓습니다. 해당 납세자 거주지 증명서를 위 과정처럼 업로드하면 완료됩니다.

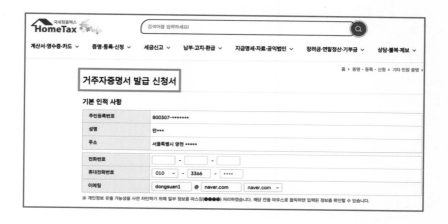

10

방문자를 끌어당기는 블로그 글쓰기

지금이 동영상 시대라는 사실을 누구도 반박할 수 없겠지요. 전 세계인의 유튜브 콘텐츠 소비시간은 하루 10억 시간에 달할 정도로 어마어마합니다.

그렇다면 '블로그는 이제 쓸모없지 않은가?', '앞으로도 블로그는 유효한가?' 이 질문에 저는 '블로그도 고유의 영역이 있다. 그리고 블로그를 통한 수익창출 경험은 중요하다'라고 말씀드리고 싶습니다. 블로그 글쓰기를 해보면, 어떻게 써야 수익이 커지는지 고민하게 됩니다. 어떤 주제를 써야 할지, 어떤 구도로 써야 할지, 광고는 어디에 배치해야 할지 지속적으로 고민하다 보면 독자를 끌어당기는 글쓰기를 자연스레 체득하게 됩니다. 참고로 유튜브도 시나리오(텍스트)를 기반으로 합니다. 때문에 블로그를 통한 글쓰기 능력은 유튜브 운영에 있어서 필수적입니다.

또한 블로그가 차지하는 국내 온라인 마케팅 시장 규모는 아직도 큽니다. 텍스트 기반의 마케팅은 여전히 큰 영향력을 발휘하고 있습니다. 사람들의 검색 패턴을 보아도 블로그 검색 키워드가 따로 있고, 유튜브 검색 키워드가 따로 있습니다. 예를 들어 '윈도우10 업데이트 강제 종료하는 법'이나 '엑셀 오류 복구 방법'과 같은 키워드는 블로그 전용 키워드에 해당합니다. 유튜브에서는 이런 키워드를 잘 쓰지 않습니다. 또한 유튜브 시청자들을 블로그로 유입시키는 추가적인 전략도 가능합니다. 어쨌든 앞으로도 블로그는 사라지지 않고 고유의 영역을 유지하며 지속할 가능성이 큽니다.

<파이프라인의 우화>에서 배우는 지혜

버크 헤지스가 쓴 《파이프라인의 우화》라는 책에는 이탈리아의 아주 작은 마을에 사는, 파블로와 부르노라는 두 청년의 이야기가 나옵니다.

두 청년은 마을에서 제일 큰 부자가 되겠다는 꿈을 꾸며 가까운 강에서 물을 길어다가 마을광장의 물탱크를 채우는 일을 했습니다. 체력이 상당히 소진되는 일이었지만, 그만큼 보수가 높았기 때문에 두 청년은 부자가 되겠다는 강한 의지로 인내하며 열심히 일했습니다.

그러던 어느 날 파블로는 문득 이런 생각을 했습니다.

'물통을 가지고 왔다 갔다 하지 말고, 강에서 마을까지 연결되는 파이프라인을 만들면 어떨까?'

파블로는 이렇게 생각하는 데 그치지 않고 본업과 병행해서 강에서 마을까지 연결되는 파이프라인을 만드는 일에 집중했습니다. 입에 풀칠은 해야 했기에 본업인 물 긷는 일을 병행하기가 힘들었지만, 시간이 지나자 점차 결과가 나오기 시작했습니다. 파이프라인이 완성되어 갈수록 마을로 물 긷는 시간도 줄어들고 체력도 아낄 수 있었던 것이지요.

반면에 또 다른 청년인 브루노는 아침, 저녁으로 힘을 쏟아가며 파이프라인을 만드는 파블로를 어리석다고 생각하면서, 계속해서 직접 물을 길어다 나르는 본업에 집중했습니다.

몇 년 후, 마침내 파플로가 만들던 파이프라인이 완성되었습니다. 파블로는 육체적 노동 없이도 가만히 앉아서 돈을 벌게 되었지요. 반면 브루노는 나이가 들면서 점차 체력이 약해지고 일자리마저 잃게 되는 난처한 상황에 빠지고 말았습니다.

이 우화는 우리에게 시사하는 바가 큽니다. 지금 당장 힘이 조금 더 들더라도, 체력과 시간을 소진하는 일에만 집중하기보다, 반자동화된 '수익의 파이프라인'을 젊을 때 미리 준비해야 노후에 고생 안 한다는 사실을 가르쳐주고 있습니다. 먼 미래에 시간적으로나 경제적으로 여유로운 삶을 영위하고 싶다면, 구글 애드센스로 돈 버는 시스템을 미리 준비하길 바랍니다.

➡ 다음 칼럼은 145쪽에 있습니다

2부

블로그로 돈 벌기

Google
Adsense

2장

수익 극대화를 위한
포스팅 노하우

01

첫 번째 공략법 :
포털 검색결과 노출 최대화

내 블로그를 검색포털 웹마스터도구에 등록하는 방법

네이버 등 검색포털에 내 블로그의 포스팅이 검색노출되게 하려면
각 검색포털 웹마스터도구에 내 블로그를 등록해야 합니다. 여기서는
대표적인 검색포털인 네이버 웹마스터도구에 대해서만 설명하겠습니
다. 다음, 구글 등 다른 검색포털에서도 네이버와 유사한 방식으로 웹
마스터도구에 등록할 수 있습니다.

1 회원가입 및 내 블로그 등록

먼저 '네이버 서치어드바이저(https://searchadvisor.naver.com)'에 들
어가서 회원가입을 합니다. 이미 네이버 회원으로 가입되어 있다면 해
당 아이디와 패스워드로 로그인하면 됩니다. 가입 후 화면 우측 상단
에 '웹마스터 도구'를 클릭합니다.

'사이트 등록' 화면이 나오면 내 티스토리 블로그 주소를 넣고, 우측에 있는 진행 아이콘을 클릭합니다.

2 사이트(블로그)소유 확인 및 HTML 태그 복사

네이버 측에서 해당 블로그의 실제 소유주인지 여부를 확인하는 화면이 나오면, 'HTML 태그' 항목을 선택하고 그 아래에 나오는 '메타태그' 내용을 복사(ctrl + c)합니다.

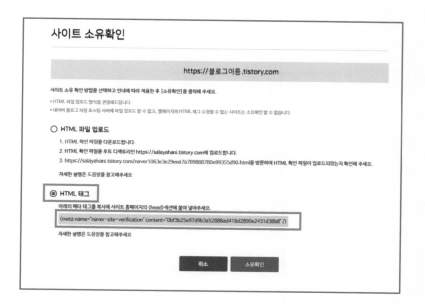

3 티스토리 블로그에서 HTML 편집

이제 내 티스토리 블로그 관리 화면(51쪽 그림 참조)에서 '꾸미기' 메뉴에 있는 '스킨편집'을 클릭한 후 'html편집'을 클릭합니다.

그러면 내 블로그 화면 오른쪽에 아래와 같은 화면이 뜨는데, 그곳에서 '⟨meta name …⟩'이라고 쓰인 부분을 찾아서 기존에 존재하는 메타태그(⟨meta name …⟩)와 메타태그(⟨meta name …⟩) 사이에 네이버 웹마스터도구에서 복사한 태그를 붙여넣기(ctrl+v)합니다. 상단에 있는 '저장'을 클릭한 후 다시 네이버 웹마스터도구 창으로 돌아옵니다.

이제 네이버의 '사이트 소유확인' 화면(103쪽 하단 그림 참조)에서 '소유확인'을 클릭하면 네이버에서 소유자확인을 했다는 팝업 창이 뜹니다. 이러면 네이버 웹마스터도구 등록이 완료된 것입니다.

생소한 컴퓨터언어가 등장해서 위의 과정이 다소 복잡해 보일 수 있지만, 위의 순서에 따라 반드시 내 블로그 주소를 네이버 웹마스터도구에 등록해주어야 합니다. 그래야만 네이버에서 내 블로그 포스팅을 주기적으로 긁어가서 네이버 검색결과에 빠르게 노출시켜주기 때문이지요. 구글(Google)이나 다음(Daum) 웹마스터도구에서도 이와 유사한 방법으로 내 블로그를 등록하면 됩니다.

Q&A

Q 네이버 블로그를 운영할 때 IP주소가 변경되면 최적화가 어렵다고 하는데, 맞는지요?

A 네, 티스토리 블로그도 마찬가지입니다. 포털 상위노출을 위해 이왕이면 동일 IP에서 계속 포스팅을 작성하는 것이 유리합니다. 또한 모바일(스마트폰)로 게시글을 등록하는 경우에는 포털에서 노출누락시키는 경우가 있습니다. 자신의 IP주소가 깨끗하다면 *, 가능한 한 PC로 작성한 뒤 예약기능을 이용해서 업로드하는 것을 추천합니다.

• IP주소는 인터넷에 연결된 컴퓨터 고유주소입니다. 검색 클릭수를 높이기 위해 비정상적 접근을 반복적으로 하면 IP주소가 오염됩니다(=어뷰징).

02

두 번째 공략법 :
최적의 키워드 선정

애드센스 광고수익을 얻으려면 가능한 한 많은 사람에게 내 블로그 포스팅을 노출시켜야 합니다. 이를 위해 가장 중요한 것은 포스팅을 어떤 제목(키워드)으로 하느냐입니다.

키워드를 선정할 때는 네이버를 기준으로 검색량이나 노출영역을 비교 검토하는 전략을 활용해야 합니다. 검색포털에는 키워드 검색결과에 대한 데이터 통계를 확인할 수 있는 기능을 제공하고 있는데, 이를 전략적으로 활용하면 상당한 효과를 볼 수 있습니다.

예를 들어 '인터넷으로 돈벌기'라는 키워드는 경쟁력 있는 키워드일까요? 포스팅 제목을 어떻게 정해야 검색포털에서 내 포스팅을 최대한 노출시켜 줄까요? 바로 이것을 알아내는 것이 애드센스 광고수익을 월 수십만 원에서 많게는 수백만 원으로 극대화하는 지름길입니다.

유튜브 채널을 운영하는 경우에도 마찬가지입니다. 제가 100만 조회수 이상 나오는 소위 떡상 영상을 다수 만들어본 경험에 따르면, 조회수가 낮게 나오는 이유는 대부분 2가지입니다. 첫째는 사람들에게 관심 없는 키워드를 선정한 경우이고, 둘째는 관심 있는 주제지만 기존 경쟁자들이 너무나 많은 경우입니다. 이때 가장 좋은 공략법은 사람들의 관심이 많으면서 경쟁이 적은 키워드를 찾는 것입니다. 이를 위해서는 우선 네이버 검색 시스템을 기준으로 키워드를 찾는 방법을 배워야 합니다.

검색통계 기준으로 키워드를 선별하라

이제 네이버 검색을 기준으로 포스팅 키워드를 선정하는 방법을 순서대로 알아보겠습니다. 2가지 방법이 있습니다. 하나는 '네이버 광고 플랫폼의 키워드도구'를 활용하는 방법이고, 다른 하나는 '자동완성 검색어와 연관검색어'를 활용하는 방법입니다. 하나씩 알아보겠습니다.

먼저 네이버 메인화면 하단의 '네이버 비즈니스'라고 쓰인 부분을 클릭해서 '네이버 비즈니스'에 들어갑니다.

공지사항							
Partners	프로젝트 꽃	네이버 비즈니스	네이버 비즈니스 스쿨	네이버 광고	스토어 개설	지역업체 등록	엑스퍼트 등록
Developers	네이버 개발자 센터	오픈 API	오픈소스	네이버 D2	네이버 D2SF	네이버 랩스	

화면 상단에 있는 '광고' 메뉴를 클릭해서 나온 메뉴 중 '검색광고'를 클릭해서 들어갑니다.

    광고주 신규가입을 하고 로그인을 해서 '광고 플랫폼'으로 들어갑니다. 참고로 광고주로 가입을 하거나 광고 플랫폼으로 들어간다고 해서 돈이 나가지는 않으므로 걱정하지 않아도 됩니다.

    '네이버 광고 플랫폼'으로 들어가서 검색량 분석을 해보겠습니다(광고 플랫폼을 사용하기 위해서는 익스플로러10 또는 크롬 브라우저를 사용해야 합니다).

    다음과 같이 네이버 광고 플랫폼에서 '도구'를 클릭한 후 '키워드도 구'를 선택합니다.

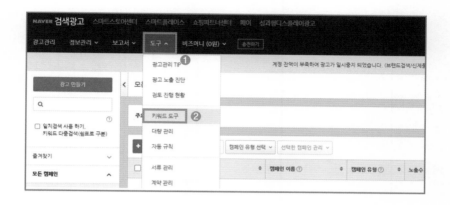

　'키워드'를 입력하는 공간에 '인터넷으로 돈벌기'라는 키워드를 입력하고 '조회하기'를 클릭합니다(단, 키워드도구에서는 띄어쓰기 구분이 없으므로 모두 붙여쓰기합니다).

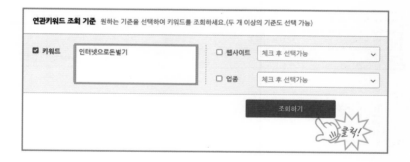

　다음과 같이 '인터넷으로 돈벌기'에 관련된 키워드가 다양하게 나오는 것을 볼 수 있습니다. 우리가 눈여겨보아야 할 항목은 '월간 검색수'입니다. 월간 검색수에서 PC 또는 모바일 항목을 클릭하면 검색수가 낮은 순 또는 많은 순으로 쭉 정렬해서 볼 수 있습니다.

연관키워드 조회 결과 (990개)					
		월간검색수 ⑦		월평균클릭수 ⑦	
전체추가	연관키워드 ⑦	PC	모바일	PC	모바일
추가	인터넷으로돈벌기	700	690	10.7	11.8
추가	재택알바	10,400	24,700	209.5	1,130.5
추가	집에서돈버는방법	3,150	3,210	60.3	33
추가	학생돈버는법	210	1,460	4.5	23.3
추가	헬로우드림추천	130	40	7.5	2.6
추가	알바사이트	1,630	1,890	63.9	135.6
추가	직장인투잡알바	2,090	3,040	62.4	116.3
추가	재택근무알바	910	1,530	18.1	26.6
추가	직장인부업	900	1,490	15.5	60.3

연관키워드수가 990개나 되면 정리하기가 쉽지 않습니다. 그러면 오른쪽 상단에 있는 '필터'를 클릭해서 나온 화면에서 '연관키워드'와 '포함'을 선택하고 '돈벌기'라는 키워드를 입력한 후 '적용'을 클릭합니다.

990개 항목 중 연관키워드인 '돈벌기'를 포함한 것들만 나열된 화면을 볼 수 있습니다.

자, 지금까지의 과정을 정리해볼까요? 처음에 우리는 '인터넷으로 돈벌기'라는 키워드로 포스팅을 작성하려고 했으나 실제로 검색해 보니 월간 검색수가 상당히 많았습니다. '돈벌기'라는 키워드가 포함된 것들만 정리해보았더니 유튜브로돈벌기, 돈벌기, 컴퓨터로돈벌기, 유튜브돈벌기, 집에서돈벌기, 블로그로돈벌기, 인터넷으로돈벌기같은 것들만 나오네요.

연관키워드 조회 결과 (26/990개)			
연관키워드 | 포함 | 돈벌기 ✕ ✚ 추가 📄 필터 저장			
전체추가	연관키워드 ⑦ ⬍	월간검색수 ⑦	
		PC ▼	모바일 ⬍
추가	유튜브로돈벌기	1,780	4,330
추가	돈벌기	1,610	3,620
추가	컴퓨터로돈벌기	1,400	850
추가	유튜브돈벌기	1,190	2,050
추가	집에서돈벌기	1,020	3,050
추가	블로그로돈벌기	990	840
추가	인터넷으로돈벌기	720	710
추가	블로그돈벌기	560	1,120
추가	광고보고돈벌기	440	940
추가	인터넷돈벌기	250	270

기억할 점은 월간 검색수가 많다고 무조건 좋은 키워드가 아니라는 것입니다. 검색수가 많으면 그만큼 경쟁이 심해서 상위에 노출되기가 더욱 어려워지기 때문이지요. 다만 이런 검색과정을 통해 처음에 생각했던 '인터넷으로 돈벌기'라는 키워드보다 더 좋은 연관키워드가 존재한다는 사실을 알게 되었고, 해당 키워드의 월간 검색수가 얼마나 많은지도 알게 되었습니다. 이런 식으로 포스팅에서 전략적으로 활용할 키워드를 하나씩 찾아나가면 됩니다.

최근에는 네이버 검색결과를 좀 더 편리하게 보여주는 사이트들도 많이 생겼습니다. 대표적으로 아래 사이트들을 참고하세요.

- 키워드 마스터 : https://whereispost.com/keyword
- 블랙키위 : https://blackkiwi.net

03

세 번째 공략법 : 키워드의 정확성 높이기

자, '인터넷으로돈벌기'라는 키워드로 포스팅을 작성하려고 합니다. 이때 의외로 많은 분들이 간과하는 것이 띄어쓰기입니다. 그렇다면 띄어쓰기를 어떻게 해야 할까요? 의외로 검색포털에서는 띄어쓰기만으로도 검색노출 결과가 상당히 달라질 수 있기 때문에 단어와 단어를 어떻게 띄어 쓸 것인지가 매우 중요할 수 있습니다. '인터넷으로돈벌기'라고 붙여서 적으면 좋을까요? 아니면 '인터넷으로 돈 벌기'라고 해야 검색노출이 더 잘될까요? 고민이 됩니다. 그렇다면 다음 그림과 같이 네이버 검색 창에서 직접 입력을 해보겠습니다.

네이버 검색 창에 '인터넷으로돈'까지 치니까 그 아래에 다양한 키워드들이 '자동'으로 나옵니다. 이런 키워드들을 '자동완성 검색어'라고 합니다. 그 중에서 상위에 있는 키워드를 보니 '인터넷으로 돈벌기'라고 되어 있습니다. 그렇다면 우리는 '인터넷으로 돈벌기'라고 문장 가운데 띄어쓰기를 한 번만 해주는 것이 검색결과 노출에 좋다는 것을 유추할 수 있습니다.

'인터넷으로 돈벌기'라는 키워드를 최종적으로 분석해보겠습니다. 네이버 광고 플랫폼 키워드도구를 활용해서 '월별 검색수 추이', 즉 시기적으로 이 키워드가 적합한지 여부를 확인해봄으로써 이것보다 더 좋은 키워드는 없는지를 검토해봅니다.

네이버 광고 플랫폼 키워드도구에서 '인터넷으로 돈벌기'라는 키워드를 검색해서 해당 키워드를 클릭하면 아래와 같이 '월별 검색수 추이' 화면이 나옵니다.

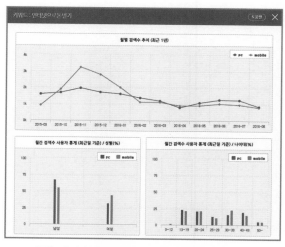

*출처 : 네이버 광고 플랫폼(http://searchad.naver.com)

결과를 살펴 보니, 11월에 해당 키워드 검색수가 가장 많은 것으로 나타나고, PC보다 모바일에서 평균 검색수가 더 많은 것으로 나타납니다. 또 PC에서는 남성이, 모바일에서는 여성이 더 많이 검색했고, 연령대로는 10대에서 40대까지 비교적 고르게 검색한 것으로 나타납니다.

이러한 분석을 통해 우리는 포스팅을 하기 전에 지금이 '인터넷으로 돈벌기'라는 키워드를 사용하기에 적당한 시기인지, 또 누구를 대상으로 포스팅해야 할지를 결정할 수 있게 되는 것입니다.

04

키워드 선정 전 반드시
검색영역을 파악하라

포스팅에 사용할 키워드를 선정할 때는 반드시 '검색영역'을 면밀히 보아야 합니다.

네이버의 검색영역은 카페, 블로그, 뉴스, 앱, 웹문서, 지도, 사이트 등 매우 다양한데요, 네이버 등 검색포털에서는 여러 영역 중 해당 키워드에 가장 적합한 영역을 제일 상위에 노출시키고 있습니다. 즉, 키워드가 가지고 있는 성격에 따라서 노출영역이 달라진다는 것이지요. 예를 들어 네이버에서 '사과 예쁘게 깎는법'이라는 키워드를 검색해보면 다음 그림과 같이 통합검색 화면에서 블로그영역이 최상위에 노출되는 것을 알 수 있습니다.

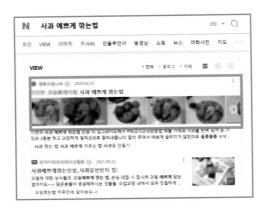

그러면 '김영란법'이라는 키워드로 검색해보면 어떻게 될까요?

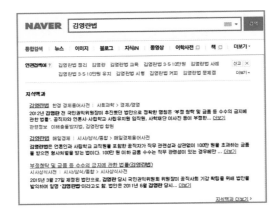

키워드를 선정할 때는 이런 식으로 해당 영역이 노출되느냐 여부를 파악해보는 것이 상당히 중요합니다. 블로그영역이 최상위에 뜬다는 것은 다른 검색영역에 비해 블로그로 들어오는 검색유입이 많다는 사실을 의미하기 때문이지요. 우리가 집중해야 할 것은 '블로그영역이 상위에 뜨는 키워드'를 찾는 것입니다.

이번에는 '과일 예쁘게 깎는법'이라는 키워드로 검색해보겠습니다. 웹사이트 영역이 상위에 뜨는 키워드인 것을 알 수 있습니다. 이 경우 네이버 알고리즘의 판단이 블로그보다 웹사이트가 더 정확한 정보라고 본 것입니다. 따라서 이 키워드로 콘텐츠를 작성한다면 검색결과가 노출되지 않을 가능성이 클 것입니다.

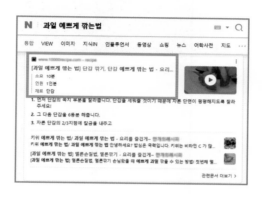

지금까지 살펴보았듯 포스팅에 사용할 키워드를 무조건 사용하기보다는 네이버 검색결과 화면에서 블로그영역이 상위에 뜨는지를 반드시 확인해보아야 합니다. 블로그영역이 검색결과 첫 번째나 두 번째 영역 정도에 위치한다면 좋은 키워드입니다. 반면에 세 번째 이하 영역에 뜨는 키워드라면 과감히 버려야 합니다.

검색영역 노출순서를 중요시하는 데는 합리적인 이유가 있습니다. 다음 그림은 검색포털에서 사람의 시선이 집중되는 부위를 색으로 나타낸 것입니다. 집중도가 클수록 색이 붉게 표현되어 있는데, 이것을 기준으로 보면 사람들의 시선이 화면 좌측 상단에 집중된다는 사실을 알 수 있습니다.

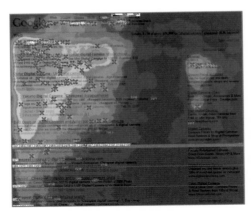

*출처 : http://www.prweb.com

    또 다른 연구에서도 이와 비슷한 결과를 확인할 수 있습니다. 외국의 한 연구기관에서 '시카고에서 가장 맛있는 피자'를 검색한 사람들의 시선이 어디에 집중되는지 조사한 결과, 아래와 같이 주로 화면 좌측 상단에 시선이 쏠리는 것(밝게 표시된 곳이 시선이 집중된 영역)으로 나타났습니다.

*출처 : https://moz.com

사람들은 검색했을 때 가장 최상위 영역에 있는 글을 뇌로 받아들이고, 두 번째, 세 번째 영역부터는 받아들이는 경향이 점차 줄어든다는 사실을 알 수 있습니다.

　따라서 우리는 검색결과 화면에서 블로그영역이 최상위에 노출되는 키워드를 계속 찾아야 하고, 그런 키워드 찾는 것이 가장 중요한 전략이 됩니다.

05

수익률을 높이는 문단구성 방법

포스팅할 키워드를 정했다면 이제 본격적으로 글을 쓸 차례입니다. 애드센스 광고수익을 높이기 위해서는 다음과 같은 가이드가 필요합니다.

글의 양은 최소한 1,000자 이상으로!

기본적으로 글의 양은 아무리 적어도 500자 이상이어야 하고, 이왕이면 1,000자를 초과하는 분량이 되어야 합니다. 너무 적은 양의 글로 포스팅하면 검색포털은 정보로 인식하지 않기 때문에 검색결과 상단에 노출되지 못할 가능성이 높습니다. 최근에는 ChatGPT와 같이 자동으로 양질의 글을 완성시켜주는 오픈AI가 있으므로 이를 적절히 활용하는 것도 좋은 방법입니다.

• 텍스트 자동완성 사이트 : ChatGPT(https://openai.com/chatgpt)

글과 광고를 혼합해서 문단을 구성하라

애드센스 광고수익률을 높이는 문단 구성법을 알아보겠습니다. 수익 창출을 위한 문단을 구성할 때 가장 많이 쓰이는 방식은 문단과 문단 사이에 광고를 넣는 것입니다.

> (상단 광고) + 글 + 사진 + 글 + (중간 광고) + 글 + 사진 + 글 + (하단 광고)

지금은 페이지당 애드센스 광고수의 제한이 없어졌습니다. 페이지당 2개 또는 3개의 광고 개수 제한을 지킬 필요는 없습니다. 다만 포스팅 전체 분량에 따라 과도하지 않게 광고를 배치할 필요가 있습니다. 그렇다면 왜 글과 글 사이에 광고를 넣어야 할까요? 글과 글 사이에 광고를 넣는 것은 수익률을 극대화하는 주요 전략에 해당합니다.

블로그 방문자 입장에서 볼 때 대놓고 드러난 광고는 '나는 광고다'라고 써 있기 때문에 클릭 확률이 비교적 낮습니다. 그렇기 때문에 포스팅 내용 중간에 광고를 넣어야 내용과 광고가 적절히 어울림으로써 방문자들의 주목도와 클릭률을 높일 수 있는 것입니다.

콘텐츠(글, 사진)

디스플레이광고(권장크기 : 200×90)

콘텐츠(글, 사진)

디스플레이광고(권장크기 : 336×280)

콘텐츠(글, 사진)

위와 같은 방식으로 광고를 넣을 때는 최대한 '정보'처럼 포장하는 기술이 중요합니다. 다만 주의할 것은 직접적으로 광고가 아니라고 거짓말을 해서는 안 되고, 단지 광고인가 정보인가 착각을 불러일으킬 정도로만 포장해야 합니다. 광고인데 광고가 아니라고 하면 구글 애드센스 정책에 위반되기 때문이지요(애드센스 광고정책에 대한 구체적인 내용은 132쪽 참조).

HTML 서식을 이용해서 포스팅 본문에 광고 넣기

포스팅 본문에 임의로 설정하는 광고를 'HTML* 서식을 이용한 광고'라고 합니다. HTML 서식을 이용한 광고는 '글의 HTML 서식에 기호에 따라 자유롭게 넣는 광고'를 의미합니다.

HTML 서식 광고는 글쓰기 모드에서 애드센스 광고코드를 'HTML 서식'에 붙여넣기하면 됩니다. 포스팅 중간에 글쓰기 창 우측 상단에 있는 'HTML' 아이콘을 클릭하면 광고코드를 넣을 수 있습니다.

아래와 같이 글쓰기 창에서 HTML 편집 창을 열어서 글 중간에 광고를 넣는다고 가정해보겠습니다.

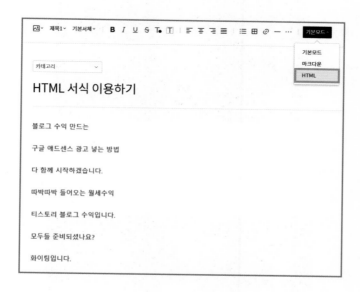

HTML 아이콘을 클릭하면 다음 그림과 같이 HTML 편집창으로 변환된 화면을 볼 수 있습니다.

• 웹사이트를 구현시키는 기본적인 컴퓨터언어

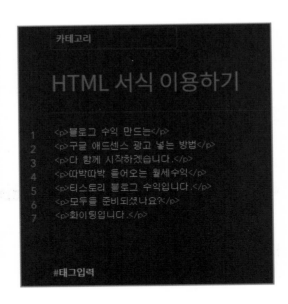

아래와 같이 원하는 위치에 광고코드를 붙여넣기해주면 됩니다.

위와 같이 광고를 넣은 다음 그 위, 아래에 '<p>
</P>'라는
HTML 언어를 각각 하나씩 넣어줍니다. 이것은 글과 광고 사이에 '빈

행'을 하나씩 넣는다는 의미의 명령어입니다.

이제 광고가 게재된 화면을 미리보기로 확인해보겠습니다. 아래와 같이 광고가 예쁘게 들어간 모습이 보일 것입니다.

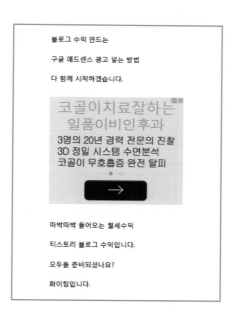

중간에 광고를 넣을 때 한 가지 유의할 사항이 있습니다. 콘텐츠 양이 현저히 부족하거나 불량한 포스팅에 광고를 달거나, 광고와 광고 사이의 간격이 너무 따닥따닥 붙어있으면 애드센스 광고정책에 위반된다는 것입니다. 따라서 포스팅 내용 중간에 광고를 넣을 때는 반드시 광고 위, 아래로 적절한 양의 콘텐츠(글)를 넣어주어야 합니다.

포스팅 본문 광고의 수익률을 높이는 방법

제 경험상 티스토리 블로그 포스팅 내용 중간에 광고를 넣을 때 가장 수익률이 좋은 광고크기는 '336×280'입니다. 제가 블로그 포스팅 본문 최상단과 중단, 하단에 '336×280' 광고를 각각 하나씩 넣었을 때 평균적인 수익률 비중은 아래와 같았습니다.

```
┌─────────────────────────────────────────────┐
│                   상단 광고                    │
│                 수익률 : 40%                   │
│        (디스플레이광고 336×280 크기 기준)        │
└─────────────────────────────────────────────┘

┌─────────────────────────────────────────────┐
│                콘텐츠(글, 사진)                 │
└─────────────────────────────────────────────┘

┌─────────────────────────────────────────────┐
│                   중간 광고                    │
│                 수익률 : 35%                   │
│        (디스플레이광고 336×280 크기 기준)        │
└─────────────────────────────────────────────┘

┌─────────────────────────────────────────────┐
│                콘텐츠(글, 사진)                 │
└─────────────────────────────────────────────┘

┌─────────────────────────────────────────────┐
│                   하단 광고                    │
│                 수익률 : 25%                   │
│        (디스플레이광고 336×280 크기 기준)        │
└─────────────────────────────────────────────┘
```

애드센스 광고수익률을 극대화하려면 포스팅 하단보다는 상단에 광고를 집중시키고, 포스팅 중간에 광고를 넣을 때는 문맥의 흐름을 광고내용과 비슷하게 맞춰주는 전략이 필요합니다.

애드센스 광고와 글의 맥락을 매칭시키자!

광고와 글을 매칭시키기 위해 가장 좋은 방법은 글의 내용과 무관한 광고들을 배제하는 것입니다.

블로그를 운영하는 사람의 입장에서 랜덤으로 연결되는 애드센스 광고 중 자신의 포스팅 내용에 맞는 광고가 게재된다면 클릭률이 높아지므로 수익의 극대화를 맛볼 수 있습니다.

구글 애드센스는 원치 않는 광고를 차단할 수 있는 기능을 제공하고 있습니다. 이 기능을 활용하려면 구글 애드센스 사이트에서 '브랜드 안정성'을 클릭 후 '콘텐츠'에서 '차단 관리' 메뉴를 선택하고 자신의 블로그에 노출되는 광고를 관리하도록 합니다. 여기서 '광고주 URL'을 차단하거나 '광고 카테고리'별로 허용 또는 비허용을 설정할 수 있습니다. 다양한 옵션이 있지만, 이 책에서 우리는 '일반 카테고리 관리'를 클릭합니다.

다양한 일반 카테고리 중에서 자신이 원하지 않는 광고가 있다면 '상태'에서 '허용됨'을 눌러 '차단됨'으로 바꿔줍니다. 만약 광고 이미지를 상세하게 차단 설정하고 싶다면 '광고 미리보기'를 클릭합니다.

이 중에서 여러분의 블로그에 게재하고 싶지 않은 광고를 찾아서 해당 광고 좌측 하단에 있는 '차단'을 클릭하면, 다음과 같이 해당 광고들이 차단된 상태로 설정됨으로써 블로그에 게재되지 않게 됩니다.

이 기능을 잘 활용하면 여러분의 글의 내용과 광고를 최대한 매칭시킴으로써 보다 높은 수익을 창출할 수 있습니다. 다만 광고 차단을 과도하게 설정하면 수익이 하락할 수 있으므로 부득이한 경우에만 활용하도록 합니다.

06

외부 소스를 활용한 블로그 사용법

어떤 주제로 해야 할지 고민하는 분들이 많을 텐데요, 해외 인터넷에는 포스팅 소재로 사용할 만한 정보들이 상당히 많이 축적되어 있습니다. 생활정보, 특히 미국이나 일본의 블로그나 커뮤니티에는 양질의 칼럼들이 많이 게시되어 있습니다. 건강지식, 다양한 유형의 노하우, 취미생활, 경제, 문화, 사회 등 정보의 분야도 매우 다양합니다.

그러한 정보들을 번역(구글이나 네이버 활용)한 뒤 그 내용에 자신의 지식과 경험을 녹여서 블로그 포스팅으로 재탄생시키면 됩니다. 이런 식으로 해외의 정보들을 가지고 전반적인 내용을 각색하면 충분히 좋은 포스팅이 될 수 있을 것입니다.

타 정보와 이미지를 활용할 때 주의할 점

검색포털은 유사한 문서에 대해서 필터링을 하기 때문에 인터넷에서 찾은 원문을 참고해서 포스팅을 작성할 때는 최소한 80% 이상 일치하지 않도록 하는 것이 중요합니다.

사진(이미지)의 경우 인터넷에 떠돌아다니는 것들보다는 직접 촬영한 고퀄리티의 사진일수록 좋습니다. 만약 인터넷에 있는 사진이나 그림을 활용해야 한다면 구글 검색 '도구' 설정에서 '크리에이티브 커먼즈 라이선스'로 필터링하면 저작권에서 비교적 자유롭게 이미지를 사용할 수 있습니다.

최근에는 AI 그림 생성 사이트가 다양하게 출시되었으므로 이를 적극적으로 활용하면 저작권에서 완전히 자유로운 이미지를 사용할 수 있습니다. 자신에게 맞는 인공지능 사이트를 사용해보도록 합니다.

- 미드저니 : https://discord.com/invite/midjourney
- 노벨 AI : https://novelai.net
- CIVIT AI : https://civitai.com
- 포트레이트 AI : https://portraitai.app
- DALL-E : https://openai.com/dall-e-2
- AI GREEM : https://aigreem.com

사진을 캡처할 때는 컴퓨터 보조프로그램에 있는 '캡처도구'를 사용하거나, 구글 크롬 브라우저를 쓰고 있다면 '라이트샷(다음 그림 참조)' 같은 확장프로그램을 사용하면 편리합니다. 해당 프로그램을 설치하려면 '크롬 웹스토어(다음 사이트 주소 참조)'에 들어가서 'lightshot'을 검색해서 찾은 후, 해당 도구를 클릭해 선택하고 'Chrome에 추가'를 클릭하면 됩니다.

https://chrome.google.com/webstore

사진 편집과 수정은 '포토스케이프'를 추천합니다. 해당 프로그램(아래 사이트 주소 참조)을 다운로드 받아서 사용하면 됩니다.

http://www.photoscape.co.kr

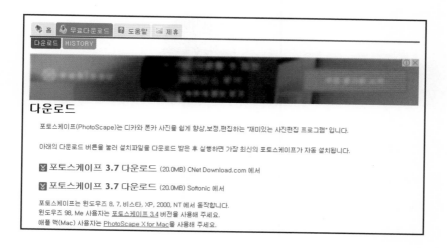

꼭 알고 있어야 할 구글 애드센스 광고정책

구글 애드센스 광고정책을 위반하면 애드센스 계정이 소멸 또는 정지될 수 있습니다. 특히 최근에는 블로그 서핑을 하면서 애드센스 광고정책에 위반되는 포스팅들만 찾아서 신고하는 사람들이 늘어나고 있으므로 반드시 광고정책을 준수해야 합니다. 여기서는 여러분이 꼭 알고 있어야 할 대표적인 정책위반 사례와 함께, 구글 애드센스에서 제시하는 5가지 정책위반 사항들을 알아보겠습니다.

1 의도하지 않은 클릭

포스팅 본문에 들어가는 사진에 바짝 붙여서 광고를 게재하면 안 됩니다. 은연중에 광고를 클릭하도록 의도하는 행위 등은 애드센스 정책에 위반됩니다.

2 부자연스러운 클릭 유도

광고를 클릭하게 하기 위해서 '더 알아보고 싶다면 (광고를) 클릭하세요' 등의 문구를 넣는다든지, 광고 클릭을 유도하는 화살표나 손가락 표시 등을 넣지 말아야 합니다.

또한 광고를 클릭하면 상품을 준다고 하거나, 광고를 클릭해야 무료 다운로드를 받을 수 있다는 식으로 표현하는 것 역시 애드센스 정책위반에 해당됩니다.

3 광고와 동일한 이미지 사용

광고 앞뒤에 광고와 유사한 형태의 그림(또는 광고 캡처를 그대로 붙여 넣기)을 넣지 말아야 합니다.

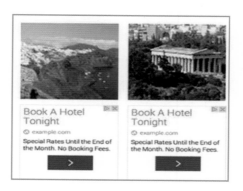

4 콘텐츠 없이 광고만 게재

포스팅에 광고만 보이는 경우는 정책위반입니다. 스크롤을 해야만 콘텐츠를 볼 수 있게 해도 애드센스 정책에 위반됩니다. 이는 포스팅을 작성하는 사람의 PC에서는 그렇게 보이지 않더라도 방문자가 보았을 때 광고만 보인다면 정책위반이 되므로 포스팅할 때는 이러한 경우 반드시 모바일과 PC를 모두 확인해보아야 합니다. 단, 플러그인 설정에서 모바일용 광고를 '반응형'으로 한다면 광고만 노출되는 경우는 거의 없을 것입니다.

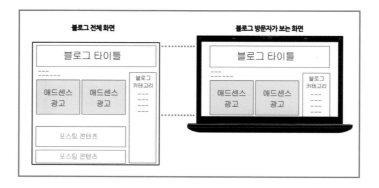

5 자신의 광고를 셀프 클릭

자신의 광고를 잘못해서 한두 번 정도 클릭하는 행위는 크게 문제가 되지 않습니다. 하지만 상습적으로 자신의 포스팅 내 광고를 클릭하는 행위 또는 친구 등의 PC 또는 스마트폰으로 대신 클릭해주는 행위는 명백한 정책위반에 해당합니다. 구글에서는 이런 위반사례들을 다 잡아내기 때문에 반드시 주의해야 합니다.

그 외 구글 애드센스 정책위반 사항

게시자는 구글의 가이드라인에 위배되는 콘텐츠에 애드센스 코드를 추가할 수 없습니다. 이러한 콘텐츠로는 성인용 콘텐츠, 폭력적이거나 인종차별을 조장하는 콘텐츠 등이 있습니다.

저작권 보호 자료

애드센스 게시자는 콘텐츠 게시에 필요한 법적 권리가 없는 한 저작권법으로 보호받는 콘텐츠가 포함된 페이지에 구글 광고를 게재할 수 없습니다.

모조품

애드센스 게시자는 모조품을 판매하거나 홍보하는 웹페이지에 구글 광고를 게재할 수 없습니다.

트래픽 소스

게시자는 클릭할 때마다 돈을 지불하거나, 스팸메일을 발송하거나, 소프트웨어 애플리케이션의 작동을 통해 광고를 게재하는 프로그램에 참여해서는 안 됩니다.

광고 게재위치

게시자는 다양한 게재위치와 광고형식에 대해 실험해볼 수 있습니다. 단, 팝업, 이메일, 소프트웨어 등 부적절한 위치에 애드센스 코드를 배치해서는 안 됩니다.

사이트 탐색 가능성

구글 광고가 게재되는 사이트는 사용자가 쉽게 탐색할 수 있는 사이트여야 합니다. 사이트에서 사용자 환경설정을 변경하거나 원치 않는 웹사이트로 사용자를 이동 또는 다운로드를 실행하거나 바이러스 프로그램과 같은 멀웨어(malicious software, malware)를 포함하거나 사이트 탐색에 영향을 주는 팝업을 포함해서는 안 됩니다.

아동 온라인 개인정보 보호법(COPPA)

13세 미만으로 알려진 사용자의 이전 또는 현재 활동이나, 13세 미만 사용자에게 연결되는 사이트에서의 인위적인 광고(리마케팅 포함)를 사용해서는 안 됩니다.

도박 관련 콘텐츠

애드센스에서는 도박 사이트 및 도박 관련 콘텐츠에 광고를 게재하는 것을 제한합니다. 여기에는 사용자가 내기를 하거나 도박에 직접 참여해 돈이나 경품을 받도록 허용하는 모든 콘텐츠가 포함됩니다.

07

블로그 주제 선정이
어려운 이들을 위하여

수익형 블로그로 롱런하려면 자기만의 방법으로 해결책이 있어야
합니다. 이것이 블로그로 성공하는 비결입니다. 나만의 한 가지 해결책
이면 충분합니다. 이것에 집중한다면 해당 분야의 전문가로 자리매김
할 수 있습니다.

내가 가진 지식 차이(gap)를 발견하라

여러분이 가진 지식 중 어느 한 영역에서 남들보다 앞서 있는 부분
이 있다면 '지식 차이(knowledge gap)'가 있는 것입니다. 예를 들어 어
떤 사람은 엑셀(Excel) 다루는 법은 잘 모르지만 영상편집에 대해서는
남들보다 뛰어난 지식을 갖고 있을 수 있습니다. 또 어떤 사람은 요리
를 잘 못하지만 전자제품에 대한 지식이 풍부할 수 있습니다.

이렇듯 누구나 한 부분에서는 부족하고, 다른 부분에서는 상대적으

로 더 많은 지식을 갖고 있습니다. 거기서 지식 차이를 발견할 수 있으며, 그것을 토대로 자기만의 주제를 선정할 수 있습니다.

약간의 차이만으로도 무기가 될 수 있다

관련된 전문지식을 갖고 있다면 더없이 좋겠지만, 전문지식이 조금 부족해도 괜찮습니다. 여러분의 지식이 다른 사람들에 비해 한발 앞서는 정도라면 그것만으로 충분합니다.

여러분이 가진 그 노하우는 비록 전문가 수준이 아니라도 다른 초심자들에게는 실질적이고 생생한 노하우가 될 수 있습니다. 초심자들보다 한발 나은 정도의 지식만으로도 여러분의 지식과 경험은 충분한 상품가치가 있습니다.

지식 차이(gap)를 발굴하는 3가지 질문

아직도 여러분이 가지고 있는 지식 차이를 찾지 못했다면, 다음 3가지 질문으로 답을 찾아보세요.

1 과거에 치열하게 고민했던 것은 무엇인가?

....

....

과거에 어떤 문제 혹은 어려움을 경험했다면, 그 일을 극복하는 과정에서 반드시 지식 차이가 발생합니다. 자신의 과거를 돌아보세요. 나만이 겪었던 고민이 있다면 좋은 블로그 주제가 될 수 있습니다.

2 과거의 고민으로부터 얻은 것은 무엇인가?

....

....

세상에는 돈과 시간, 노력을 투입해야 해결할 수 있는 문제들이 있습니다. 만약 당신이 과거에 돈과 시간, 노력을 많이 투입해서 해결했던 문제가 있다면, 그것은 당신만의 독특한 셀링 포인트(Unique Selling Point)*가 될 수 있습니다.

3 그 해결책을 타인에게도 적용(판매)할 수 있는가?

....

....

사람들의 고민이나 걱정이 대체로 비슷하다는 점에 착안한다면, 당신이 해결했던 그 고민거리는 좋은 지식상품이 될 것입니다. 지금도 어딘가 당신이 겪은 그 고민을 똑같이 겪고 있는 사람이 있습니다. 그들을 위한 해결책을 주제로 하세요. 당신의 해결책은 돈이 되어 돌아

• 다른 이들의 구매욕구를 불러일으키는 특유의 포인트

올 것입니다.

과거의 고민을 콘텐츠로 만들자

- 과거에 치열하게 고민했던 것은 무엇인가요?
- 그것을 해결하기 위해 어떤 노력을 기울였나요?
- 문제해결을 위해 금전적 비용을 치렀던 경험이 있나요?

사람들의 고민과 걱정이 대체로 비슷하다는 점에 착안하면, 당신이 겪은 고민은 누군가에게 해결책이 됩니다. 그러므로 그 해결책을 알고 있는 여러분이 할 일은, 똑같은 고민을 가진 사람들에게 콘텐츠를 제공하는 것입니다.

다음 질문을 통해 여러분에게 어떤 고민이 있었는지 구체적으로 되짚어보십시오.

① 회사에서 취업 또는 일하면서 가장 고민했던 것은?
② 가정 내에서 가장 고민했던 것은?
③ 연애 · 결혼 과정에서 가장 고민했던 것은?
④ 건강 관련 고민 또는 해결했던 것은?
⑤ 경제적 어려움을 극복했던 경험은?
⑥ 취미활동을 잘 하기 위해 고민했던 것이 있다면?
⑦ 외모에 대해 고민했던 것은?

여러분이 그 문제를 해결하기 위해 돈과 시간을 들였다면 다른 사람들도 똑같이 돈과 시간을 들여야만 그 해결책을 얻을 수 있다는 점을 기억하십시오. 이제 아래 표를 기준으로 기여도에 따라 항목의 우선순위를 정해보십시오.

구 분	겪었던 고민은 무엇인가?	문제는 해결되었나?	해결책은 무엇인가?	당신만의 노하우는 무엇인가?	투입 비용 (시간/노력)	우선순위 결정
회사/업무						
가정생활						
연애/결혼						
건강						
심리/영성						
경제/ 재테크						
취미생활						
외모						
기타						

나만의 콘텐츠 주제 결정하기

1 향후 당신이 다루려는 문제(주제)는 무엇인가요(혹은 어떤 분야의 전
  문가가 되고 싶나요)?

....

2 그 문제를 해결하기 위한 당신만의 방법은 무엇인가요?

예) 7번 읽기 공부법
....

3 당신의 해결방안은 다른 사람들에게 어떤 효과가 있나요?

....

4 당신의 해결방안은 돈 주고 살 만큼 금전적 교환가치가 있나요?

....

5 그 아이템으로 비즈니스를 한다고 가정할 때 앞으로도 당신은 행
  복할까요?

....

좋은 블로그 주제가 될 수 있는 4가지 유형
블로그 운영으로 높은 수익을 창출하려면 금전적 교환가치가 있는

지식을 제공해야만 합니다. 블로그 주제 선정에 앞서 확장 가능성이 높고 향후 부가가치를 얻을 수 있을 만한 주제를 선정해야 합니다. 좋은 블로그 주제가 될 수 있는 4가지 유형을 소개합니다.

1 돈 버는 방법

많은 사람이 '돈 버는 방법'에 관심을 두고 있습니다. 특히 부동산, 주식, 영업 세일즈 노하우는 아이템이 다양하므로 좋은 주제가 됩니다. 최근에는 SNS를 통한 다양한 수익창출 노하우가 책으로 나옵니다. 참고로 제가 쓴 이 책 역시 '돈 버는 방법'을 겨냥한 유형에 해당합니다.

근래에는 부자 되는 습관, 운 바꾸기, 마음관리, 말버릇 등 파생된 방식의 돈 버는 방법이 떠오르고 있습니다. 수익을 늘리기 위해 습관, 운, 말버릇을 개선하도록 하는 노하우도 좋은 주제입니다.

돈벌이와 전혀 무관해 보이는 것이라도 돈 버는 방법과 연결할 수 있다면 성공 가능성이 있습니다. 예를 들면 다음과 같이 '자신의 지식+돈 버는 법'으로 접목함으로써 수익화 가능한 지식상품을 만들 수 있습니다.

• 육아맘의 꽃꽂이(자신의 지식)+돈 버는 노하우(창업 노하우 등)

2 프라이버시 분야

개인 신상에 관한 문제에 대해 해결방안을 가지고 있다면 수익형 블로그로 수익을 극대화할 수 있습니다.

- 직장문제 : 학업, 진로, 취업 등
- 부부문제 : 결혼, 불륜, 이혼 등

프라이버시 영역의 틈새를 공략하면 독보적인 포지션을 취할 수 있습니다. 이외에도 잠재의식이나 최면, 타로 또는 심리 전문가로서 나만의 해결책을 제시한다면 경쟁력 있는 콘텐츠를 가질 수 있을 것입니다.

3 자기계발 노하우

'자기계발' 유형은 말 그대로 자기계발 및 동기부여 관련 내용을 다룹니다. 특히 '자기계발' 영역에서 나만의 주제를 좁혀 구체화하고 한 가지 콘셉트(해결책)에 집중하도록 합니다. 《아침형 인간》이 성공한 원인은 '아침 일찍 일어나는 것'에 관한 주제 하나에 집중했기 때문입니다. 《7번 읽기 공부법》은 '7번 읽는 것' 하나에만 초점을 맞춰 이 분야에서 성공했지요. 《시크릿》은 '상상하면 이루어진다'는 콘셉트 하나로 세계적 베스트셀러가 될 수 있었습니다. 이처럼 자기계발 영역에서 경쟁력 있는 콘텐츠를 만들려면 하나의 콘셉트로 밀고 나갈 수 있는 나만의 주제가 필요합니다.

4 기업경영 노하우

학계 및 재계에서 경험을 쌓으면 이 유형으로 진출할 수 있습니다. 대부분 기업은 매년 직원교육을 위해 일정 예산을 투입하므로 이 분야에서 자신만의 포지션을 만든다면, 기업들을 대상으로 수익을 얻을 수 있습니다.

당신은 콘텐츠 생산자인가? 소비자인가?

아마도 우리 대부분은 콘텐츠를 소비하는 사람들일 것입니다.

많은 사람이 인터넷, 포털, SNS 등에서 생산되거나 공유된 콘텐츠를 소비하는 데 익숙해져 있습니다. 콘텐츠를 하나의 상품이라고 본다면, 콘텐츠를 만드는 사람은 생산자입니다. 반대로 콘텐츠를 보는 사람은 소비자입니다. 콘텐츠를 생산하는 사람은 정보 제공을 대가로 광고수익을 얻습니다. 그러나 콘텐츠를 소비하는 사람은 시간과 돈을 소비합니다.

쉽게 말해 콘텐츠 생산자는 돈을 법니다. 이것을 의식하지 않으면, 자연스럽게 콘텐츠를 소비하는 사람으로서의 삶을 살게 됩니다.

앞으로는 콘텐츠를 생산하고 그 정당한 대가를 받는 데 집중하세요.

구글 애드센스는 콘텐츠를 생산하는 사람들의 이익을 보장합니다. 지식과 정보는 곧 상품입니다. 우리 구독자들은 콘텐츠의 맹목적 소비자가 아닌, 생산자가 되기를 바랍니다.

➡ 다음 칼럼은 184쪽에 있습니다

블로그로 돈 벌기

Google
Adsense

3장

애드센스
수익률 높이는
상위 0.1% 노하우

01

지피지기면 백전백승, 타 블로그 분석하기

이 장에서는 여러분의 블로그에 게재하는 애드센스 광고의 수익률을 높일 수 있는, 상위 0.1%만 아는 전략적 노하우를 알아보겠습니다.

수익형 블로그에 처음 입문하는 분들이라면 다른 사람의 티스토리 블로그들을 방문해볼 것을 권합니다. 그들은 어떤 식으로 광고를 넣었는지 살펴보고, 이를 토대로 나는 어떻게 작성하는 것이 좋을지 고민해볼 필요가 있기 때문이지요.

먼저 '그 블로그는 어떻게 했기에 상위노출이 된 걸까?'부터 생각해봅니다. 포스팅의 양과 내용, 애드센스 광고의 위치와 개수, 레이아웃 등을 전반적으로 살펴보는 것입니다.

그다음 나는 어떤 주제와 키워드를 선택할지를 신중히 고민해보고, 포스팅을 어떤 내용과 구조로 작성할지도 고민해봅니다. 같은 주제라도 어떤 키워드를 쓰느냐에 따라 유입되는 '트래픽'의 양은 천차만별입니다. 그만큼 키워드의 선택과 전략이 중요하다는 것이지요.

여러분이 높은 애드센스 수익을 기대한다면, 다음과 같은 사항들을 지속적으로 고민해보아야 합니다.

> 어떤 내용을 쓸 것인가?(주제 선정 및 자료조사) → 어떤 키워드를 쓸 것인가?(제목 선정) → 검색 포털의 결과영역은 어떠한가?(블로그영역이 상단에 있는가?) → 타 경쟁 블로그들은 어떤 키워드를 썼고, 포스팅 내 몇 개의 키워드가 들어갔는가? → 포스팅 작성 시 키워드의 개수 및 광고배치 선정 → 애드센스 광고수익 전환율 검토 → 주제와 광고배치, 키워드 등을 피드백 → 다음 포스팅 작성 시 반영 → 반복하면서 지속 발전

위와 같은 고민 없이 포스팅을 작성하면 광고수익을 얻는 데 한계가 있습니다. 평소 다른 블로그의 포스팅들을 유심히 살펴볼 필요가 있습니다. 그 안에서 고수익을 얻는 힌트를 찾을 수 있기 때문이지요. 잘되고 있는 블로그를 찾아 게재된 애드센스 광고가 포스팅 주제와 잘 어울리는지 살펴보십시오. 광고가 포스팅 키워드(제목) 및 글의 내용과

TIP

다른 블로거의 블로그를 분석할 때 유용한 팁

티스토리 블로그의 도메인 주소 뒷부분에는 각 포스팅별로 숫자가 기재되어 있습니다. 예를 들면 '블로그 이름.tistory.com/123' 식인데요, 여기서 블로그 주소 뒤에 붙어있는 숫자가 바로 해당 블로그의 포스팅 번호(최종번호가 총 누적 포스팅 개수)입니다. 이 숫자를 최종번호부터 1까지 거슬러 올라가면 해당 블로거가 쓴 모든 포스팅을 볼 수 있습니다. 이런 방법으로 다른 블로거가 사용한 키워드 제목이나 글을 쓰는 방법, 애드센스 광고를 어떻게 넣었는지 등을 확인할 수 있습니다.

통일성 있게 작성되었나요? 어떤 키워드 선정으로 검색결과 상위에 노출되었나요? 이렇게 타 블로그를 분석하다 보면 어떻게 해야 할지 점점 감이 올 것입니다.

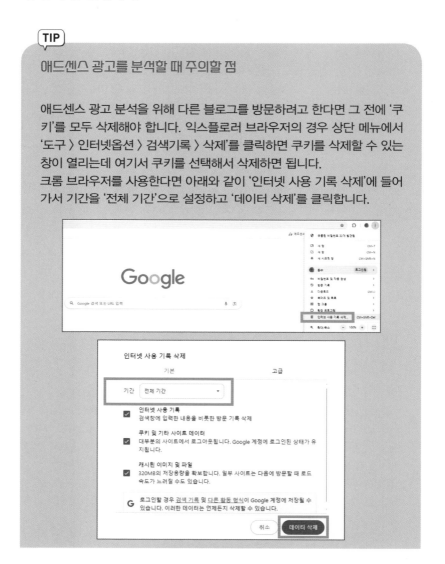

쿠키를 삭제한다는 것은 곧 자신의 과거 방문기록을 모두 삭제한다는 의미입니다. 이렇게 해야만 방문흔적 없이 깨끗한 상태에서 다른 블로그의 광고분석이 가능해지는 것이지요. 그렇지 않고 내 컴퓨터에 과거 인터넷상에서의 방문(검색)기록이 남아 있으면, 애드센스는 그 방문기록에 근거해 광고를 선별적으로 보여주기 때문에 제대로 된 광고분석을 할 수 없습니다. 그러므로 다른 블로그의 광고를 분석하기 전에는 반드시 '인터넷 사용기록 삭제하기'를 잊지 마십시오.

02

키워드 정확성을 더 높여 보자!

자, 여러분은 월간 검색량이 너무 많거나 반대로 너무 적은 키워드는 사용해서는 안 됩니다. 키워드 검색수가 너무 많다는 것은 그 키워드로 작성된 포스팅이 상당히 많다는 뜻입니다. 월간 PC 검색량이 1만 건이 넘어가는 키워드들을 검색 창에서 검색해보면 해당 키워드로 작성된 블로그 포스팅이 상당히 많다는 사실을 확인할 수 있습니다.

그 포스팅들 중에서 내 포스팅이 검색결과에서 머리를 쏙 내밀어야 하는데 경쟁이 만만치가 않습니다. 그렇기 때문에 아무 키워드나 사용해서는 안 되며 전략적인 선택이 필요한 것입니다.

전략은 이렇습니다. 일단 내 블로그가 어느 정도 기반을 잡을 때까지는 검색결과 상단에 노출되는 힘이 약할 수밖에 없습니다. 따라서 블로그 운영 초기에는 검색수가 적정한 키워드를 찾아서 노출 빈도수를 높여야 합니다. 월간 PC 검색수 기준으로 1,000~3,000건 정도 되는 키워드가 초보 블로그에게는 가장 적당합니다.

예를 들어 제가 처음 블로그를 시작했을 때 잡았던 키워드는 'ㅇㅇ 섬의 바닷길 열리는 시간'이었습니다. 이 키워드는 평소에는 검색수가 많지 않지만 봄철과 여름철에는 검색수가 쏠쏠하게 급등했습니다. 평소 검색수가 적은 만큼 네이버뿐만 아니라 다음에서도 이 키워드를 이용한 블로그 포스팅이 많지 않아서 양쪽 검색포털 모두에서 검색유입이 되었습니다.

만일 ´특정 키워드로 네이버에 검색결과 포스팅들의 작성시기가 2019년 6월, 2018년 12월, 2017년 8월… 식으로 뜨문뜨문 작성되어 있다면, 그 키워드는 노출 가능성이 있는 유망 키워드입니다. 새로 올라오는 포스팅이 많지 않기 때문에 상단에 오래 머물 가능성이 높습니다.(이른바 롱테일전략*입니다.)

포스팅이 검색결과 상단에 노출되게 하려면 여러분이 선정한 키워드의 반복횟수가 중요합니다. 만약 한 개의 포스팅을 작성했다면 바로 발행버튼을 누르지 말고 'ctrl+f' 키를 눌러서 해당 키워드가 몇 개나 있는지 검색해봅니다. 제목을 포함해서 자신의 키워드 반복횟수가 기존 검색결과 상단에 노출되어 있는 타 포스팅의 키워드 반복횟수보다 1개만 더 많으면 됩니다. 이렇게 해주면 네이버 등의 검색포털에서 여러분이 작성한 포스팅 내의 해당 키워드에 대한 정보가 상대적으로 더 정확하다고 인식해서 검색결과 상단에 노출시킬 가능성이 높아지게 됩니다.

---

* 많은 사람이 찾지는 않지만, 찾는 사람들이 계속 있어서 지속적인 수입이 발생하는 틈새 수요전략

또한 여러분이 쓰려는 키워드를 검색했을 때 해당 키워드를 가진 제목의 포스팅이 나타나지 않고 그와 유사한 다른 키워드의 포스팅만 노출된다면 상단노출하기 좋은 키워드로 볼 수 있습니다. 예를 들어 '집에서 돈버는 방법'이라는 키워드로 검색했는데 '집에서 돈벌기', '집에서 돈버는법' 등의 키워드로 작성된 포스팅만 검색결과 상단에 노출되어 있다면, 더 정확한 키워드인 '집에서 돈버는 방법'이라는 키워드를 이용한 여러분의 포스팅이 노출될 가능성이 높습니다.

TIP

검색결과에 네이버 블로그만 있다면?

네이버에서 포스팅할 키워드를 검색해보면 검색결과 상단에 네이버 블로그 포스팅만 잔뜩 노출된 경우가 있고, 다음이나 티스토리 블로그, 워드프레스 같이 다양한 유형의 블로그 포스팅이 노출되는 경우가 있습니다.
네이버 블로그 포스팅만 상단에 오르는 키워드보다는 티스토리 블로그 또는 기타 블로그가 상단에 있는 키워드를 공략해야 합니다.
다만 네이버 블로그 포스팅만 상단에 있는 키워드라고 해서 완전히 배제할 필요는 없습니다. 어느 정도 글쓰기 실력이 쌓이고 자신감이 생기면 그런 키워드들도 공략해보십시오. 실제로 저도 네이버 블로그 포스팅만 상단에 존재하는 티스토리 무덤에서도 상단에 노출된 적이 많습니다.

03

구글 애드워즈 활용,
최적의 키워드 찾기

앞서 설명했듯이 구글 애드워즈는 '광고주'가 사용하는 공간입니다. 애드워즈에 등록되는 광고는 광고주들의 입찰에 의해 결정됩니다. 따라서 시스템 특성상 입찰가를 낮게 부른 광고주의 광고는 노출되지 않게 되어 있습니다. 당연히 경쟁이 치열한 키워드에 대한 광고 입찰가는 높게 형성되겠지요.

구글 애드워즈에서 결정되는 입찰가를 살펴보면 애드센스에서 우리가 받는 수익금을 가늠해볼 수 있습니다. 구글 애드워즈에서 입찰가가 높은 키워드는 애드센스 수익금도 덩달아 높을 수밖에 없기 때문이지요. 이처럼 우리가 어떤 키워드를 사용했을 때 어느 정도의 수익금을 받을 수 있는지는 오로지 구글 애드워즈 시스템을 통해서만 확인할 수 있습니다.

여기서는 구글 애드워즈 입찰가에 따라 키워드의 순위를 매겨 수익률이 높은 최적의 키워드를 찾는 방법을 알아보겠습니다.

일단 아래 주소를 입력해서 구글 애드워즈로 들어가서 회원가입을 합니다. 이미 구글 애드센스 회원으로 가입되어 있다면 동일한 구글 아이디와 패스워드로 로그인하면 됩니다.

https://ads.google.com/home

애드워즈 사이트에 들어가면 다양한 기능들이 보입니다. 복잡하고 다양한 기능들을 모두 확인할 필요는 없습니다. 여기서 우리는 키워드 우선순위 결정을 위한 키워드 입찰가 확인만 하면 됩니다.

아래와 같이 애드워즈 메인화면 좌측에 있는 '도구'라는 항목을 선택하고 여러 항목 중 '계획〉키워드 플래너'를 클릭합니다.

다음 그림과 같이 '검색량 및 예상 실적 조회하기'를 클릭하면 키워드 입력 란이 나옵니다.

여기서는 '인플루언서'와 '유튜버되는법'이라는 키워드를 예로 들어 설명하겠습니다. 아래와 같이 키워드 입력 란에 '인플루언서'와 '유튜버되는법'이라는 2개의 키워드를 각각 입력하고 '시작하기'를 클릭합니다.

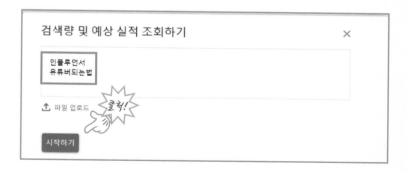

그러면 아래와 같이 2개의 키워드에 대한 데이터 값을 확인할 수 있습니다.

키워드 ↑	월간 평균 검색량	3개월간 변동	전년 대비 변동	경쟁		광고 노출 점유율	페이지 상단 입찰가(최저 범위)	페이지 상단 입찰가(최고 범위)
유튜버 되는 법	100~1만	0%	0%	낮음		--	₩486	₩1,064
인플루언서	1천~1만	+900%	+900%	낮음		--	₩707	₩2,000

이 데이터 값 중에서 우리는 '페이지 상단 입찰가(최고/최저 범위)' 항목을 중점적으로 살펴보아야 합니다. 해당 항목을 보면 '유튜버되는법'이라는 키워드는 입찰가가 '486~1,064원', '인플루언서'라는 키워드는 입찰가가 '707~2,000원'으로 거의 2배 차이가 난다는 사실을 알 수 있습니다.

광고주 입장에서 키워드 입찰가를 살펴보니 어떤가요? 애드워즈에서의 추천 입찰가가 결국 애드센스에서의 광고수익과 연관이 있기 때문에 추천 입찰가(비용)가 높으면 애드센스 수익도 높습니다. 따라서 애드워즈 기준으로 입찰가 높은 키워드(또는 주제) 위주로 포스팅을 한다면 수익이 급상승하는 효과를 볼 수 있겠지요.

지금까지 설명한, 키워드 선정부터 애드워즈 입찰가 확인까지의 과정을 전반적으로 다시 정리해보면 아래 내용과 같습니다.

---

① 키워드를 선정하기 전에 네이버 광고 플랫폼 키워드도구를 이용해서 국내 월간 PC 검색수와 모바일 검색수를 파악해봅니다.
② 네이버 검색 창에 들어가서 해당 키워드의 검색결과를 확인합니다.
③ 블로그영역에서 해당 키워드를 이용해 작성된 블로그 포스팅 총 개수를 확인합니다.
④ 검색결과 최상위에 위치한 블로그에 들어가 내용에 포함된 해당 키워드 개수 및 사진 개수 등을 분석합니다.
⑤ 구글 애드워즈에 들어가서 해당 키워드의 추천 입찰가를 확인합니다.
⑥ 애드워즈 추천 입찰가가 높은 키워드들을 정리합니다.
⑦ 이 과정을 반복하면서 키워드를 정리하고 지속적으로 블로그 포스팅을 작성합니다.

이런 식으로 하루에 3~10개 정도의 키워드들을 찾아 위 과정대로 분석해보고, 엑셀 프로그램으로 각 키워드별 분석날짜, 키워드 내용, 검색순위, PC 및 모바일 검색수, 애드워즈 키워드 입찰가 등을 정리합니다(180쪽 참조). 그리고 엑셀 프로그램의 정렬기능을 활용해 키워드 단가가 높은 것 중 검색수가 많고, 작성된 블로그의 총 개수가 적은 것 순으로 정렬해보면 최우선적으로 여러분이 써야 할 최적의 키워드가 순위별로 만들어집니다. 그 순서대로 차례차례 포스팅을 작성하면 되는 것이지요.

04

—

착한 키워드 vs 나쁜 키워드

키워드 중에는 돈이 되는 것과 돈이 안 되는 것들이 있습니다. 또 방문자 유입이 많은 키워드가 있는 반면 방문자 유입이 적은 키워드가 있습니다. 한 번 포스팅해놓으면 검색결과 화면 상단에서 내려오지 않고 수익이 계속 생기는 착한 키워드도 있습니다. 그렇다면 나에게 유익이 되는 착한 키워드는 어떻게 찾아낼 수 있을까요?

1 착한 키워드
① 월 검색량이 적당한(1,000~50,000회) 키워드
② 기존에 작성된 타 블로그 포스팅양이 적은 키워드
③ 구글 애드워즈에서 입찰가가 높은 키워드
④ 포스팅하면 검색순위에서 내려가지 않고 지속적으로 수익을 가져오는 키워드

2 나쁜 키워드

① 월 검색량이 현저히 적거나(500회 미만), 현저히 많은 키워드(월 10만 건 이상)

② 티스토리 또는 워드프레스와 같은 설치형 블로그가 노출되지 않는 키워드

③ 구글 애드워즈에서 입찰가가 낮은 키워드

착한 키워드의 범주로서 첫 번째로 추천할 만한 것은 '효능/질병/증상/몸에 좋은 음식 등' 건강 관련 키워드들입니다. 예를 들면 ○○에 좋은 음식 요리 방법, 질병에 좋은 식물, ○○에 좋은 과일, ○○에 좋은 채소, ○○에 좋은 생선의 효능, ○○할 때 먹어야 하는 견과류, ○○ 증상 있을 때 먹어야 할 버섯류 등 건강에 관한 효능이나 효과, 관련 음식 조리법 등을 주제로 하는 키워드들을 말합니다. TV를 보면 질병 예방에 좋은 음식들을 소개하는 프로그램이 많은데, 거기에 나오는 재료들도 아주 좋은 포스팅 키워드가 될 수 있습니다.

예를 들어 '차가버섯의 효능'을 키워드로 한다면 '차가버섯 효능'뿐 아니라 '차가버섯 먹는 방법', '암 예방에 좋은 음식' 등으로 키워드 확장이 가능합니다.

이런 식으로 키워드를 찾아서 네이버 광고 플랫폼 키워드도구를 이용해 검색수가 최소 1,000~최대 50,000건 정도 이내의 것들을 찾습니다. 물론 검색량이 이보다 많아도 상관은 없지만, 대체로 50,000건이 넘으면 네이버 블로그에도 관련 포스팅들이 상당히 많이 올라오므로 가급적 월간 검색수가 적정한 키워드를 찾는 것이 좋습니다.

이외에도 착한 키워드들이 있습니다. '인터넷' 관련 키워드가 그렇습니다. 대표적인 예로 '어도비 플래시 플레이어 다운로드', '한글 파일 pdf로 변환 방법', '엑셀 vlookup 함수 오류', '윈도우즈 0x80070570 오류코드 해결방법', '넷플릭스 M7701-1003 오류 해결방법'. '아이폰 7005, 4041 오류 해결방법'과 같은 키워드를 들 수 있습니다.

윈도우즈를 이용하다 보면 '어도비 플래시 플레이어 다운로드'라는 문구가 뜰 때가 있습니다. 그러면 좀 더 쉬운 이해를 위해 '어도비 플래시 플레이어 다운로드'라는 키워드를 기준으로 기초조사부터 실제 포스팅까지의 과정을 순서대로 정리해보겠습니다.

먼저 네이버 광고 플랫폼 키워드도구에서 해당 키워드를 검색합니다. 검색 결과 PC 기준으로 월간 검색수가 12,800건 정도 나오네요. 그다음 네이버 검색 창에 가서 '어도비 플래시 플레이어 다운로드'를 검색해봅니다.

'뉴스' 영역이 최상단에 나오고, 그다음이 블로그 영역이네요. 검색 영역에서 두 번째 안에 들어옵니다. 첫 번째 영역이 가장 좋지만 두 번째도 위치적으로는 나쁘지 않습니다.

이번에는 상단에 있는 '블로그' 영역을 클릭합니다.

이 키워드를 사용한 포스팅에서 최상단 2개는 네이버 블로그, 세 번째는 티스토리 블로그입니다. 네이버 블로그만 노출하는 키워드가 아니고 티스토리와 같은 설치형 블로그도 노출시켜주는 것을 볼 수 있습니다. 이 정도면 경쟁이 그렇게 치열한 수준은 아니라고 볼 수 있습니다. 그런데 포스팅들의 작성날짜를 보니 2025년 3월 2일 작성된 것 외에는 2024년에 작성된 것들도 상당히 많이 포진해 있네요.

이런 상황이라면 우리가 쓴 포스팅이 상단에 노출될 가능성이 다소 높다고 판단됩니다. 그러면 '어도비 플래시 플레이어 다운로드'라는 키워드로 포스팅 작성에 도전해보겠습니다.

포스팅을 할 때는 기존에 작성된 포스팅보다 상단에 노출될 수 있는 전략이 필요하겠지요? 그러려면 기존에 해당 키워드로 작성된 포스팅들보다 조금 더 많은 정보들을 담아주면 됩니다. 그럼 기존에 작성된 포스팅들은 얼마나 많은 정보를 담고 있는지 살펴볼까요?

우선, 기존에 작성된 블로그 포스팅에 들어가 있는 그림들을 살펴보겠습니다. 검색결과 첫 페이지 최상단에 있는 포스팅을 클릭합니다. 해당 포스팅에는 그림이 3개 포함되어 있네요.

이번에는 해당 포스팅에 '어도비 플래시 플레이어 다운로드'라는 키워드가 몇 개 들어 있는지 확인해봅니다. 'ctrl+f' 키를 이용해서 찾아보니 제목을 포함해 총 5개가 들어 있네요. 그럼 우리는 키워드를 6개 사용하는 것이 적당하겠습니다. 참고로 앞서 이야기했듯이 포스팅에 들어가는 키워드의 양은 너무 많은 것보다 최상단에 있는 포스팅보다 1개 정도 많은 것이 적절하다고 말씀드렸습니다.

포스팅을 쓰는 순서는 앞서 설명한 대로 '(상단 광고)+글+사진+글+(중간 광고)+글+사진+글+(하단 광고)'의 구조로 작성하면 됩니다 (121쪽 참조). 한 문단에 들어가는 글을 8~12줄 정도 작성하고 문단과 문단 사이에 중간 광고코드를 적절히 넣으면 되겠지요. 포스팅 주제의 흐름과 연결되는 '어도비(adobe) 사'의 광고가 배치된다면 수익률을 크게 높일 수 있습니다.

05

수익이 급상승하는 키워드를 알아보자!

자, 이제 구글 애드센스에서 수익이 꾸준하게 유입되는 키워드를 분야별로 공개하겠습니다. 블로그를 하는 데 있어서 키워드 선정은 핵심 중의 핵심전략입니다. 따라서 여기서 제시하는 관련 키워드를 선정해 잘 공략한다면 자신만의 영역에서 꾸준한 수익 극대화를 얻을 수 있습니다.

인터넷 관련 키워드

앞서 예로 든 '어도비 플래시 플레이어 다운로드' 같은 키워드는 광고주가 항상 대기하고 있는 키워드 주제입니다. 즉, 어도비(Adobe) 사에서 자신의 프로그램을 지속적으로 광고한다는 의미입니다. 따라서 이러한 키워드를 기반으로 포스팅한다면 광고와 매칭이 잘되기 때문에 클릭률도 높고, 광고단가도 괜찮은 편입니다. 조금만 찾아보면 이와 같은 인터넷 관련 키워드를 상당히 다양하게 발견할 수 있습니다. 애드센스 광고와 매칭되는 회사 중에는 넷플릭스(영화), 마이크로소프트(프로그램), AI(인공지능 프로그램), 백신 프로그램 등 외에도 다양한 인터넷 광고 회사가 있습니다.

이외에 '플래시 게임' 키워드도 있습니다. 게임종류는 어마무시하게 다양합니다. 그 중에서도 플래시 게임 관련 키워드들을 찾아보면 월간 검색수나 검색유입량이 상당히 높다는 사실을 알 수 있습니다. 플래시 게임 관련 사이트나 커뮤니티에 들어가면 이와 관련한 다양한 정보들을 얻을 수 있습니다.

위와 같은 인터넷 관련 키워드들을 파고들면 키워드당 하루 1,000명 이상의 방문자 유입을 꾸준히 만들어낼 수 있을 것입니다.

자격증 관련 키워드

대표적으로 '7급~9급 공무원 시험', '공인중개사 시험', '감정평가사 시험', '소방공무원 시험', '토익', '토플' 등의 자격증 관련 키워드를 들 수 있습니다. 또 토익이나 토플 커뮤니티 등에서 인기 글 등을 가지고 와서 여러분의 스타일로 변환해서 쓸 수도 있습니다. 이런 유형의 키워드들도 검색수가 상당합니다. 다만 너무 많은 사람들이 사용하는 키워드보다는 적당히 유입될 수 있는 세부 키워드가 좋겠지요?

각종 양식 관련 키워드

각종 양식 관련 키워드들도 유입률이 상당히 높습니다. 예를 들면 자기소개서 양식, 취업지원서 양식, 이혼서류 양식 등이나 '국토부 지적도 무료열람' 같은 키워드 등이 있으며, 이것저것 찾아보면 무궁무진한 소재들을 발견할 수 있을 것입니다. 이러한 키워드들도 애드워즈를 통해 광고하는 업체들이 있으니, 관련 업체들의 광고와 매칭시키는 전략도 주요한 방법이 됩니다.

스마트폰 관련 키워드

IT나 스마트폰 관련 키워드들도 유입률이 상당히 높은 편입니다. 보통 월간 검색수 몇 십만 건 정도이지요. 일반적으로 IT 관련 궁금증이나 스마트폰 기능 및 사용후기 등에 대한 사람들의 궁금증이 많습니다. 특히 스마트폰은 1년에 3~4종 정도 신규 출시되기 때문에 해당 제품 관련 정보와 세부 키워드로 접근하면 유입률을 높일 수 있습니다.

아이폰 미국계정 만드는 방법, 아이폰 벨소리 넣는 법, 아이폰 먼지 빼는 방법, 아이폰 음악 넣는 방법, MP3 무료듣기 등은 부가적으로 검색수가 많은 키워드들입니다. 이러한 세부 주제로 접근한다면 상당히 많은 소스를 얻을 수 있습니다.

다음 주제들은 IT 및 스마트폰 관련 키워드로 몇 가지 예를 든 것이니 참고하기 바랍니다(이외에도 다양한 주제가 있으니 각자 찾아보기 바랍니다).

PDF 비밀번호 암호 설정방법

곰오디오 다운로드 방법

구글 고객센터 전화번호

그림판 사진 자르는 방법

나눔스퀘어 폰트 다운로드 방법

내일배움카드 사용하는 방법

네이버 글자수 세기 방법

네이버 메일 차단 해제 방법

등기부등본 인터넷 발급하는 방법

멜론 PC버전 다운로드방법

명의도용방지 서비스 조회하는 방법

무료 노래듣는 어플

무료 폰트 다운로드 방법

스마트폰 구글계정 삭제 방법

알약 무료 다운로드 방법

알캡처 다운로드 방법

엑셀 무료체험 방법

어도비 일러스트레이터 무료 다운 방법

오토캐드 무료 다운로드 방법

왓차플레이 고객센터 전화번호

유튜브 동영상 무료 다운로드 방법

인스타그램 조회자 확인방법

일러스트 체험판 무료 다운로드 방법

카카오톡 계정 만드는 방법

클립다운노래 mp3 저장 방법

트위치 닉네임 변경하는 방법

파워포인트 무료 다운 방법

페이스북 암호 재설정하는 방법

일상생활에 필요한 키워드

생활 관심사 키워드는 평생을 써도 모자를 만큼 재료가 무궁무진합니다. 가장 흔한 예로는 소득세, 지방세, 재산세, 종합소득세, 연말정산 등 '세금, 절세' 관련 키워드가 있습니다.

또 꿈과 관련해서 뱀 나오는 꿈, 벌레 나오는 꿈, 가족 죽는 꿈 등이나 운명이나 사주보는 방법, 손금 보는 방법, 띠별 운세, 별자리 등도 좋은 재료가 됩니다. 저의 경우 연말에 '토정비결' 관련 키워드로 생각지 못한 큰 수익을 만들어내기도 했습니다.

이외에도 각종 생활 팁에 대한 키워드들도 있습니다. 키 커보이는 방법, 집중력 높이는 방법, 공부 잘하는 방법, 감기 빨리 낫는 방법, 머리 빨리 자라는 방법, 소화 안 될 때 해결방법, 여드름 났을 때 치료방법 등 조금만 관심을 기울이면 세부적인 황금 키워드를 많이 찾을 수 있습니다.

또 각종 음식점, 커피전문점, 프랜차이즈, 대형마트 등의 메뉴, 음식

종류, 영업시간, 휴무일 등도 좋은 재료가 되고, 주말에 검색이 잘되는 키워드로는 영화순위, 인생영화, OCN이나 채널CGV 같은 케이블TV 영화편성표에 따르는 영화 관련 리뷰 키워드 등이 있습니다. 추석이나 설날 특선영화들은 명절이 시작되기 전부터 어떤 영화들을 할 것인지 미리 예고하기 때문에, 해당 영화의 줄거리를 주제로 포스팅하는 것도 좋은 전략입니다.

건강 관련 키워드

건강 관련 키워드는 생활관심사 못지않게 검색량이나 유입량이 방대합니다. 서두에 이야기했듯 저도 블로그 운영 초기에 약국에서 받은 약 이름을 기준으로 포스팅을 했었는데요, 이런 경우 기존에 작성된 포스팅이 거의 없기 때문에 검색유입이 잘되어서 초반 유입률이 많이 올라갑니다.

예를 들어 '싱귤레어'라는 알레르기약 관련 키워드는 월간 6,000건이 넘는 검색수를 나타내고 있지만, 검색영역 안에 기존에 작성된 블로그 포스팅이 많지 않아서 검색유입이 상당히 잘됩니다.

이런 식으로 키워드를 찾아서 포스팅해보면 검색유입이 꾸준히 상승한다는 사실을 느낄 수 있습니다. 특히 처음 블로그를 운영할 때는 수익도 수익이지만 검색유입률이 올라가야 블로그를 운영하는 재미를 더욱 크게 느낄 수 있습니다.

매월, 매년 관심 키워드

우리 주변에는 매월마다 바뀌는 정보들이 있습니다. 예를 들면 화장품 세일기간, 패밀리 레스토랑 할인쿠폰, 놀이시설 할인쿠폰, 자동차 할인판매와 같은 것들이 그렇지요. 또 백화점이나 대형마트의 정기휴무일 또는 영업시간, 휴대전화 요금제나 상품안내, 레스토랑이나 패스트푸드점의 신규메뉴 같은 것들도 있습니다. 이처럼 매월 바뀌는 키워드들로 포스팅을 작성하면 유입률을 극대화하는 데 도움이 됩니다.

또 매해 연말 또는 연초에 아주 인기가 좋은 키워드들이 있습니다. '운세', '무료 토정비결', '무료운세', '무료운세 사이트', '무료운세 보는 법' 등이 그것으로, 이런 키워드들은 매년 연말과 연초에 검색수가 상당히 많고, 기존에 작성된 블로그 포스팅수가 많지 않으면서도, 포스팅 내용과 광고의 매칭이 잘되는 편입니다. 특히 무료운세나 토정비결 같은 키워드는 평상시에는 애드워즈 입찰가가 높지 않지만 연말 또는 연초에는 입찰가가 상당히 높아지는 키워드이므로 매해 연수만 바꿔서 활용하면 당연히 높은 수익률을 기대할 수 있겠지요.

주식 관련 키워드

현재 기준, 우리나라에는 코스피 770여 개와 코스닥 1,200여 개의 상장사가 있습니다. 주식 관련 키워드는 월 검색량이 많으면서(보통 5건~10만 건 이상), 기존에 작성된 포스팅수가 적기 때문에 매우 유용한 전략 키워드가 될 수 있습니다.

주식 관련 키워드의 예를 들면, 크게는 '2차 전지 관련주'가 됩니다.

세부 키워드로 들어가면 '에코프로비엠 주가', '에코프로비엠 무상증
자', '에코프로비엠 실적'과 같은 키워드입니다.

주식 관련 키워드는 대중의 관심에 따라 월 검색 조회수 10만 건 이
상의 대형 키워드가 있고 월 검색량 1만 건 이내의 중소형 키워드가
있습니다. 초보 블로그라면 적절한 검색량의 키워드를 선별하는 것이
좋은 전략이 될 것입니다.

월별 관심 키워드

월별 관심 키워드를 대략적으로 정리해보면 다음과 같습니다. 세부
키워드는 아니지만, 월별로 관심 있는 주제들을 참조하면 시기별로 어
떤 키워드를 공략하는 것이 좋은지를 가늠해볼 수 있을 것입니다.

신년 / 운세 / 달력 / 다이어리 / 눈꽃축제 / 스키 / 겨울바다여행 / 구정 /
토정비결 / 꿈해몽 / 대학생대출 / 대입관련입시학원 / 방학 / 펜션 / 신정
/ 다이어리데이 / 연말정산 / 고객정보유출 / 새로운아이폰 / 버킷리스트

설날 / 제사상 / 설연휴여행 / 입학선물 / 졸업선물 / 졸업여행 / 학자금
대출 / 신학기준비 / 발렌타인데이 / 초콜릿 / 노트북 / 꽃배달 / 이벤트
용품 / 봄철이사 / 연말정산간소화 / 국세청

3월

입학 / 화이트데이 / 취업 / 봄신상 / 황사 / 이사 / 봄여행지 / 마스크 / 어학학원 / 취업 / 가방 / 삼일절

4월

봄여행 / 벚꽃축제 / 등산 / 캠핑 / 결혼 / 혼수 / 신혼여행 / 이삿짐센터 / 보관이사 / 전세보증금담보대출 / 여행상품 / 주말농장 / 봄나들이

5월

어린이날 / 선물 / 어버이날 / 스승의날 / 성년의날 / 결혼준비 / 담보대출 / 여행상품 / 주말농장 / 카네이션 / 태블릿PC / 노트북 / 상품권 / 향수 / 액세서리 / 각종 여행

6월

펜션 / 렌터카 / 리조트 / 휴가지 / 에어컨 / 선풍기 / 성형외과 / 제모 / 문신 / 타투 / 키스데이 / 하지

7월

펜션예약 / 비키니 / 수영복 / 휴가 / 바캉스 / 어학연수 / 다이어트 / 성형수술 / 여행사이트 / 피부치료 / 유학원 / 헬스 / 다이어트 / 그 외 각종 관광명소(해수욕장, 공원, 자연휴양림, 캠핑장)

8월

바캉스 / 레프팅 / 학자금대출 / 가을신상 / 수능100일 / 피부과

9월

결혼선물 / 포장이사 / 신혼집 / 선물세트 / 상품권 / 환절기피부관리 /
단풍놀이 / 가을여행 / 추석연휴여행 / 추석선물 / 가을옷 / 간절기패션
/ 가을뷰티 / 명절선물 / 건강식품

10월

가을여행 / 가을패션 / 포장이사가격 / 할로윈데이

11월

스키 / 보드 / 겨울옷 / 겨울패션 / 난방제품 / 빼빼로데이

12월

목도리 / 장갑 / 연말행사 / 새해운세 / 다이어리 / 크리스마스선물 / 송
년회장소 / 한해마무리 / 부산 / 해돋이축제 / 성탄절 / 버킷리스트 / 토
정비결 / 운명 / 꿈해몽 / 돈버는방법 / 부자되는법

지금까지 애드센스 수익이 꾸준히 들어오게 해주는 키워드들을 알
아보았는데요, 이러한 키워드들은 파면 팔수록 계속 나오기 때문에 평

생 해도 모자를 정도로 많이 찾을 수 있습니다.

위에서 설명했듯이 이런 키워드들은 주로 네이버나 구글 검색 또는 관련 커뮤니티나 일상 속에서 쉽게 찾을 수 있습니다. 예를 들어 건강 관련 키워드들에 대한 정보는 네이버 건강백과에서 발췌하거나 건강 관련 커뮤니티에 가입해서 얻을 수 있겠지요. 그런 곳에는 질병에 관한 원인, 치료법, 대응방안, 예방법, 질병에 좋은 음식 등에 대한 정보가 모두 나와 있으니까요. 이러한 정보들에 자신만의 경험, 노하우, 표현 등을 적절히 섞어서 포스팅을 완성하면 됩니다.

06

검색 상위노출에 기여하는 3가지 절대공식

상위노출은 곧 수익입니다. 수익형 블로그를 운영한다면 무조건 상위노출을 목표로 전진해야 합니다. 이를 위해 다음과 같은 상위노출을 위한 3가지 절대공식을 이해하고 이것을 꼭 활용해야만 합니다.

1번째 절대공식 - 포스팅이 담고 있는 콘텐츠의 양

블로그 포스팅의 순위 싸움은 기본적으로 '양(how much)'으로 결정됩니다. 포스팅의 양이란 키워드의 개수, 텍스트의 개수, 사진 및 동영상의 개수를 의미합니다. 특히 네이버나 다음의 검색영역 상위노출의 우선순위는 결국 포스팅이 가진 정보의 양에 기초하고 있습니다. 때문에 포스팅의 정확성보다 정보가 담고 있는 양이 더 중요합니다.

과거에는 글 1,000자 정도, 사진은 3장 이상, 키워드는 5개에서 많게는 15개 정도가 적당했지만, 이제는 이 정도로 상위노출을 보장하지 않습니다. 최근 인공지능(AI)을 통한 글쓰기 툴이 등장하고, 창의적인 그림도 얼마든지 생성이 가능해졌기에 적당한 수준으로는 노출이 쉽지 않습니다. 적어도 글은 3,000~5,000자에, 창의적으로 제작된 사진이나 그림 3~5컷, 창의적으로 제작된 동영상 등의 질적·양적 콘텐츠를 모두 포함해야만 상위노출이 '가능한' 수준이 됩니다.

2번째 절대공식 – 방문자의 체류시간

포스팅 할 때는 반드시 방문자의 '체류시간'을 고려해야 합니다. 네이버나 다음, 구글과 같은 대형 검색포털은 통계로봇을 이용해서 블로그 방문자들의 체류시간과 이탈률을 따지고 있습니다. 블로그에 방문한 사람들이 방문하자마자 바로 이탈하는 경우 검색포털은 해당 포스팅의 정보가 부실하거나 사람들에게 불필요하다고 판단합니다. 이 경우 해당 포스팅뿐만 아니라 그 블로그의 포스팅 전체가 노출이 되지 않고 전반적으로 '떡락'하는 수순을 밟게 됩니다.

따라서 블로그 방문자들의 포스팅 내 '체류시간'을 최대한 길게 만들어야만 광고수익뿐 아니라 블로그의 생명도 오래 지속될 수 있습니다.

체류시간을 늘리는 방법은 기본적으로 포스팅이 담고 있는 정보의 양이며 더 나아가 정보의 품질을 높이는 데 신경을 쓰는 것입니다. 포스팅을 보는 사람이 이탈하지 않고 계속 글을 보게 만드는 매혹적인 글솜씨를 갖추고, 눈길을 계속 끌 만한 사진과 동영상을 찾는 노력이 필요합니다.

참고로 대표적인 검색포털들은 방문자 체류시간의 기준을 공식적으로 드러내고 있지는 않지만, 여러 가지 자료들을 보았을 때 포스팅당 최소 '20초 이상'으로 판단할 수 있습니다. 다만 이것은 말 그대로 최소의 기준으로, 방문자들이 블로그에 머무는 시간이 길면 길수록 좋겠지요.

3번째 절대공식 - 블로그 내 전체 포스팅 개수

포스팅 내에 포함된 정보의 양뿐만 아니라 해당 블로그가 가지고 있는 전체 포스팅의 총량도 중요합니다. 티스토리 블로그 주소를 확인해보면 '블로그 이름.tistory.com/123' 식으로 주소 뒤에 숫자가 붙어 있는데요, 앞서 설명했듯이 이 숫자가 바로 블로그에 게재된 포스팅의 총 누적개수를 의미합니다. 네이버 및 구글 등의 검색포털에서는 블로그가 가지고 있는 포스팅의 총량이 많을수록 해당 블로그가 꾸준히 정보를 제공하는 중요한 블로그라고 인식합니다.

최근 블로그 트래픽 조사기관의 조사결과에서도 포스팅 개수가 최소 400개가 넘는 경우에 방문자 트래픽이 급상승하는 것으로 나타났습니다. 따라서 블로그가 가지고 있는 전체 포스팅 양을 적어도 400개 이상으로 만들 수 있도록 꾸준히 노력해야 합니다.

TIP

해외 자료를 내 블로그에 활용하는 아이디어

최근에는 MS 사의 오픈 AI를 활용해 관심 주제의 글을 생성하는 방법도 있습니다. 다만 어떠한 주제에 관한 깊은 이야기를 꺼내려면 '인간'의 생각이 담겨야만 합니다. 그런 경우 해외 전문가들의 글을 참조하는 것도 좋은 방법이 됩니다.

특히 블로그 운영 초기에는 포스팅 양이 많지 않아서 검색경쟁에서 밀릴 수 있으며, 아이디어 고갈로 어떤 글을 써야 할지 막막할 때가 있습니다. 이러한 경우 해외 사이트에서 원문을 해석해서 한글 버전으로 번역해 업로드하는 방식으로 초반 포스팅 양을 기하급수적으로 늘릴 수 있습니다. 예를 들면 이런 식입니다.

독일이나 프랑스, 일본과 같은 국가에서 칼럼(본인이 관심 있는 주제 : 경제, 경영, 자기계발, 생활관심사, 요리법 등)을 검색합니다. 그리고 해당 국가에서 원어로 작성된 칼럼들을 구글 번역 서비스를 이용해서 한글로 번역하고, 거기에 자신의 생각과 경험, 노하우를 담아 수정·보완해서 포스팅하면 포스팅수를 빠르게 늘릴 수 있습니다.

이런 경우 국내에서 게재한 글이 아니므로 내용 중복으로 인한 저품질이나 검색누락에 걸릴 위험이 없고, 칼럼에 대한 자신의 생각을 담은 글이므로 저작권에 위배될 염려도 없습니다.

다만 이런 방법을 활용할 포스팅 재료가 많다고 해서 짧은 시간 동안 많은 포스팅을 올리면 어뷰징®에 걸립니다. 따라서 예약기능을 활용해서 최소 2~3시간 간격을 띄워 포스팅하는 것이 바람직합니다.

• 검색포털에서의 검색순위를 높이기 위해 하는 의도적인 방해(조작)행위

07

키워드 정리하는 습관 들이기

　키워드 선정은 애드센스 수익의 거의 70~80%를 좌우합니다. 티스토리 고수들이 빠른 속도로 블로그를 키울 수 있는 이유도 상당 기간 쌓은 노하우로 어떤 키워드를 써야 검색노출이 잘되고 빠르게 검색유입이 늘어나는지 알기 때문이지요.

　이처럼 검색노출이 잘되고 광고수익률이 높은 키워드를 찾고 싶다면 평소에 키워드를 정리하는 습관을 들여야 합니다. 키워드를 정리해서 관리할 때는 엑셀 프로그램이나 구글 스프레드시트를 활용하는 것이 좋습니다. 특히 구글 스프레드시트는 엑셀 프로그램과 사용법이 똑같으면서도 인터넷이 되는 곳이라면 어디에서든 편집과 수정이 가능하다는 장점이 있습니다. 구글 스프레드시트 사이트 주소는 다음과 같습니다.

https://docs.google.com/spreadsheets

위의 프로그램들을 활용해서 포스팅에서 사용할 키워드를 정리할 때는 아래와 같이 PC 검색수와 모바일 검색수는 얼마인지, 해당 키워드가 포함된 제목을 사용한 블로그 포스팅은 몇 개나 되는지, 해당 키워드의 애드워즈 입찰가(155~159쪽 참조)는 얼마인지, 이 키워드를 사용한 내 포스팅이 검색결과 화면 몇 페이지 몇 번째에 떴는지 등의 항목을 포함시켜야 합니다.

	A	B	C	D	E	F	G	H
1	날짜	키워드	블로그영역 순위	PC 검색수	모바일 검색수	전체 블로그수	애드워즈 입찰가	내 포스팅 순위
2	20XX.08.26	이마트 7월 휴무일	1	490	1720	473	0	첫페이지 1위
3	20XX.08.27	카카오톡 고객센터 전화번호	1	7380	16700	44615	526	첫페이지 4위

위와 같이 엑셀 프로그램 등을 이용해 키워드들을 정리해놓고 각 키워드별로 해당 키워드를 사용한 블로그 포스팅수가 상대적으로 적고, PC 검색수와 모바일 검색수가 적정하며, 블로그영역이 검색결과 화면 첫 번째 또는 두 번째에 들어 있는지 등을 기본적으로 분석해보아야 합니다. 특히 위의 항목 중에서 '애드워즈 입찰가'는 매우 중요하기 때문에 반드시 정리목록에 포함시켜야 합니다.

08

|

예약기능 활용하기

오늘 작성해야 할 포스팅을 다음 주로 미루지 마십시오. 이러한 습관을 방지하기 위해서는 주말이나 밤 시간 등 시간 여유가 있을 때 미리 포스팅을 작성해놓고 '예약기능'을 활용하는 것이 좋습니다.

예를 들어 주말에만 시간이 난다면 토요일과 일요일에 집중적으로 10개 이상의 포스팅을 작성해서 월, 화, 수, 목, 금에 1개씩 '발행예약'을 해놓으면 됩니다.

게시글 작성 후 '공개'를 선택하고 발행일 설정에서 '예약'을 클릭한 후 원하는 날짜와 시간을 선택하여 '공개발행'을 누르면 발행예약이 됩니다.

돈을 버는 데 투자금은 필요 없습니다

돈을 버는 데 꼭 투자금이 필요하다는 생각은 고정관념입니다. 사업에 실패한다는 것은 투자금을 모두 잃었을 때 하는 말입니다. 많은 자금을 투입해 사업을 했지만 투자금을 모두 잃고 빚만 남았다면 투자의 실패이며, 사업실패입니다. 그러나 돈을 벌기 위해 무언가를 시작하는데 투자금이 전혀 없다면 어떨까요? 그 사업의 실패확률은 '0(제로)'입니다. 맨손으로 시작한 사업은 넘어져도 손해가 없기 때문에 툭툭 털고 일어날 수 있는 것입니다.

만약 여러분이 어떤 온라인 쇼핑몰을 한다고 가정해봅시다. 온라인 쇼핑몰 구축에 들어가는 비용이 보통 3천만 원 들어가고, 온라인 쇼핑몰을 유지하고 보수하는 비용이 매달 100만 원씩 들어간다면 이 사업은 이미 손해를 떠안고 시작하는 것입니다. 오프라인 매장이라면 매달 월세가 발생하고 인건비와 세금이 발생하겠죠. 사업이 잘된다면 상관없지만, 만에 하나 일이 틀어지기라도 한다면 막대한 금전적 손해를 안고 회복 불가능한 수준으로 떨어지게 됩니다.

그러므로 투자금 없이 사업을 시작하세요. 구글 애드센스로 돈 벌기가 그것입니다. 돈은 벌고 싶은데, 투자금이 없나요? 구글 애드센스에 집중하세요. 블로그와 유튜브를 통해 무자본으로 시작한다면 누구나 제로 베이스에서 큰 부가가치를 창출할 수 있습니다.

➡ 다음 칼럼은 210쪽에 있습니다

구글
애드센스로
돈 벌기

Google
Adsense

4장

남보다 **한 단계** 위로 **올라가는** 깨알 **꼼수들**

01

수익 극대화를 위해
가장 중요한 2가지

애드센스 수익을 극대화하기 위해 가장 중요한 것은 '키워드 선정'과 '타이밍'입니다. 어떤 키워드를 사용하느냐에 따라 검색결과 화면 상단에 노출되느냐 안 되느냐가 결정되고, 애드워즈에서의 광고 입찰가도 달라지기 때문이지요. 또 사람들의 관심이 급상승하고 있는 소재를 발굴하고 남들이 쓰지 않을 때 사용하는 '타이밍'이 중요합니다.

이번 4장에서는 여러분이 다른 블로거들보다 앞서 한 칸이라도 더 상위로 노출될 수 있는 약간의 기술적인 팁을 소개하겠습니다. 아주 깨알 같은 방법이지만 저는 이 방법을 이용해 다른 블로그들보다 상위에 노출될 수 있었고, 상대적으로 적은 개수의 포스팅으로도 수익률을 극대화할 수 있었습니다. 실제로 많은 블로거들이 잘 모르는 노하우이므로 잘 활용해보기 바랍니다.

02

〈H〉 태그 활용 전략

첫 번째로 소개할 꼼수 비법은 '〈H〉 태그 활용하기'입니다. 〈H〉 태그는 해당 문장에 강조점을 주는 것으로 컴퓨터언어는 해당 글을 중요하다고 인식합니다. 설치형 블로그에 〈H〉 태그가 사용됐다면 검색결과에서 좀 더 나은 결과를 얻을 수 있습니다.

〈H〉 태그를 사용하려면 티스토리 블로그 글쓰기 창에서 'HTML'을 눌러서 HTML 편집 창으로 들어가야 합니다. 앞서 설명했듯이 HTML은 컴퓨터언어이고, 포스팅 본문에 애드센스 광고를 넣으려면 HTML 편집 창에 광고코드(HTML 코드)를 넣어야 합니다(122~125쪽 참조). 여기서는 HTML 편집 창에서 키워드에 〈H〉 태그를 살짝 끼워 넣어줌으로써 놀라운 효과를 만들어볼 것입니다. 이것은 제 경험에서 우러나온 비법이자, 마치 변별력이 없는 시험에서 아주 작은 차이로 승리를 쟁취할 수 있는 비결이라고도 할 수 있습니다.

〈H〉 태그의 의미는 'Highlight', 즉 '강조한다'는 말의 약자인데요, 이

말처럼 특정 문구에 〈H1〉 태그, 〈H2〉 태그를 적용하면 검색포털이 그 문구가 포스팅에서 가장 중요한 정보라고 인식하게 됩니다. 만약 동일한 키워드와 동일한 양의 정보를 가지고 있는 포스팅들이 많은 상황이라면 주요 키워드에 〈H1〉, 〈H2〉 태그를 적용한 포스팅이 검색결과 상단에 노출될 가능성이 높아지는 것입니다.

〈H1〉과 〈H2〉의 차이는 무엇일까요? 컴퓨터언어에서 〈H1〉이 적용된 문구는 전체 내용에서 가장 중요한 내용이며, 〈H2〉가 적용된 문구는 부제목 정도로 인식한다고 보면 됩니다.

〈H〉 태그를 활용할 때 주의해야 할 점은 1개의 포스팅에 단 1개의 〈H1〉 태그만 이용해야 한다는 것입니다. 〈H1〉 태그를 2개 이상 남발하면 검색포털이 어뷰징행위를 한다고 인식하기 때문에 블로그지수에 안 좋은 영향을 미치게 됩니다. 단, 〈H2〉 태그는 2개 이상 사용해도 무방합니다.

그러면 〈H1〉, 〈H2〉 태그는 어떻게 활용하면 될까요? 앞서 설명했듯이 먼저 포스팅을 작성한 다음 아래와 같이 글쓰기 창 우측 상단에 있는 '기본모드' 메뉴에서 'HTML'을 클릭합니다.

HTML 편집 창에서 포스팅 내용 중에서 메인 제목이나 주요 키워드가 포함된 문장의 맨 앞에 '〈H1〉'이라고 입력하고 해당 문장 끝에 '〈/H1〉'이라고 입력하면 끝입니다. 〈H2〉 태그도 마찬가지로, 부제목이나 두 번째로 중요한 키워드가 포함된 문장 맨 앞에 〈H2〉를 입력하고 맨 끝에 〈/H2〉를 입력해주면 됩니다.

간단하지요? 위와 같이 태그를 달아주고 HTML 편집 창에서 빠져나와서 좌측 하단의 '미리보기'를 클릭하면 다음 그림과 같이 해당 글이 강조되어 처리된 것을 볼 수 있습니다(단, 블로그 설정에 따라 강조된 화면이 다르게 보일 수 있습니다). 최근 네이버와 티스토리 등의 블로그에 〈H〉 태그를 설정할 수 있는 기능들이 추가되었으니, HTML 편집 또는 해당

아이콘을 클릭하여 설정해도 무방합니다.

메인 제목 또는 키워드
콘텐츠 - 글과 사진 1
콘텐츠 - 글과 사진 1
콘텐츠 - 글과 사진 1
부제목 또는 상세 키워드
콘텐츠 - 글과 사진 2
콘텐츠 - 글과 사진 2
콘텐츠 - 글과 사진 2

03

꿩 먹고 알 먹는 전략

이번에는 한 번의 노력으로 3배 이상의 수익을 올리는 3가지 방법에 대해 알아보겠습니다.

확장키워드 만들기

포스팅에 사용할 메인 키워드를 선정하고, 그 키워드에 대한 정보를 수집하는 과정에서 그와 관련된 확장키워드를 만드는 방법입니다.

예를 들어 여러분이 포스팅 메인 키워드를 '파인애플식초'로 선정했다면, 그와 관련된 세부키워드를 여러 개로 확장할 수 있습니다. 제가 직접 해 보니 다음 내용과 같이 세부키워드를 대략 6개까지 확장시킬 수 있었습니다.

```
메인 – 파인애플식초


1번째 확장 – 파인애플식초 다이어트 방법

2번째 확장 – 파인애플식초 만드는 방법

3번째 확장 – 파인애플식초 부작용

4번째 확장 – 파인애플식초 복용법

5번째 확장 – 파인애플식초 먹는 방법

6번째 확장 – 파인애플식초 만들기
```

이렇게 하면 키워드 1개를 발굴하는 노력만으로 7개의 포스팅을 작성할 수 있는 키워드들을 만들어낼 수 있으므로 키워드 발굴에 들어가는 노력을 1/7까지 줄일 수 있습니다.

여기에 하나의 노하우를 더 설명하겠습니다. 바로 '다중(멀티) 블로그'를 운영하는 방법입니다. 티스토리에서는 하나의 계정으로 블로그를 5개까지 개설할 수 있습니다. 따라서 여러 개의 블로그를 개설한 후 위와 같이 메인 키워드를 이용해서 여러 확장키워드를 만든 다음 A블로그에서는 메인 키워드로, 다른 블로그에서는 각각 확장키워드를 이용해서 포스팅을 하면 광고수익을 배가시킬 수 있습니다.

키워드와 키워드를 연결하는 방법

두 번째는 '키워드와 키워드를 연결'하는 방법입니다. 예를 들어 '대상포진 원인'이라는 키워드가 있고, '대상포진에 좋은 음식'이라는 키워드가 있다면 포스팅 제목을 '대상포진 원인 및 예방에 좋은 음식'으로 2개의 키워드를 연결해서 작성하는 것입니다. 이러면 '대상포진'이라는 키워드에 '질병의 원인'과 '질병에 좋은 음식'이라는 2개의 세부 키워드를 추가할 수 있는 것이지요.

앞의 내용이 각각의 확장(세부)키워드로 별개의 포스팅을 작성하는 방법이라면, 이 방법은 1개의 포스팅 안에 2~3개의 키워드가 동시에 들어간다는 차이가 있습니다.

이 방법을 활용하려면 네이버 검색 창에 나타나는 자동완성 검색어나, 네이버 광고 플랫폼 키워드도구에서 찾은 연관키워드를 연결하면 됩니다. 이렇게 1개의 메인 키워드에서 곁가지 확장키워드를 만들어냄으로써 검색유입량을 2배 이상 끌어 올릴 수 있습니다.

연재 포스팅으로 연결하기

하나의 주제로 된 포스팅을 여러 개 연재합니다. 그리고 각각의 포스팅을 링크(url)로 연결시키는 방법입니다. 예를 들면 '2차 전지 관련주'를 주제로 작성하고, 추가로 '에코프로비엠 실적', '에코프로비엠 전망' 등 여러 개의 포스팅을 연재합니다. 그리고 각각의 연재글을 링크로 연결시켜놓는 것입니다. 그러면 '돈 되는 키워드'에 관심이 있어서 블로그에 방문한 사람들이 하나의 포스팅을 읽고 나서 그 포스팅에 달린 링크를 따라 다른 연재 포스팅을 보게 되는 것이지요.

이런 식으로 연재 포스팅을 이용해 여러분이 쓴 포스팅에 관심이 있어서 들어온 방문자들에게 계속해서 관련 정보들을 제공하면 방문자들을 여러분의 블로그 안에 가둬놓음으로써 애드센스 광고수익률을

2~3배 상승시키는 효과를 얻을 수 있습니다.

TIP

블로그 포스팅에 연재글 링크 넣는 방법

연재 포스팅으로 유입시키는 링크를 넣으려면 아래와 같이 해당 연재 포스팅의 제목을 쓰고 해당 문구를 마우스로 드래그합니다. 우측 상단 메뉴에 있는 '링크 삽입/수정'을 클릭합니다. 빈 공간에 연결시킬 포스팅 URL 주소를 복사해서 붙여넣기하면 됩니다.

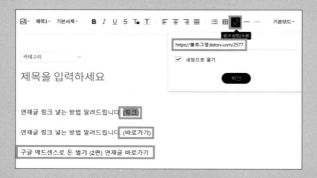

그러면 아래와 같이 링크 또는 바로가기가 적용된 것을 확인할 수 있습니다.

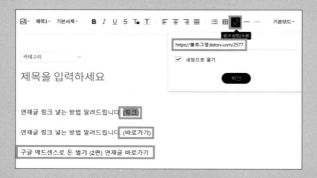

04

레알 고수들만 안다는
광고 매칭률 극대화 기법

앞서 애드센스 광고수익을 극대화하려면 포스팅 키워드(제목) 및 내용이 광고와 잘 매칭되어야 한다고 했습니다. 그런데 이와 관련해서 고수들만 아는 노하우가 있습니다.

구글 애드센스는 기본적으로 우리가 쓴 포스팅 키워드 및 내용에 적합한 광고를 매칭시킵니다. 그런데 컴퓨터가 하는 일이다 보니 포스팅 내용과 광고가 잘 매칭되지 않는 경우가 많습니다. 이런 현상은 대부분 우리가 쓴 포스팅에 너무나 다양한 내용이 있어서 그 중에서 어떤 내용이 중심 주제인지가 명확하게 드러나지 않기 때문에 생기게 됩니다.

포스팅 내용과 애드센스 광고를 매칭시키는 '섹션 타기팅'

그런데 포스팅을 작성하는 블로거가 인위적으로 애드센스 광고 적용범위를 제한시켜주는 방법이 있습니다. 바로 '섹션 타기팅(Section

Targeting)'이라는 방법입니다. 만약 '어도비(adobe)' 관련 광고를 매칭시키고 싶다면 섹션 타기팅에 '어도비'를 포함시키면 됩니다.

섹션 타기팅을 적용하는 방법은 아주 간단합니다. 포스팅을 작성하다가 HTML 편집 창으로 들어가서 아래와 같이 포스팅 내용 중 애드센스 광고와 매칭시키고자 하는 텍스트(글) 위, 아래로 섹션 타기팅 코드를 넣어주기만 하면 됩니다.

```
〈!-- google_ad_section_start --〉
 [매칭시키고자 하는 텍스트]
〈!-- google_ad_section_end --〉
```

이런 식으로 섹션 타기팅 코드를 넣어주면 포스팅 내용과 애드센스 광고를 최대한 매칭시킴으로써 방문자들의 광고 클릭률을 높일 수 있습니다.

특정 내용을 광고 적용범위에서 제외시키는 방법

이와 반대로 포스팅의 특정 내용을 애드센스 광고 적용범위에서 제외시키는 코드를 넣는 방법도 있습니다. 방법은 포스팅 내용 중 애드센스 광고 적용범위에서 제외하고 싶은 글 위, 아래로 제외코드를 넣어주면 됩니다. 이렇게 해주면 애드센스 시스템에서 광고를 넣을 때 해당 내용을 참조하지 않게 됩니다.

```
<!-- google_ad_section_start(weight=ignore) -->
  [제외하고자 하는 텍스트]
<!-- google_ad_section_end -->
```

이런 식으로 애드센스 광고와 매칭시키고자 하는 부분은 강조하고, 광고 적용범위에서 제외하고 싶은 내용은 배제해주면 포스팅 내용과 애드센스 광고가 잘 매칭됨으로써 여러분의 통장계좌 수익도 그만큼 늘어나게 됩니다. 단, 위의 코드들을 사용했다고 해서 포스팅 내용과 광고가 100% 매칭된다는 보장은 없으며, 그만큼 매칭률이 올라갈 뿐이라는 사실에 유의하기 바랍니다.

블로그로 돈 벌기

Google
Adsense

5장

저품질
블로그에
대하여

01

저품질 블로그를 피하기 위한
6가지 조언

검색포털에서 더 이상 노출이 안 되는 '저품질 블로그'가 되면 안타깝게도 해당 블로그는 폐기처분 대상이 됩니다.

저품질 블로그가 되는 데는 여러 가지 이유가 있습니다. '대출', '성인', '보험'과 같은 부적절 키워드가 될 수도 있고, 포스팅 정보가 담고 있는 질과 양이 부족해서일 수도 있습니다. 상식적으로 미풍양속을 해치거나 건강한 정보가 아닌 내용을 담은 포스팅은 모두 저품질 블로그 대상에 해당됩니다.

저품질에 해당하는 사유와 피하는 방법을 소개하겠습니다. 저품질에 빠지지 않으려면 다음 사항들을 조심해야 합니다.

1 광고성 글로 포스팅하는 경우

광고성 글로 포스팅하면 안 됩니다. 특히 대출, 보험, 로또 관련 광고성 내용을 직접적으로 언급하는 경우 네이버 등 검색포털에서는 해당 포스팅을 모두 검색결과에서 제외시킵니다. 주식 관련 글에서도 '주식투자'라는 키워드를 직접적으로 언급하면 광고성 내용으로 분류될 수 있으니 반드시 주의해야 합니다. 흔히 볼 수 있는 대출광고, 보험광고, 로또광고, 주식광고에서 나오는 문구들은 되도록 피하는 것이 좋습니다. 돌다리도 두들겨보고 안전한 곳만을 가는 것이 좋습니다.

2 다른 사람의 글이나 뉴스를 그대로 복제하는 경우

남의 글이나 뉴스를 그대로 복사해서 올리면 안 됩니다. 다른 사람이 이미 인터넷상에 올린 글이나 뉴스 등을 그대로 포스팅하면 저품질에 빠지게 됩니다. 포스팅은 자신의 경험과 노하우, 말투가 묻어나게 작성하는 것이 가장 창의적이고 바람직합니다.

3 이미 포스팅한 내용을 수정하는 경우

되도록 이미 포스팅한 내용을 수정하면 안 됩니다. 자신이 기존에 작성해서 올렸던 포스팅에 광고를 넣거나 일부 문구를 바꾸기 위해 수정하는 경우가 있는데, 이런 경우 검색포털에서 어뷰징행위로 판단할 가능성이 높습니다. 특히 상위에 노출되어 있는 포스팅을 수정하면 뒤로 훅 밀리게 된다는 점에 유의해야 합니다.

4 너무 짧은 간격으로 포스팅하는 경우

너무 짧은 간격으로 포스팅하면 안 됩니다. 포스팅을 하고 몇 분이 채 지나지 않아서 새로운 포스팅을 올리거나, 여러 개의 포스팅을 동시다발적으로 게재하면 검색포털에서는 사람이 아닌, 컴퓨터가 작성하는 것으로 보고 그런 포스팅들을 모두 검색결과에서 제외시킵니다. 예를 들어 특정 블로그의 포스팅이 5분 간격으로 계속 올라오는 경우, 이러한 블로그를 비정상적인 조작행위로 판단해서 블로그의 상위노출 확률을 낮춰버립니다.

따라서 포스팅은 최소한 2~3시간 이상의 간격으로 하는 것이 좋습니다. 만약 하루 날을 잡아서 몇 개의 포스팅을 한꺼번에 작성해야 한다면 앞서 설명했듯이 발행예약 기능(182쪽 참조)을 걸어두면 됩니다. 이 기능을 활용하면 일정한 시간 간격으로 포스팅이 발행되도록 할 수 있습니다.

5 동일 키워드를 남발하는 경우

포스팅 내에 동일한 키워드가 20~30개 들어 있으면 어떨까요? 아무리 좋은 글이라고 해도 동일한 키워드가 그렇게 많이 들어 있으면 검색포털에서 해당 포스팅을 어뷰징으로 의심할 수 있습니다. 검색포털은 검색순위를 높이기 위한 의도적인 방해(조작)행위, 즉 어뷰징을 가장 싫어합니다. 따라서 포스팅 내에 동일한 키워드를 넣을 때는 먼저 기존에 작성되어 있는 다른 포스팅들을 참고해서 최상위에 있는 포스팅보다 1개 정도만 더 사용하는 것이 좋습니다.

6 명예훼손, 권리침해, 음란물, 저작권 등을 위반하는 경우

블로그 포스팅에 특정인을 비방하는 목적의 글이 담겨 있거나, 포스팅 내용이 초상권 등을 침해해서 권리침해로 신고되면 블로그 계정이 정지됩니다. 특히 방송통신심의위원회와 청소년보호법에 위반되는 음란물을 게재하는 행위는 저품질로 빠지는 지름길입니다. 또한 포스팅에 국내 저작물에 해당하는 동영상이나 이미지 등을 사용할 때는 반드시 저작권법 위반에 해당하지 않는지를 미리 따져보아야 합니다.

Q&A

Q 업체로부터 지원을 받아 블로그 포스팅을 작성하는 경우 애드센스 정책에 위반되지 않나요?

A 업체로부터 지원받은 포스팅은 애드센스 광고정책과는 무관합니다. 다만 업체에서 제공한 시나리오를 토대로 작성된 내용이라면 복제된 내용으로 판별될 수 있으므로 주의해야 합니다. 타 블로그와 중복된 포스팅(복사, 붙여넣기 수준)으로 판별되는 경우 상위노출이 되지 않을 수 있으니 주의해야 합니다.

02

만약 당신이
저품질 블로그에 빠졌다면?

정성 들여 쓴 글이 담긴 소중한 블로그가 저품질에 빠지면 그것을 되살리는 데 상당한 시간과 에너지가 소모됩니다. 결론적으로 저품질 블로그가 다시 살아서 상위에 노출되는 것은 거의 불가능하다고 봅니다. 따라서 안타깝지만 저품질에 빠진 블로그는 포기하고 새로운 계정으로 블로그를 만들어서 재기를 꿈꾸는 것이 바람직합니다.

만약 저품질에 빠진 블로그가 있다면 그 안에 들어있는 포스팅들을 새롭게 시작하는 블로그를 키우는 데 자양분으로 사용하기 바랍니다. 단, 단순히 복사해서 붙여넣기하면 또 동일한 글로 간주될 수 있으므로 주의해야 합니다. 또한 기존에 운영하던 블로그가 저품질이 된 이유를 생각해보고, 그 이유에 해당하는 포스팅이 있다면 해당 포스팅은 제외해야 합니다.

03

초보자라면?
스마트 프라이싱을 주의하라!

구글 애드센스 정책에는 '스마트 프라이싱(Smart Pricing)'이라는 것이 있습니다. 구글의 스마트 가격정책의 일환으로 신뢰도를 높이기 위해 고안된 기능이죠. 애드센스 가입자가 이 정책에 위반되는 행위를 하면 매우 부정적인 결과를 불러올 수 있으니 주의해야 합니다.

이 정책에 위반되는 사유는 대부분 다음 2가지로 귀결됩니다.

첫째는 무효클릭 또는 부정클릭을 하는 경우입니다.

둘째는 방문자 체류시간 부족입니다. 일반적으로 포스팅 1개당 방문자 체류시간의 최소 기준을 20초 이상으로 봅니다. 포스팅 체류시간이 적다고 판단되면 방문자 평균 체류시간을 1분 이상으로 늘릴 수 있도록 노력해야 합니다.

이러한 2가지 현상이 지속되면 스마트 프라이싱 정책에 따라 광고 클릭당 수익이 0.01달러(약 10원 수준)로 떨어질 수 있다는 점에 주의해야 합니다.

소극적 소득(passive income)에 집중하라

   수익 활동에 투입하는 에너지양에 따라 소득은 크게 '소극적 소득'과 '적극적 소득'으로 나뉩니다.

   '소극적 소득'은 땀, 노력, 시간, 비용 등을 많이 투입하지 않아도 얻을 수 있는 소득을 말합니다. 브랜드수익, 인세수익, 월세수익, 부동산임대수익, 광고(애드센스)수익과 같은 것들이 여기에 해당됩니다.

   '적극적 소득'은 땀, 노력, 시간, 비용 등을 많이 투입해야 얻을 수 있는 소득을 말합니다. 직장에서의 급여, 자영업, 아르바이트 등 대부분의 전통적인 소득이 여기에 해당합니다. 땀 흘려 노력해서 얻는 적극적 소득을 높이기 위해서는 많은 에너지와 시간소모가 필요합니다. 우리가 가진 체력과 시간, 에너지가 한정적이기 때문에 수익의 한계도 있습니다. 이 책을 읽는 독자들은 소극적인 소득(passive income)에 관심을 기울여야 합니다. 소극적 소득이 우리에게 더 큰 부가가치를 가져다주기 때문입니다.

   호텔 사업을 하는 '힐튼(hilton)'이 적극적 소득을 얻고 있다면, 공유서비스를 제공하는 '에어비앤비(airbnb)'는 소극적인 소득에 집중했습니다. 주목할 점은, 호텔 하나도 가지고 있지 않은 '에어비앤비'가 물리적인 건물을 가진 '힐튼'보다 더 많은 이익을 창출하고 있다는 사실입니다. 이렇듯 물리적 한계를 뛰어넘는 것이 소극적 소득의 장점입니다. 소극적인 소득에 집중하면 자신이 소유한 것보다 큰 부가가치를 창출할 수 있습니다.

무엇보다 소극적인 소득이 주는 가장 큰 이점은 '시간과 장소로부터의 자유'입니다. 소극적인 이익을 추구하면 장소에 관계없이 이익을 창출할 수 있습니다. '디지털 노마드'는 이러한 소극적 소득으로 삶을 영위합니다. 시간과 장소로부터 자유로운 수익활동을 하기 때문입니다. 저와 함께 디지털 노마드의 세계로 빠져보지 않으시겠어요?

➡ 다음 칼럼은 412쪽에 있습니다

3부

유튜브로 돈 벌기

Google
Adsense

1장

기본적으로
세팅해야 할 것들

01

채널 개설하기

    유튜브 채널을 만드는 방법은 유튜브 홈페이지(https://www.youtube.com)에 접속한 후 구글 계정으로 로그인합니다. 홈 화면에서 우측 상단의 나의 계정을 클릭하면 뜨는 메뉴 중 '채널 만들기'를 클릭합니다.

Google 계정 관리
채널 만들기
YouTube 스튜디오
계정 전환   >
로그아웃
구매 항목 및 멤버십
YouTube의 내 데이터

채널 만들기 페이지로 이동합니다. 이름과 핸들(영문 닉네임)을 입력하고 '채널 만들기'를 클릭합니다. 이때 핸들(영문 닉네임)은 채널 주제에 맞는 직관적 단어 사용을 추천합니다.

내 채널에 들어와서 우측 상단에 있는 '채널 맞춤 설정'을 클릭하면 내 채널의 기본정보와 수익 등을 관리할 수 있는 '유튜브 스튜디오' 사이트 화면이 열립니다.

채널 맞춤 설정 화면 '기본정보' 항목 '설명' 란에 자신이 주제로 하고자 하는 키워드 설명을 기재합니다.

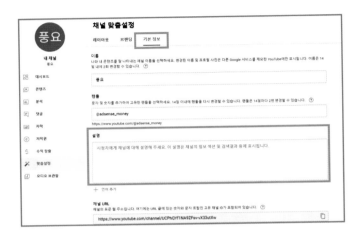

여기서 왼쪽 하단의 '설정' 메뉴를 클릭합니다.

'채널'을 클릭하고 기본정보에서 '거주 국가'를 '대한민국'으로, '키워드'는 자신이 주제로 하는 내용들을 쉼표로 구분하여 기재합니다.

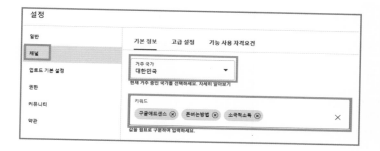

마지막으로 '맞춤 설정'을 클릭한 후 '브랜딩'을 클릭하여 자신의 프로필 사진과 채널의 대문(배너) 이미지를 바꿀 수 있습니다.

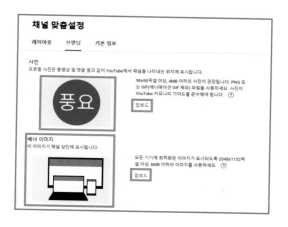

채널명은 독창적이면서 쉽게 기억할 수 있는 이름으로 결정합니다. 본명을 사용해도 되고, 좋은 별명을 지어도 됩니다. 예전에는 한 번 채널명을 정하면 3개월간 변경할 수 없는 제한이 있었지만, 2018년에 그 제한은 사라졌습니다. 다만 채널명을 언제나 바꿀 수 있다는 사실이 채널명이 중요하지 않음을 의미하지는 않습니다. 만약 채널명 짓기가 어렵다면 ChatGPT에게 문의하는 것도 좋습니다 채널명은 자신이 어떤 크리에이터인가를 보여줄 수 있는 이름으로 결정합니다. 이슈를 다룬다면 '이슈연구소', 부동산을 다룬다면 '부동산연구소' 식으로, 채널명은 창의적이면서도 무슨 주제를 어떤 목적으로 다루는지가 직감적으로 다가오게 만드는 게 중요합니다.

02

영상 만들기 팁

TTS(Text to Speech) 사이트 활용하기

영상을 편집할 때 본인 목소리를 넣지 않는다면 텍스트를 음성으로 바꿔주는 TTS(Text To Speech) 사이트를 이용하는 방법을 추천합니다. TTS 사이트를 이용하면 시나리오를 자유자재로 편집할 수 있고, 번거로운 녹음과정으로 뺏기는 시간을 절약할 수 있기 때문입니다.

다음은 현재까지 대표적인 TTS 사이트 목록으로, 각자 사용해보고 여건과 취향에 맞게 선택하면 됩니다.

〈무료사이트〉

① 파파고번역기 : https://papago.naver.com

② 발라볼카 : http://www.cross-plus-a.com/kr/balabolka.htm

① 코난보이스 : https://konanvoice.konantech.com/konanVoice

② 타입캐스트 : https://typecast.ai

③ 클로바더빙 : https://clovadubbing.naver.com

영상 편집 프로그램 활용하기

영상 편집 프로그램은 유료 버전 사용을 추천하지만, 초보자라면 무료 버전으로 시작하는 것도 나쁘지 않습니다. 유료 및 무료 영상 편집 프로그램은 다음과 같습니다.

〈(유/무료) 영상 편집 프로그램〉

• 브루 : https://www.vrew.ai/ko/

〈(유료) 영상 편집 프로그램〉

• 어도비 프리미어 프로 : https://www.adobe.com/kr/products

참고로 저는 브루(Vrew)를 사용하기 전에는 어도비 프리미어 프로를 사용했었습니다(346쪽 참조). 어도비 프리미어 프로는 일반 대중부터 기업까지 광범위하게 쓰이고 있으며, 다양한 기능을 갖추고 있기에 익숙해지기만 하면 매우 유용합니다. 만약 어도비 프리미어 프로를 써보고 싶다면 7일 무료체험을 써보고 결정하는 것도 좋습니다.

03

유튜브 채널 방향과 콘셉트 설정하기

1 자신이 좋아하는 분야로 결정하세요

유튜브 채널의 방향과 콘셉트를 설정하는 것은 매우 중요합니다. 하나의 건축물을 짓기 위해 설계도면이 필요합니다. 즉, 유튜브 채널 방향과 콘셉트는 설계도를 만드는 것과 같습니다. 건물을 50층 이상의 초고층으로 지으려면 반복적인 공사를 지속할 수 있어야 합니다. 따라서 채널의 콘셉트는 자신이 좋아하는 분야 중 하나로 하는 게 중요합니다.

2 다른 사람들도 좋아할 수 있는 분야로 설정하세요

자신이 좋아하는 콘셉트를 결정해야 하지만, 반대로 다른 사람들도 좋아할 수 있는 분야로 설정하는 것이 중요합니다. 내가 만든 영상이 다른 사람들에게 호감과 영향력을 주고, 다양한 오감반응을 일으킬 수 있다면 다른 사람들도 좋아할 수 있는 콘셉트입니다. 그러나 내가 설정한 채널 콘셉트가 단순히 자신만의 만족에 그치고 다른 사람들의 반응을 끌어낼 수 없다면 버려야 합니다. 만약 내가 하고자 하는 주제가 너무 소수만을 위한 콘셉트라면, 그것을 대중과 연결할 수 있는 기획력이 요구됩니다(영상기획→소수만을 위한 콘셉트+최근 대중에게 유행하고 있는 밈).

3 자신이 생각하는 콘셉트의 유사 채널을 벤치마킹하세요

모방은 창조의 어머니라는 말이 있죠. 세상의 많은 유튜브들이 앞선 채널의 성공사례들을 따라 하면서 성장했습니다. 그러므로 내가 나아가고자 하는 유사 채널의 롤모델을 설정하는 것은 중요합니다. 조회수가 높고 많은 구독자를 보유하고 있는 유사 채널의 영상을 모니터링하세요. 그 영상의 특징과 장단점을 파악합니다. 그리고 해당 채널과 다른 나만의 차별점을 내세울 수 있는 콘셉트를 생각합니다.

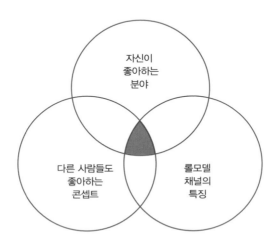

04

유튜브 채널 타기팅 설정하기

    내 채널은 누구를 위한 콘텐츠인가를 정의하는 것은 중요합니다. 초기에 채널의 타깃 목표를 설정해놓고, 타깃의 취향을 저격할 콘셉트와 전략, 차별성을 설정한다면 채널의 성장이 훨씬 빨라질 것입니다.

    채널 타깃을 설정하기 위한 질문을 준비했습니다. 다음의 질문에 답한다면 채널 타기팅이 90% 이상 정리될 것입니다.

내 채널은 누구를 위한 영상인가?

....

....

내 채널은 그들에게 어떤 이익을 전달하는가?

....

....

내 채널의 롤모델 채널은 무엇인가?

....

....

내 채널의 롤모델 채널의 특징과 장단점은?

....

....

내 채널과 롤모델 채널의 차별점은?

....

....

내 채널은 지속 가능한가? (계속할 수 있는가?)

....

....

내 영상을 만들기 위한 준비물은 무엇인가?

....

....

내 영상 초반부에 이탈하지 않도록 만드는 방법은?

....

....

사람들이 내 영상을 끝까지 보게 만드는 방법은 무엇인가?

....

....

내 채널을 설명하는 해시태그는 무엇인가? (복수응답)

....

....

내 채널을 단 하나의 키워드로 정리하면 무엇인가?

....

....

위와 같이 ① 자신의 채널이 목표로 하는 타깃을 설정하고, ② 그들이 얻을 이익이 무엇인지 파악하고 그것을 ③ 어떠한 방식으로 전달하여 ④ 사람들로 하여금 영상을 끝까지 몰입하게 만들 것인지를 채널개설 초반에 전략적으로 세팅하도록 합니다.

3부

유튜브로 돈 벌기

Google
Adsense

2장

유튜브 쇼츠 성공의 비밀 — 알고리즘의 이해

01

—

단 3개월이면 구독자 1만 명 달성,
유튜브 성공의 열쇠 '쇼츠'

유튜브 쇼츠(Shorts)는 유튜브를 도전하는 이들에게 가장 매력적인 시장입니다. 유튜브 쇼츠는 진입장벽이 낮고, 누구나 빠르게 유튜버로 구독자를 모을 수 있으며, 비교적 빠른 시점에 애드센스 수익을 얻을 수 있는 플랫폼입니다. 그러나 많은 사람이 유튜브 쇼츠에 대한 이해와 전략, 노하우 없이 도전해서 백전백패를 하고 맙니다. 2장에서는 유튜브 쇼츠로 성공할 수 있는 방법을 하나씩 밝혀 드리겠습니다.

구글이 전폭 지원하는 유튜브 쇼츠(Shorts)

숏폼(shortform)의 원조는 '틱톡'입니다. 틱톡이 성공한 이유는 가로형 동영상보다 직관적이기 때문입니다.

기존의 가로형 콘텐츠는 사용자들이 썸네일을 보고 이 영상을 봐야 할지 말아야 할지 고민해야 했습니다. 반면 세로형 숏폼에서는 이러한 의사결정 과정이 생략된다는 점이 주목해야 할 포인트입니다. 숏폼의 사용자는 마음에 들지 않는 영상을 위로 올리면 되니 편의성이 극대화됩니다.

어쩌면 숏폼은 '시간 때우기'에 가장 편리한 구조입니다.

앞으로 유튜브는 가로형보다 세로형 영상에 집중할 가능성이 높습니다. 많은 사람이 가로형보다는 세로형이 더 편리하다고 생각하기 때문입니다. 이미 틱톡에는 세로 형태의 긴 동영상이 제공되고 있습니다. 유튜브도 변경될 가능성이 있습니다. 이것이 앞으로 우리가 쇼츠에 집중해야 하는 이유입니다.

유행하는 밈(meme) 영상 많이 올리면 성공할까?

한때 '왕간다'라는 영상이 이슈가 됐습니다. 1,500만 조회수가 나왔으니 전 국민의 1/3이 본 영상입니다.

왕간다 원본1탄영상 #왕간다 #shorts
#shortsvideo #오빠차있어 #오빠돈많아
#핸들링

*참조 링크 : https://youtube.com/shorts/
KXXCsRG5WAA?feature=share

이 영상은 지상파 언론에 나올 정도로 이슈가 되었으며, 처음 이 영상을 올린 사람도 수백만의 영상 조회수를 얻었습니다. 그러나 영상의 주인공은 콘텐츠를 기반으로 수익을 얻지 못했습니다. 단순한 밈(meme) 영상으로는 성공할 수 없다는 사실을 보여주는 사례입니다.

왕간다의 사례에서 보듯 쇼츠 영상은 전략과 기획 없이는 실패하고 맙니다. 사람들이 쇼츠 영상을 보고 구독을 누르고, 지속적으로 내 영상에 관심을 가지도록 만들려면 철저한 기획력이 요구됩니다.

쇼츠 영상의 조회수는 관심 있는 콘텐츠에 벌떼처럼 우루루 몰려왔다가 다시 우루루 떠나가 버립니다. 그 때문에 철저한 기획력을 토대로 쇼츠 영상을 만들어야만 들어온 사람들을 구독자로 만들고, 향후 꾸준한 파이프라인(=수익원)으로 만들 수 있습니다.

02

초보자라면 반드시!
유튜브 쇼츠로 시작하자

편집 간편하고, 썸네일 필요 없는 쇼츠

쇼츠 영상은 1분 이내 길이의 영상입니다. 1분 이상의 길이부터는 일반 동영상으로 취급이 됩니다.

크리에이터로서 쇼츠가 좋은 점은 편집이 상대적으로 쉽고 빠르다는 점입니다. 저의 경우 쇼츠 콘텐츠를 편집하고, 영상을 업로드하는 데 빠르면 2~3시간 정도면 마무리됩니다. 어떤 콘텐츠를 기획하느냐에 따라 다르지만, 쇼츠는 일정한 구성으로 간다면 생각보다 빠르게 영상을 대량 생산할 수 있습니다.

또 쇼츠의 경우 일반 동영상과 다르게 썸네일 제작이 필요 없습니다. 유튜브 자체 알고리즘이 스스로 영상 내용을 파악하고 그에 맞는 썸네일을 결정해줍니다. 이는 기존 가로형 동영상의 썸네일에서 오는 맹점을 고치기 위한 구글의 노력이기도 합니다. 그래서 기존의 동영상에서는 썸네일 어그로가 있었지만 쇼츠에는 썸네일 어그로가 없다는 장점

이 있습니다

당신의 유튜브 도전이 실패했던 이유

유튜브는 열심히만 한다고 되는 플랫폼이 아닙니다. 많은 이들이 이것을 간과했기에 실패합니다. 많은 유튜브 초보자들이 1일 1영상을 올리기 위해 고군분투하지만, 초보자가 매일 영상을 올리는 것은 독을 마시는 행위임을 반드시 유념해야 합니다.

유튜브는 블로그와 성격이 전혀 다릅니다. 많은 파워 블로거들이 유튜브에 도전했지만 대부분 실패하고 고전했던 이유도 전혀 다른 플랫폼이라는 점을 간과했기 때문입니다. 유튜브는 음성과 영상을 담은 텔레비전이며 1인 방송국입니다. 즉, 자신의 방송국을 통해 자신의 TV 프로그램을 대중에게 송출하는 행위입니다.

알다시피 텔레비전은 재밌어야 합니다. 한번 보면 또 보고 싶다는 생각이 들어야 성공합니다. 하지만 우리는 대부분 방송경험이 없는 상태에서 유튜브를 시작합니다. 그 때문에 어떻게 해야 영상을 재밌게 만드는지 모릅니다.

유튜브는 블로그처럼 정보만 전달한다고 되는 것이 아닙니다. 이 개념을 모르는 사람들은 섣부르게 도전했다가 실패의 쓴맛을 보게 됩니다. 누가 내 영상을 볼 것인지, 그들이 내 영상의 어떤 부분을 좋아하는지, 몇 초 동안 머무르고 몇 초대에 이탈하는지 객관적으로 분석해야합니다. 자신이 만든 영상에 대해 객관적 분석을 토대로 단점을 개선해야 합니다. 가장 중요한 '영상 몰입도'를 높일 만한 기획력 없이 내가

하고 싶은 얘기만 늘어놓다가는 채널지수 하락으로 영상의 조회수는 나락으로 떨어지게 됩니다.

유튜브로 성공하고 싶습니까? 시청자의 눈길을 계속 잡아둘 수 있는 능력이 필요합니다. 눈길을 계속 잡아두는 영상을 만드는 것은 생각처럼 쉽지는 않습니다. 그것이 당신의 영상을 통해 전달하고자 하는 주제나 메시지가 될 수도 있고, 목소리가 될 수도, 당신의 외모가 될 수도 있으며, 어떠한 현상을 설명해주는 영상이 될 수도 있습니다. 중요한 것은 당신이 만든 영상으로 사람들의 눈길을 끌어서, 그 눈길을 매 영상마다 '적정 수준 이상으로', '계속', '끝까지' 유지할 수 있는 기획이 있느냐입니다.

저자의 유튜브 쇼츠 성공기

저는 2022년 11월 27일 처음으로 쇼츠 영상을 올렸고, 3개월 만인 2023년 2월 27일 약 1만 4천 명 구독자를 달성했습니다.

채널 분석

현재 구독자 수
14,759
지난 28일 동안 2,877 증가

요약
지난 28일

조회수	1,042.8만 —
시청 시간(단위: 시간)	11.4만 —
예상 수익	$1,380.04 —

*글을 쓰는 현시점, 저자의 구독자 및 예상수익 현황

저는 2022년에 유튜브 계정을 새로 개설하여 쇼츠 영상에만 집중했고, 첫 영상 업로드 후 단 3개월 만에 구독자 1만 명을 돌파하면서 수익조건을 달성했습니다. 그리고 6개월 차에는 월 수익 1,800달러(원화 약 237만 원)를 기록했습니다.

*저자의 쇼츠 영상 조회수 상승 현황

제가 컨설팅한 수강생의 경우, 과거 1년간 유튜브에 매진했으나 구독자 29명에 그쳤습니다. 거의 반 포기 상태였던 이 수강생은 저의 컨설팅 후 3개월 만에 구독자 2만 명을 돌파했으며, 각 콘텐츠의 조회수 상승, 중소기업들의 제품 협찬 및 광고수익이 들어오는 성과를 얻었습니다.

03

6개월 안에 구독자 10배 증가하는
쇼츠 알고리즘

떡락 알고리즘 vs 떡상 알고리즘

유튜브에 도전했지만 번번이 실패하는 사람들이 공통적으로 하는 말이 있습니다. 유튜브가 자신의 영상만 노출해주지 않는다는 것이죠. 그러나 이는 잘못된 생각입니다. 유튜브 알고리즘은 모든 영상을 동일한 잣대로 판단합니다. 다만 영상의 몰입도가 높다고 판단되는 채널일수록 노출도가 높은 것이 팩트(fact)입니다. 그러므로 내가 만든 영상의 노출이 잘 안 되고 있다면 그 이유는 하나. 영상의 몰입감이 없기 때문입니다.

유튜브는 다음과 같은 알고리즘으로 당신의 쇼츠 영상을 퍼 나릅니다.

〈유튜브 떡락(하락) 알고리즘〉

① 알고리즘은 당신의 영상에 관심 있을 만한 사용자 50명에게 영상을 노출합니다.

② 50명 중 30명이 당신의 영상을 클릭합니다.

③ 30명이 모두 영상을 보자마자 단 3초 만에 이탈합니다.

④ 당신의 영상은 더이상 피드 추천에 노출되지 않습니다.

(이것이 반복되면) ⑤ 채널지수가 하락하여 피드 추천 범위와 노출도가 하락합니다.

〈유튜브 떡상(상승) 알고리즘〉

① 알고리즘이 당신의 영상에 관심 있을 만한 사용자 50명에게 영상을 노출합니다.

② 50명 중 30명이 당신의 영상을 클릭합니다.

③ 30명이 모두 영상을 끝까지 보고, 영상을 다시 보기까지 합니다.

④ 영상을 본 30명 중 20명은 영상에 댓글을 달고, 다른 사람에게 공유합니다.

⑤ 당신의 영상지수가 상승합니다. 알고리즘이 관심 있을 만한 다른 사람 3,000명에게 영상을 추천합니다.

⑥ 영상을 중 본 대다수 사람이 영상을 끝까지 보기, 댓글, 좋아요, 공유의 반응을 보입니다.

⑦ 해당 영상이 유튜브 홈 화면에 노출되어 수만 명의 불특정 다수에게 전달됩니다.

(이것이 반복되면) ⑧ 채널지수가 상승하여 피드 추천과 노출 지수가 상향됩니다.

유튜브 알고리즘은 단순합니다. 영상의 몰입도와 사용자 반응으로 떡상과 떡락이 결정됩니다.

떡상하는 영상을 만들고 싶다면, 영상의 몰입도와 사용자 반응을 어떻게 이끌어낼지 깊게 고민해보아야 합니다.

저자의 조회수 780만 회 쇼츠 영상 분석

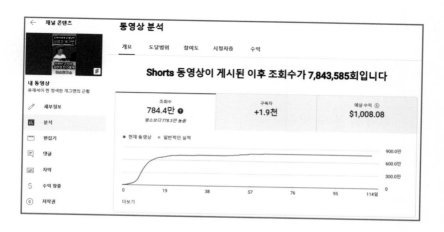

영상의 조회수가 784만 회이고, 영상 하나만으로 구독자 1,900명 정도가 추가되었습니다. 또 한 개의 영상으로 누적된 수익은 1,008달러 (원화 130만 원 수준)입니다. 이를 토대로 추정해보면 쇼츠 영상 하나의 조회수당 약 0.16~0.2원 정도의 수익이 발생하는 것을 짐작할 수 있습니다.

해당 영상의 길이는 41초이며, 평균 시청 지속시간이 38초로 나타났습니다. 이는 평균 비율로 따지면 전체 영상길이의 94.3%를 몰입해서 보고 있다는 의미입니다.

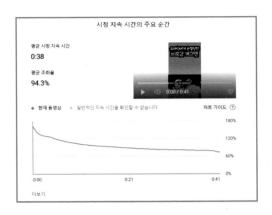

780만 조회수로 떡상한 쇼츠영상은 어떠한 경로로 노출되었을까요? 유튜브 스튜디오에서 '분석'에 들어가면 '시청자가 이 Shorts 동영상을 찾는 방법'을 볼 수 있습니다.

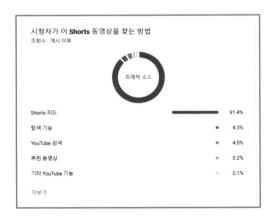

떡상하는 쇼츠 영상의 91.4%는 유튜브 알고리즘의 피드 추천에 의해 노출되는 것을 알 수 있고, 탐색이나 검색으로는 약 8.3% 정도의 유입밖에 되지 않는다는 것을 알 수 있습니다. 결론적으로 떡상하는 쇼

츠 영상이 되려면 유튜브 알고리즘의 파도에 타는 방법밖에 없다는 것을 짐작할 수 있습니다.

　이 쇼츠 영상을 '조회하기로 선택한 사용자 비율'을 보면 이 쇼츠 영상의 썸네일이나 제목의 영향력을 알 수 있습니다. 피드 추천으로 영상이 떴을 때 쇼츠의 썸네일과 제목을 보고 10명 중 7명 정도가 해당 영상을 조회했다면, 떡상할 가능성이 높은 영상이 됩니다.

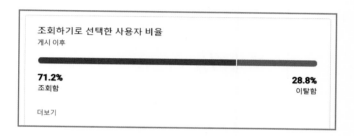

　해당 영상의 '연령 및 성별'을 보면 여성보다 남성이 더 많은 비중을 차지하고 있습니다. 또한 10대, 20대, 30대, 40대가 골고루 분포하고 있지만 그중에서도 25~34세의 연령대가 가장 많은 관심을 가진 것으로 분석됩니다.

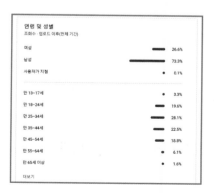

해당 영상은 영상을 처음 올린 2023년 4월 1일부터 급상승을 하기 시작해 8일째가 지난 4월 9일에 재방문 시청자 일일 55만 5,700 조회수를 기록하고 하락하기 시작합니다. 해당 영상은 영상을 올린 후 23일째가 지난 4월 24일에 바닥으로 내려왔습니다.

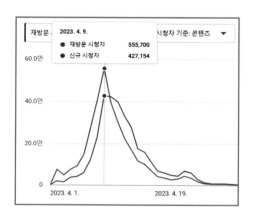

이처럼 쇼츠 영상은 수백만 조회수를 기록한 이후 한 달 이내에 침체되는 현상이 있는 것을 볼 수 있습니다. 이는 쇼츠 영상이 2회 이상 검색 및 재시청하는 콘텐츠라기보다 1회성으로 강한 파급력을 미친 이후에 휘발되는 성격을 가진다는 것을 의미합니다. 이것이 시사하는 것은, 쇼츠 영상을 만드는 데 있어서 길게 가져가는 롱테일 방식보다 단발성으로 계속 파급력 있는 영상을 만들어줘야 한다는 것을 의미합니다.

시선을 떼지 못하게 만드는 60초의 예술

유튜브에 업로드된 모든 영상은 인공지능이 검토합니다. 유튜브 영상은 하루 수십만 개가 올라옵니다. 그 때문에 유튜브 영상을 사람이 검수한다는 것은 불가능하죠. 유튜브 인공지능은 영상을 판별하는 중요한 지표들을 두고 있는데, 그중 가장 중요한 지표는 '시청 지속시간' 입니다.

'시청 지속시간'이란 영상을 처음부터 끝까지 보는 비율을 말합니다. 만약 30초짜리 영상을 올렸는데 사용자가 해당 영상을 보자마자 3초 만에 다른 영상으로 넘어갔다면 해당 영상의 시청 지속률은 '3/30=10%'입니다. 사용자가 빠르게 영상을 스킵했으므로 유튜브 알고리즘은 해당 영상이 피드 추천할 만한 영상이 아니라고 판단합니다.

반대로 30초짜리 영상의 시청시간이 30초라면? 시청 지속률은 '30/30=100%'가 됩니다. 이 경우 유튜브 알고리즘은 해당 영상에 대한 관심과 몰입도가 높은 것으로 판단하고 더 많은 분포의 사람들에게 피드 추천을 하게 됩니다.

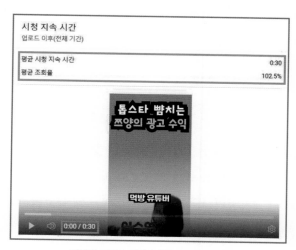

*저자의 유튜브 영상 '시청 지속시간' 현황

결론적으로 쇼츠 영상의 알고리즘에 의해 떡상을 하려면 다음 2가지 조건을 충족해야 합니다.

① 사람들의 관심사를 최대한 공략할 것
② 사람들의 눈길을 영상 시작부터 끝날 때까지 계속 붙잡아 놓을 것

유튜브를 시작하는 초보자들이 블로그처럼 꾸준히 영상을 올리는 실수를 합니다. 하지만 재미없는 영상을 꾸준히 올리는 것만큼 채널 지수를 떨어뜨리는 요인은 없습니다. 몰입도가 낮고 시청 지속시간이 짧은 영상이라면 차라리 올리지 않는 것이 좋습니다

단언컨대 쇼츠 유튜버로 성공하고 싶다면, 시청 지속시간은 '최소 75% 이상'이어야 하고, '평균 85% 이상'이어야 합니다.

쇼츠 영상을 올릴 때는 자신의 영상이 시청자의 시선을 끝날 때까지 계속 붙잡을 수 있는지를 중요한 지표로 삼아야만 합니다. 만약 영상을 올린 후에 시청 지속시간이 부족한 영상이라고 판단되면 과감히 영상을 삭제하거나 비공개 처리할 것을 추천합니다.

무조건이다! 유튜브는 100% 양보다 질

재미없는 영상 300개를 만든 채널보다 재미있는 3개의 영상을 만든 채널이 100% 성공합니다. 왜냐? 이게 유튜브의 알고리즘이기 때문입니다. 꾸준히 열심히 한다는 마인드는 평범한 직장생활에서조차 위험한 생각입니다. 그러니 꾸준히, 열심히 하겠다는 생각은 내려놓고 '잘'

하겠다는 생각을 해야 합니다.

다시 말하지만 유튜브가 원하는 영상은 '몰입감'이 높은 콘텐츠입니다. 상식적으로 생각해보세요. 유튜브는 플랫폼입니다. 유튜브의 목적은 사람들을 가둬놓고 플랫폼 내에서 더 많은 사람이 놀게끔 하는 것입니다. 이게 플랫폼의 생리입니다. 그런데 초보자인 당신은 재미없는 영상을 생산해서 사용자들이 유튜브를 떠나게 하고 있습니다.

유튜브가 그것을 좋아할까요? 유튜브는 몰입감이 떨어지는 영상을 철저히 배제합니다. 심하게 말하자면 재미없고 몰입도가 떨어지는 영상은 유튜브에게는 '암덩어리'와 같습니다. 유튜브라는 플랫폼을 죽이기 때문입니다. 다른 플랫폼으로 가지 않도록 사람을 끌어당기고, 눈길을 놓지 않게 하는 영상만이 유튜브가 원하는 영상입니다. 유튜브에서 살아남으려면 몰입감이 높은 영상을 만들어야만 합니다.

유튜브에서 성공하고 싶습니까? 그렇다면 1일 1업로드와 같은 허황된 얘기에 현혹되지 마세요. 최대한 많은 영상을 만들어서 최대한 자주 올리라고 하는 강사가 있다면 빨리 그 사람으로부터 떠나기 바랍니다. 유튜브 영상은 하나를 만들더라도 제대로 만들겠다고 생각해야 합니다.

쇼츠 영상 피드 추천과 검색유입의 차이점

기존의 가로 동영상은 쇼츠 영상에 비해 '검색유입'의 비중이 높습니다. 즉, 가로 동영상은 키워드 검색으로 유입되는 확률이 상대적으로 높습니다.

반면 쇼츠 영상은 90% 이상이 '피드 추천'입니다. 이 말은 쇼츠 성공의 관건이 유튜브 알고리즘의 '간택(choice)'에 달려 있다는 뜻입니다.

유튜브 쇼츠의 알고리즘은 사용자의 선호도를 반영하며, 100% 사용자의 관심사를 기반으로 합니다. 따라서 쇼츠 영상으로 조회수를 높이고 싶다면 사람들의 관심이 어디에 집중되고 있는지를 항상 고려해야만 합니다.

*운동에 관심 있는 사람에게 올려주는 유튜브 피드 추천 알고리즘 : 빨간색 표시

예를 들어 음식에 관한 유튜버라면 백종원이 최근에 만든 음식이나 성시경이 강력추천하는 음식을 주요 타깃으로 할 수 있습니다. 운동에 관한 유튜버라면 심으뜸이나 김계란 같은 인플루언서가 어떤 행보를 보이는지 면밀히 보아야 합니다. 명언에 관한 유튜버라면 UFC 정찬성이 했던 어록이나 축구선수 박지성의 어록 같은 것도 좋은 사례가 됩니다

04

떡상하는 영상의 공통점

어떤 영상을 올려야 피드 추천이 많이 될까?

전에 없었다가 새롭게 관심이 생겨난 분야를 공략하는 것이 좋습니다. 저의 경우 월드컵 시즌에 상당한 피드 추천을 받았는데, 2022년 카타르 월드컵 '조규성' 선수가 그랬습니다.

조규성 선수는 조별 예선 우루과이전에서 후반 20분 남은 상황에서 교체 출전했습니다. 월드컵 이전까지만 해도 사람들은 조규성에 대해 관심이 없었지만, 예선전 교체 출전한 이후 다음날 일시에 전국의 수백만 명이 검색할 정도로 관심도가 급격히 올라갔습니다. 유튜브 알고리즘 입장에서 보면 수요가 많은데 공급이 턱없이 모자란 상황이 되었죠. 이런 경우가 유튜버 입장에서는 떡상의 기회입니다.

다음날 새벽 4시에 인터넷 검색순위를 보던 저는 조규성이라는 이름이 1위에 떠 있는 것을 봤습니다. 당시 저는 조규성 선수의 우루과이전 출전 다음날 새벽 5시 30분경에 발 빠르게 조규성 선수 관련 콘텐츠를 올렸고, 당일 하루만 조회수 30만 회 이상 획득했습니다.

이처럼 급격히 검색량이 증가하는 급상승 키워드를 공략하는 것도 좋지만, 반대로 롱테일 법칙을 활용하는 것도 좋은 방법입니다. 사람들이 평소 관심이 많은 분야를 공략하는 것이지요. 매년, 매 시즌마다 꾸준히 회자되는 현상이나 이슈를 공략하는 것입니다. 예를 들면 프랜차이즈 햄버거의 문제점, 마블 영화가 (흥행 또는) 몰락하고 있는 이유, 연예인 또는 스포츠계 유명인들에 대한 몰랐던 이야기, 역사적 사건에 얽힌 비하인드, 스테디셀러(영화, 도서 등)의 줄거리 등이 그런 이슈입니다. 이처럼 꾸준히 회자되는 이슈들을 다룬다면 검색유입에 의해 지속적으로(롱테일 법칙) 노출이 가능할 것입니다.

구독자를 모으는 쇼츠 영상들의 공통점

성공하는 유튜버는 단순히 조회수만 얻는 데 그치지 않고 영상을 본 시청자들을 모두 '팬'으로 만듭니다. 이러한 채널들의 공통점은 차별성, 즉 자신의 남다른 통찰력 혹은 자신만의 감각, 자신만이 펼칠 수 있는 영상의 묘미를 녹여 시청자를 '팬'으로 만드는 것입니다. 반면 초보 크리에이터들은 조회수에만 집착합니다. 조회수만 급급한 유튜버들의 공통점은 영상의 깊이가 없고, 구독으로 이어지지 못하며, 장기적으로 성공하기 어렵습니다.

영상에 자신만의 가치관과 차별성 있는 해석을 녹여서 전달하세요. 짧은 영상일지라도 '제법' 깊이 있는 통찰이 느껴지도록('최고'가 아니라, '제법 잘하는데?' 정도면 충분합니다), 그렇게 영상을 만든다면 많은 시청자가 여러분을 따를 것입니다.

예를 들어 요리 전문채널인 승우아빠 채널은 '스테이크에 대한 잘못된 상식'이라는 영상을 올려 대박이 났습니다. 그는 고기 요리 하는 방법을 알려주는 수준에서 한 걸음 더 나아가 기존 스테이크에 대한 고정관념을 깨뜨리는 자신만의 통찰을 녹여 담았습니다. 이러한 영상은 보는 사람으로 하여금 구독과 공유를 부르게 되며, 계속 회자되는 영상이 됩니다.

깊이 있는 영상을 보았을 때 비로소 구독자들은 마음이 움직입니다. 이것이 구독하지 말라고 해도 구독을 하게 되는 메커니즘입니다. 다시 말하자면 구독자를 끌어모으는 쇼츠 영상의 특징은 '영상이 담고 있는 깊이(혹은 통찰력)'라고 할 수 있습니다.

*참조 영상 : 승우아빠 '스테이크에 대한 잘못된 상식'(https://youtu.be/4LedZRQhLQc)

Q 1분도 안 되는 영상에 어떻게 깊이를 담을 수 있나요?

A 물론 1분짜리 영상에 깊이를 담기에는 시간이 짧다고 할 수도 있습니다. 그럼에도 불구하고 짧은 시간 내에 차별성 있는 자신만의 해석을 담아 전달할 수 있어야 합니다. 저는 그렇게 하고 있기 때문에 1분 이내 영상에도 '나름의' 통찰력을 담을 수 있다고 자신 있게 말할 수 있습니다.

생각해보세요. 유튜브 쇼츠 영상을 보는 사용자 대부분은 무엇을 목적으로 합니까? 대부분 목적이 없습니다. 단순 '시간 때우기'를 목적으로 합니다. 사용자들은 기본적으로 영상을 넘기기에 바쁩니다. 그러므로 주목을 끌지 못하는 영상이라면 구독 버튼을 '까딱' 누르는 것조차 귀찮아할 가능성이 높습니다. 하지만 그 짧은 30~40초 영상 속에 나름의 유의미한 메시지 혹은 나름의 통찰력을 제시할 수 있다면 사용자들의 '마음'이 움직이고 구독 버튼으로 손이 가게 됩니다.

기억하세요. 짧은 쇼츠 영상이라 할지라도 영상을 조회한 사람들을 구독자로 만들고 싶다면 자신만의 메시지, 통찰에서 온 아이디어, 최소한 '약간의 도움'이라도 되는 내용을 담도록 노력하기 바랍니다.

쇼츠 광고수익은 어떻게 들어올까?

2023년 2월 1일부터 유튜브는 모든 쇼츠 영상에 수익을 배분하겠다고 밝혔습니다. 쇼츠 영상을 넘기는 중에 나오는 광고가 쇼츠 크리에이터의 수익으로 배분되는 것입니다.

다음 그림처럼 광고와 광고 사이에 들어가는 쇼츠 영상에 광고수익을 배분해줍니다.

(광고) – 영상 – (광고)

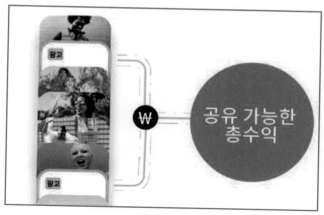

쇼츠 광고로 인한 수익은 모든 쇼츠 크리에이터들에게 공유됩니다. 이는 다음과 같이 총 4단계로 이뤄집니다.

- 1단계 : 모든 쇼츠 피드 광고수익을 합산
- 2단계 : 크리에이터들의 전체 현황을 합산
- 3단계 : 총 조회수에 따라 각 크리에이터들의 수익률 배정
- 4단계 : 배정된 금액의 45%를 쇼츠 수익으로 지급(단, 55%는 유튜브 플랫폼 사용료로 빠짐)

예를 들면 다음과 같습니다.

① 쇼츠 피드 광고수익을 모두 합산한 총 금액 : 1,000억 원
② 유효한 쇼츠 크리에이터 현황 파악 : 30만 명 중 10만 명 해당
③ 영상 조회수에 따른 해당 크리에이터의 수익률 : 10%(=100만 원)

④ 그중 45%의 수익금액 지급 : 100만 원×45%=45만 원 실제 수령

여기서 '유효한 쇼츠 크리에이터'란 다음 기준을 지켜야 합니다

• 타인의 영상을 그대로 올리지 않아야 합니다.
• 자동 클릭 또는 봇(bot)을 이용해 인위적 또는 허위로 조회수를 늘리지 않아야 합니다.
• 광고주에 친화적인 콘텐츠를 올려야 합니다.

참고로 여러분이 생각하는 것보다 쇼츠 수익 배분 규모가 적지 않습니다. 저의 경우에도 최근에 쇼츠 영상만으로 1,860달러가 들어왔는데, 이는 원화로 240만 원 수준입니다.

성공하는 쇼츠 영상의 공통점

다시 말하지만 단순한 밈(meme) 영상을 올리는 것은 독이 됩니다. 아무리 짧은 영상이라도 여러분은 나타난 현상에 대한 사람들의 반응(혹은 자신의 반응)과 그 현상이 일어났을 때 그렇게 될 수 있었던 근원적인 이유나 실체적인 방법을 보여줘야 합니다.

단순히 일어난(재미있는) 현상을 보고 그것을 퍼뜨리는 것은 누구나 할 수 있습니다. 단순 발생한 현상을 공유하는 수준으로는 성공할 수 없습니다. 1차원적인 관심을 얻는 데 집중해서는 안 됩니다. 단순한 반응을 얻고자 한다면 채널 성장은 어렵습니다. 왕간다의 경우가 대표적

인 실패 사례입니다.

만약 여러분이 다루고 싶은 주제가 있다면 그 영상에 나의 주관을 녹여 넣으세요. 유튜브는 새로운 창작물에 대해 높은 가점을 부여합니다. 완전히 새로운 창작물이 아니라도 2차 창작물이면 됩니다. '2차 창작물'이란 새로운 창작물을 자신의 시각으로 새롭게 해석한 내용물을 말합니다.

1차 창작물에 목소리, 생각, 자신의 반응, 그 이유, 방법 등을 녹여 넣으세요. 유튜브 알고리즘은 2차 창작물이라도 참신한 반응이 나온다면 상당히 높은 점수를 부여합니다. 따라서 2차 창작물이라도 얼마나 새로운 시각으로 접근했느냐에 따라서 영상의 노출도와 반응은 확연히 달라질 것입니다.

그러기 위해서는 내가 좋아하는 것 말고 시청자들이 좋아하는 걸 캐치해야 합니다. 저의 경우 2022년 카타르 월드컵 시즌에 월드컵 축구 및 선수에 관련된 영상을 주력으로 올렸습니다. 당시 제 영상의 조회수나 관심은 폭발적이었습니다. 한 달 동안 전 국민이 오로지 월드컵에만 관심을 가졌기 때문에 영상을 올릴 때마다 수십만 조회수가 기록됐습니다.

제가 만약 월드컵 시즌에 음식이나 먹방에 관한 콘텐츠를 올렸다면 사람들의 관심에서 벗어났을 것입니다. 그랬다면 영상을 올린 저의 노력이 물거품이 되고 말았을 것입니다.

'사람들이 관심 있는 것들은 이미 영상이 많아요'라고 생각할 수도 있습니다. 그러나 이렇게 생각해야 합니다. 유튜브 알고리즘은 관심사 피드 추천을 200% 활용하고 있습니다. 이 말은 사람들이 관심 있어 하는 주제로 한번 검색을 했다면, 그와 연관된 영상들을 계속 추천해줄 확률이 높다는 것입니다.

이러한 주제 연관 추천 알고리즘 때문에 초반에 반응이 별로였던 영상이 몇 주 후에, 몇 달 후에 뒤늦은 떡상을 하곤 합니다.

특히 쇼츠 영상의 경우 유사 관심 기반의 피드 노출 비중이 95% 이상으로 상당히 높습니다. 그러므로 틈틈이 실시간 검색순위를 찾아보면서 사람들의 관심이 어디에 집중되는지 확인하는 습관을 들이는 것이 좋습니다. 실시간 검색순위는 아래 링크를 참조하면 됩니다.

① 시그널 실시간 검색순위 : https://www.signal.bz
② 티스워드 실시간 검색어 : https://tisword.com/realtime

광고주 친화적인 콘텐츠에 위배되는 경우

위의 기준에서 광고주 친화적인 콘텐츠는 매우 중요합니다. 이에 위배되는 경우 수익이 제한되니 반드시 준수해서 수익에 부정적인 영향을 끼치지 않도록 해야 합니다. 광고주 친화적인 콘텐츠에 위배되는 사례는 다음과 같습니다.

• 부적절한 언어, 폭력, 성인용 콘텐츠, 충격적인 콘텐츠
• 유해하거나 위험한 행위, 증오성 또는 경멸적인 콘텐츠
• 약물 및 마약 관련, 총기 관련, 논란의 소지가 있는 콘텐츠
• 민감한 사건, 부정행위, 도발 및 비하, 담배 관련 콘텐츠

예를 들어 '유아인 마약' 관련 콘텐츠를 올린다고 해보겠습니다. 단순히 생각해서 많은 사람이 관심 있으니까 해당 콘텐츠를 열심히 만들어서 배포했지만, 유튜브는 노출을 안 해줄뿐더러 광고주 친화적이지 않아서 노란 딱지를 붙여버립니다. 그러면 영상을 만드는 노력과 시간이 모두 물거품이 되는 것입니다.

만약 여러분이 '유아인의 인생사'에 대해서 영상을 만들어 올렸다면 유튜브는 해당 영상을 노출시켜주지 않습니다. 유튜브 알고리즘이 유아인과 연관된 모든 영상의 노출도를 현저히 낮춰놓았기 때문입니다. 그러므로 당신이 열심히 시간과 노력을 들여 올린 영상은 그저 나락으로 떨어지게 됩니다.

또 사회적으로 민감한 콘텐츠는 절대 만들지도 말고, 언급도 피하기 바랍니다. 사회적으로 민감한 콘텐츠란, 예를 들어 '코로나 바이러스', '우크라이나 전쟁', '○○역 살인사건', '○○사건의 가해자 근황' 등을 말하며, 이런 주제들은 사회적으로 민감한 콘텐츠로 분류되어 노출도가 현저히 하락하게 됩니다. 사회적으로 민감한 콘텐츠는 광고주가 선호하지 않은 콘텐츠로 분류됩니다. 따라서 민감한 콘텐츠를 올리면 애드센스 수익의 저하를 초래합니다.

꼭 기억하세요. 아무리 큰 이슈라 해도 사회적으로 민감한 콘텐츠로 분류된다고 판단되면 절대로 다루지 말아야 합니다.

05

폭발적으로 성장하는
쇼츠 운영의 기술

무조건! 영상을 끝까지 몰입하게 만드는 편집법

무수히 많은 영상 속에서 시청자들이 여러분의 영상을 보아야만 하는 이유는 무엇인가요? 만약 이 질문에 금방 답할 수 있다면 경쟁력 있는 채널입니다.

최근 유튜브 영상의 트렌드는 '빠른 흐름'과 '핵심 요약'입니다. 특히 한국인들은 핵심만 간단히 빨리 보여주는 것을 '매우' 좋아합니다. '워크맨'이나 '와썹맨'이 짧은 시간에 빠르게 성공한 이유는 흐름이 빠르고, 간단하고, 핵심만 전달해줬기 때문입니다.

퀄리티가 높으면서, 흐름이 빠른 영상일수록 떡상할 가능성은 높습니다. 흐름이 빠르면서, 핵심은 놓치지 않는 영상이 핵심입니다. 영상의 퀄리티가 높을수록, 영상의 스피드가 빠를수록, 영상에 차별화된 포인트가 있을수록 시청 지속시간은 높게 나타납니다. 영상 속에서 빠른 흐름과 요약의 센스를 발휘한다면 시청자로 하여금 영상을 끝까지 몰입하게 만들 수 있습니다. 구체적으로 다음과 같은 몇 가지 방법을 사용하면 영상의 몰입도를 높이는 데 도움이 됩니다.

첫째, 시청자가 좋아할 만한 주제를 선정해야 합니다. 시청자들은 관심 없는 주제라면 아예 클릭조차 하지 않을 것입니다. 따라서 주제 선정 단계에서 이것이 과연 많은 사람이 좋아할까를 치열하게 고민하기 바랍니다.

둘째, 시나리오를 작성할 때 말과 말 사이 간격에 빈틈이 없도록 구성합니다. 메시지 전달에 '그러니까', '그래서', '그랬더니' 등 불필요한 군더더기를 제외하세요.

셋째, 사진과 자막의 전환 간격을 빠르게 합니다. 사진과 사진 간의 전환 간격을 3초 이내로 빠르게 하고, GIF 등의 움직이는 짤을 중간중간에 끼워 넣으세요('움짤'은 주목도를 높여줍니다). 사진 전환 시에는 상하좌우에서 나오게 하거나, 사진에 회전을 주는 등 다양한 시각효과를 주세요.
자막에는 '꿀렁꿀렁' 움직이거나, '슉슉' 빠르게 등장하는 등 다양한 시각효과를 주고, 자막 전환의 간격을 빠르게 합니다.
자막, 사진이 전환할 때 효과음(슉~, 쾅!, 두둥)을 넣어주세요

넷째, 전체 동영상 분위기에 맞는 긴장감 넘치는(또는 템포 빠른) BGM을 깔아주세요
위와 같은 방법으로 몰입감 있게 만든 동영상은 시청 지속시간을 늘

리는 데 상당한 효과가 있습니다. 저의 경우 위의 방법으로 영상편집을 한 뒤, 기존 대비 약 30 % 이상 시청 지속시간이 늘어난 효과를 보았습니다.

익명 채널 vs 브랜드 채널 어떤 게 좋을까?

운영자를 노출시키지 않는 익명 채널로 할 것인지, 노출시키는 브랜드 채널로 할 것인지에 따라 다음과 같이 여러 장단점이 있을 수 있습니다.

〈익명 채널의 장점〉

① 아웃소싱이 가능하다.

② 위의 이유로, 높은 독립성이 보장된다.

③ 채널의 통 판매가 자유롭다.

④ TTS(Text to Speech) 사용으로, 시나리오 작성이 자유롭다.

〈익명 채널의 단점〉

① 인플루언서로 성장하기 어렵다.

② 자신만의 개인 브랜드화 및 네임드(named)가 어렵다.

〈브랜드(운영자를 노출시키는) 채널의 장점〉

① 상품의 판매나 마케팅에 용이하다.

② 구독자와 두터운 신뢰형성이 가능하다.

③ 개인사업 확장에 도움이 된다.

〈브랜드 채널의 단점〉

① 운영자 중심으로, 향후 채널 매매가 어렵다.

② 얼굴이 노출되면 프라이버시 문제가 있다.

③ TTS의 활용이 어려워 시간적인 소모가 크다.

익명 채널로 할 것인지, 브랜드 채널로 할 것인지는 자신의 상황과 목적에 따라 결정하면 됩니다. 다만 저의 경우 확장성과 자율성, 프라이버시 등을 고려했을 때 익명 채널이 낫다고 생각합니다. 그리고 평범한 투잡 유튜버들에게는 시간을 아낄 수 있고 비교적 자유도가 높은 익명 채널 운영을 추천합니다.

참고로 저는 얼굴을 드러내지 않는 익명 채널을 운영하고 있습니다. 개성 있고 다양한 캐릭터의 선택이 가능하고, TTS(Text to Speech, 텍스트를 음성으로 변환) 프로그램 사용으로 영상 제작의 자유도가 높아 실제 음성녹음하는 것보다 편집속도가 빠릅니다.

영상을 업로드하기 좋은 시간대와 간격은 언제일까?

제 경험상 (구독자 1만 이하의 초보자의 경우) 영상 조회수가 비교적 잘 터지는 업로드 시간은 오전 6~7시 사이와 저녁 5시 30분~8시 사이입니다. 이 시간대의 공통점은 하루를 시작하는 시간 또는 막 퇴근을 하는 시간입니다.

일반적으로 많은 온라인 마케터에게는 저녁 10시부터 12시 사이가 가장 좋다고 알려져 있지만, 그만큼 해당 시간대에 많은 콘텐츠가 업로드되기 때문에 경쟁률 또한 높다고 판단됩니다. 따라서 대부분 초보자 수준인 여러분께 추천하는 업로드 시간대는 새벽 시간과 이른 퇴근 시간 정도입니다.

또 '쇼츠 영상의 업로드 간격은 어느 정도가 적당할까?'라는 질문에 '몇 시간 간격이 좋다'라고 정확히 답변하기가 어렵습니다. 유튜브 알고리즘은 모든 규칙과 기준을 비밀로 하기 때문입니다. 다만 제 경험상 영상을 업로드하는 간격이 너무 짧은 경우 알고리즘이 피드 추천을 제한하는 것으로 보입니다. 이에 제가 추천하는 쇼츠 영상 업로드 간격은 최소 12~24시간이며, 일주일에 최소 2회에서 최대 4회 정도가 적당한 것으로 보입니다. 제 경험을 미루어 짐작해보면, 주 2회 미만으로 쇼츠 영상을 올리면 채널지수가 하락하고, 주당 4~5회를 초과하는 경우 피드 추천이 잘 되지 않는 것으로 보입니다.

쇼츠 영상으로 애드센스 수익조건 채우기

유튜브로 수익을 창출하기 위한 2가지 기준은 다음과 같습니다

① 지난 12개월간 공개 (가로형) 동영상의 유효 시청시간이 4,000시간 이상이고, 구독자가 1,000명 이상인 경우

또는

② 지난 90일간 공개 '쇼츠' 동영상의 유효 조회수가 1,000만 회 이상이고, 구독자가 1,000명 이상인 경우

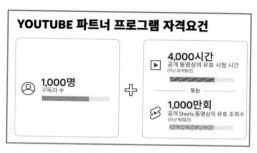

*출처 : Youtube 고객센터

둘 중 하나의 기준만 충족하면 되며, 구독자 요건은 '1,000명'으로 동일합니다.

제 경험상 둘 다 만만치 않은 조건입니다만, 수익달성 조건은 쇼츠가 성공확률이 높습니다. 쇼츠 동영상의 수익달성 조건인 3개월 내 1,000만 조회수를 채우려면 100만 조회수 이상의 콘텐츠가 적어도 5개 이상은 나와줘야 합니다. 그 정도의 영상은 창출해야 수익조건을 달성할 수 있다는 말입니다. 유튜브에서도 3개월 내 100만 조회수 이상의 콘텐츠를 적어도 5개 이상 만들 수 있는 능력을 가진 크리에이터라면 충분히 수익을 공유할 의향이 있음을 표명했습니다.

결론적으로 현재 자신의 쇼츠 콘텐츠 조회수가 대부분 1만 이하의 조회수에 머무르고 있다면 수익조건을 달성하기에 다소 시간이 오래 걸릴 수 있다는 것을 인지해야 합니다. 만약 100만 조회수를 넘기는 쇼츠 영상을 만든 경험이 없다면, 이 비법서에 나오는 내용들을 곱씹어 보면서 자신의 채널의 주제나 영상의 포맷, 진행방식, 기획 등을 전반적으로 개선해야만 합니다.

06

유튜브 쇼츠 이렇게 하면 망한다

채널 폭망을 불러오는 2가지 행동

1 낮은 퀄리티 영상을 매일 업로드하는 행위

낮은 퀄리티 영상을 꾸준히, 자주 업로드하는 것은 채널에 독이 되는 행위로, 반드시 피해야 합니다. 왜일까요? 영상에 '몰입감이 없기' 때문입니다. 성공하는 유튜브 영상의 공통점은 '몰입감'입니다. 몰입감을 주는 영상은 최적의 주제 선정과 속도감 있는 영상 효과가 필요합니다.

시청자의 눈을 계속 붙잡아 놓는 영상미를 만들려면 절대적으로 시간이 필요합니다. 초보자들은 하루 하나씩 열심히 영상을 올리면서 누군가 내 영상을 봐주겠지, 언젠간 성공하겠지 라고 생각하지만, 이는 큰 착각입니다. 퀄리티 낮은 영상으로 열심히 업로드하면 할수록 채널의 지수는 떨어집니다. 올리는 콘텐츠마다 조회수와 시청 지속률은 점점 떨어지고, 채널 폭망의 길로 접어들게 됩니다.

이런 식으로 채널 운영을 하면 나중에는 아무리 영상을 올려도 유튜브 알고리즘이 결코 추천해주지 않는 상황이 옵니다. 채널 지수가 나락으로 떨어진 것이죠. '최대한 영상 자주 올려라!', '1일 1영상 올려라!'라고 주장하는 강사들은 무조건 거르기 바랍니다. 낮은 퀄리티로 1일 1업로드하면 100% 필패합니다.

높은 퀄리티와 몰입감 있는 영상으로 1주일에 한 개만 업로드하겠다고 생각하세요. 그러면 어떻게 영상을 만들어야 하는지, 어떻게 해야 '시청 지속시간'이 극대화되는지 감이 올 것이고, 1주일에 2~3개 이상의 영상도 만들 수 있는 실력으로 발돋움할 것입니다.

2 품앗이

채널 운영 초반에 영상 조회수가 잘 나오지 않아 사람들에게 공유 링크를 뿌리는 초보자들이 있습니다. 그들은 예의상 영상에 구독과 좋아요를 눌러줄 수는 있으나, 해당 영상이 그들의 관심사를 저격하는 것은 아닙니다.

품앗이를 할수록 겉보기에는 좋아요와 댓글이 달리는 것 같지만 시청 지속시간은 떨어지고, 유튜브 알고리즘은 해당 채널의 피드 노출도를 낮춰버립니다. 그러므로 품앗이는 하지 마세요.

잘못하면 채널 삭제되는 4가지 이유

첫째, 저작권 문제입니다. 절대로 다른 창작물을 그대로 옮겨 놓으면 안 됩니다. 타인의 영상을 그대로 옮긴 영상의 경우 저작권 이슈가 생기며 광고수익 제한의 낙인이 찍힙니다.

유튜브는 영상을 올릴 때 한 번의 저작권 검토과정을 거치지만, 검토과정을 마친 영상이라도 추후 저작권자의 신고에 의해 문제가 발생할 수 있습니다. 만약 저작권 문제가 3차례 이상 누적 발생한다면 해당 영상은 게시 불가 조치가 되고, 저작권 위반 사례가 계속 누적된다면 채널 삭제 등 큰 문제가 생길 수 있습니다.

둘째, 신고가 누적되는 문제입니다. 자신이 올리는 영상이 사실에 입각한 것인지 스스로 판단해야 합니다. 제3자에게 발생한 일을, 사실이 아닌 것을 사실인 양 영상으로 만들면 해당 영상으로 인해 심하면 손해배상이나 명예훼손 소송으로 불거질 수 있습니다.

만에 하나 사실로 밝혀진 내용이라도 상대방이 명예훼손을 제기한다면 추가적인 문제가 생길 가능성도 완전히 배제할 수는 없습니다. 게다가 사실을 호도하거나 사회통념에 반하는 내용을 게시하면 많은 유저들이 영상에 '신고'를 누르게 되고, 신고가 누적되면 영상 노출도의 하락뿐 아니라 채널 자체의 신뢰도가 낮아지는 문제가 생깁니다.

셋째, 19금 영상입니다. 어쩌면 사람들의 이목을 끌기에 성적인 콘텐츠만큼 자극적인 것은 없을 것입니다. 그러나 유튜브에서 민감하게 생각하는 것 중 하나가 성인물 혹은 성적인 영상입니다.

유튜브 알고리즘은 19금 성인 영상들의 태그와 텍스트, 영상, 댓글을 수집, 분석하고 있습니다. 이에 선정적이거나 성적인 내용에 연관되었다고 판단되는 영상과 연관돼 있다고 판단되면 피드 노출범위를 축소시켜버립니다. 19금 성인 영상을 올려도 결국 조회수는 높게 나올수가 없으며 오히려 채널이 망하는 지름길이 되니 반드시 주의해야겠습니다.

넷째, 아동학대입니다. 유튜브는 한동안 아동학대 이슈로 몸살을 겪었습니다. 그래서 어린아이가 등장하는 영상이 아동학대로 느껴지거나, 누군가 문제 제기할 만한 여지가 있다면 채널 삭제가 될 수 있습니다. 아이들과 함께 영상을 찍었을 때 과도한 행동이나 상식을 벗어난 행동이 포함되어 있다면 아동학대 신고로 채널이 날아갈 수 있으니 반드시 주의해야 합니다

유튜브 공정 사용 가이드에 대하여

유튜브 공정 사용 가이드란 저작권 소유자의 허가를 통해 저작권 보호 자료를 사용하도록 한 유튜브 지침입니다. 공정 사용 가이드를 어기면 채널이 삭제되거나 저작권 침해, 또는 클레임에 걸릴 수 있습니다. 또 저작권 문제가 생기면 그동안 쌓아놓은 수익을 모두 클레임 상대자에게 지급하는 일이 발생할 수도 있습니다.

공정 사용 가이드 이슈에서 벗어나려면 클립 소스를 이용할 때 반드시 원작자 표시와 함께 클립 소스를 제공한 자에게 감사 표시를 해야 합니다. 원작자 표시와 감사 표시를 하는 경우 유튜브는 '인용'으로 봅니다. 감사 표시를 해야 하는 이유는 저작권자가 클레임을 걸지 않는

한 문제가 되지 않기 때문입니다. 만에 하나 저작권자의 영상이나 음악을 썼더라도 해당 문구를 보고 저작권자가 클레임을 걸지 않는다면 무사히 넘어갈 수도 있습니다.

공정 사용 가이드에서 저작권에 걸리지 않으려면 원본 영상 클립을 쓰면서 자신만의 내레이션을 담는 것이 좋습니다. 그래야 원본에 대한 자신의 해석이 들어간 제2 창작물로 보기 때문입니다.

07

유튜브 쇼츠 운영에 도움되는 꿀팁

구독자를 늘리는 닉네임의 중요성

유튜브는 숏폼 강자 '틱톡'을 누르기 위해 '쇼츠'를 만들었습니다. 유튜브가 쇼츠를 지원하기 위해 만든 것은 닉네임 옆 '구독 버튼'입니다.

쇼츠가 구독자를 빠르게 모을 수 있는 이유는 닉네임 우측에 있는 직관적인 구독 버튼 덕분입니다. 직관적인 구독 버튼은 쇼츠 크리에이터를 양성하기 위한 당근입니다. 시청자는 영상이 마음에 들면 직관적으로 닉네임 우측의 구독 버튼을 누르게 됩니다.

현재 유튜브에서 구독자를 모으기 가장 좋은 것이 바로 쇼츠입니다. 여기서 중요한 것이 닉네임입니다. 유튜브 채널 개설 시 최초 닉네임은 '@user-efasd****' 식으로 랜덤 설정됩니다. 따라서 쇼츠 크리에이터는 자신의 채널 주제에 맞게 닉네임을 '직관적으로' 수정하는 것이 좋습니다.

자신의 닉네임을 채널 주제에 맞게 변경해주면 구독자를 모으기에 유리합니다. 예를 들어 저는 이슈를 다루는 채널이기에 @1boon_issue라고 닉네임을 정했습니다. 닉네임만 보더라도 어떤 채널인지 알 수 있으므로 구독을 부르는 좋은 닉네임이라고 볼 수 있습니다.

상대적으로 수익이 큰 영상 주제들

유튜브는 광고수익을 기반으로 합니다. 이에 다음과 같은 영상들을 게시한다면 해당 광고가 연관되어 상대적으로 애드센스 광고수익이 극대화될 수 있습니다.

금융/재테크/투자

금융사, 보험사 및 대출 관련 기업들은 고객 유치를 위해 매년 상당한 비용을 광고에 투입하고 있습니다. 돈 버는 방법, 경제지식, 금융지

식, 재테크 방법 등을 주제로 콘텐츠를 만든다면 상대적으로 높은 광고수익을 얻을 수 있습니다

신기술/IT/빅테크

마이크로소프트, 아마존, 구글, 애플, 넷플릭스와 같이 온라인을 기반으로 하는 빅테크 기업들은 막대한 자금력을 광고에 쏟아붓고 있습니다. 따라서 최첨단 기술이나 미래 유망 기술 같은 주제로 콘텐츠를 만든다면 광고수익을 극대화할 수 있습니다.

뷰티/레저/건강

제약사, 여행사, 화장품 회사 중에는 광고비를 막대하게 투입하는 글로벌 기업들이 상당수 있습니다. 따라서 이 콘셉트를 토대로 영상을 만들면 다른 주제에 비해 상대적으로 광고수익을 많이 얻을 수 있습니다.

다만 광고수익이 높다는 이유로 특정 주제의 영상만을 업로드한다면 원하는 조회수를 얻기가 어려워질 수 있다는 데 주의해야 합니다. 유튜브는 조회수와 시청시간이 중요하므로 주제를 선정한 뒤에는 어떻게 해야 구독자들의 눈을 사로잡을 수 있을까를 고민하는 것이 보다 더 중요합니다

저는 지금도 영상을 만들 때 어떻게 하면 시청자들을 궁금하게 만들수 있을까 고민합니다. 영상 시작과 동시에 궁금증을 유발하고, 영상을 계속 볼 수 있도록 각종 시청각 장치들을 배치합니다. 그러한 방법으로 '시청 지속시간'은 평균 90% 정도가 나오고, 불과 2주 전에도 700

만 조회수가 나오는 영상이 터졌습니다.

제가 알려주는 이 노하우가 여러분에게 어느 정도로 다가왔을지는 모르겠지만, 제가 알려주는 것을 깨닫는 순간이 온다면 여러분도 분명 무릎을 탁! 치는 때가 올 것입니다.

유튜브 영상 제목은 어떻게 지어야 할까?

유튜브 영상 제목은 영상을 끝까지 보게 만드는 유인작용을 합니다. 때문에 제목은 반드시 마케팅적으로 작성되어야 합니다. 마케팅적으로 작성된다는 말은, 그것을 보는 사람으로 하여금 계속 보고 싶도록 욕구를 일으킨다는 말입니다.

즉, 유튜브 영상에서 좋은 제목이란, 보는 사람으로 하여금 계속 몰입하게 만드는 문구입니다. 제목을 보자마자 궁금증을 유발하거나, 많은 사람이 평소 궁금해할 만한 사건이나 인물, 현상에 관한 문구도 좋은 제목이 됩니다.

결론적으로, 유튜브 영상 제목을 잘 짓기 위해서는 마케팅적인 문구 작성능력이 요구됩니다. 평소 마케팅적인 글쓰기에 단련된 사람이라면 능숙하게 잘 쓸 수 있습니다. 만약 초보자라면, 제가 마케팅적인 제목 쓰기로 많은 인사이트를 얻은 책《무조건 팔리는 카피 단어장》(간다 마사노리·기누타 준이치 저, 동양북스)을 추천합니다. 여기서는《무조건 팔리는 카피 단어장》에 나오는 아이디어와 여러 유튜브에서 효과가 입증되었던 제목들을 몇 가지 소개하겠습니다.

일반인들은 모르는 ○○의 비밀

모르면 손해 보는 ○○ 상식

사람들이 절대 모르는 ○○ 하는 방법

남들 ○○할 때 ○○만 ○○했던 이유

○○○ 때문에 지금 손해 보는 이유

○○○에 불구하고 아직까지 ○○ 하는 진짜 이유

○○○ 최근 충격적으로 ○○된(한) 근황

○○에서 알려주지(해주지) 않는 상식

○○에서 배울 수 없는 ○○○ 전략

기존 ○○의 상식을 뒤엎는 궁극의 ○○○

○○를 ○○하게 만드는 숨은 비법

지금 ○○에서 난리난 ○○○ 하는 방법

사람들이 잘 모르는 ○○○ 하는 법

실제로 존재한다는 ○○의 ○○○

○○할 때 나왔던 ○○○의 실제 반응

○○ 나올 때 나온 ○○○ 리얼 반응

○○ 때문에 고민 중인 사람은 보세요

○ 년 내에 ○○하고 싶은 사람은 보세요

요즘 ○○ 이거 ○○○ 하는 게 대세

요즘 대세 이거 ○○○ 모르면 간첩

요즘 ○○ 사람들이 한다는 ○○○

세계에서 가장 충격적인 ○○○

세상에서 가장 ○○한 ○○○

현재 난리났다는 ○○○의 소름끼치는 ○○

남자라면 무조건 ○○○하는 ○○

여자라면 꼭 봐야 하는 ○○○○

살면서 꼭 한번 봐야 하는 ○○○○

역사상 가장(최고의) ○○○○

위의 제목 예시들은 유튜브 초보자들을 위한 것입니다. 유튜브를 시작한 초반에는 이러한 예시를 참조로 제목과 썸네일 등을 정하되, 어느 정도 경험이 쌓이면 자신만의 창의적인 제목을 스스로 설정해볼 것을 추천합니다.

또한 제목을 정할 때 3부 4장 '구독자를 끌어당기는 5가지 절대법칙'을 참조하세요. 보는 사람들로 하여금 최대한 궁금하게(절대법칙 2 : '사람들이 모르는', '절대 알려주지 않는' 등), 전에 없었던 새로운 관심 주제(절대법칙 3 : '바다포도', '지구젤리' 등), 오감반응(절대법칙 4 : '소름끼치는', '충격적인', '지금 난리난 ○○반응', '사람들 실제 반응' 등)을 제목에 전략적으로 포함시키는 것이 좋습니다.

피드 추천 확률을 높이는 2가지 주요 전략

유튜브 쇼츠의 성공 가능성은 90% 이상이 알고리즘의 피드 추천에 달려 있습니다. 유튜브 쇼츠로 성공하려면 반드시 알고리즘에 의한 추천을 받아야 합니다. 그렇다면 어떻게 해야 피드 추천 확률을 최대한 높일 수 있을까요?

피즈 추천을 높이기 위한 전략과 아이디어는 기존의 떡상 영상으로부터 가져옵니다. 즉, 최근 떡상한 영상들을 분석하고 그것을 토대로 영상을 만드는 것입니다. 여기서 중요한 개념이 '최신성'과 '유사성'입니다. 앞서 조회수와 반응이 폭발적으로 나왔던 영상이 있다면 그것을 모방하고 변형함으로써 최신성과 유사성을 확보하는 전략입니다.

유튜브 알고리즘이 영상 피드 추천을 해주는 알고리즘은 크게 '좋아요, 알람설정, 공유수, 댓글수, 최신성, 유사성'으로 나뉩니다. 이 중에서 초심자들이 공략할 수 있는 것이 최신성과 유사성입니다. 좋아요와 알람설정, 공유수, 댓글수에서는 대형 유튜브 채널을 이길 수 없기 때문에 가능한 한 최신성과 유사성을 공략하는 전략으로 가야 합니다.

특히 나와 비슷한 규모의 유사 경쟁 채널에서 떡상하는 영상이 나온 경우 주시해야 합니다. 경쟁 채널이 만든 콘텐츠를 분석하여 어떤 주제로 만들었는지, 조회수는 얼마나 나왔는지, 영상의 편집기법이나 전체적인 구도는 어떠한지 파악합니다. 그리고 해당 영상과 '유사하지만' 좀 더 차별화된 '최신 콘텐츠'를 업로드하세요. 그러면 유튜브 알고리즘으로부터 피드 추천을 받을 확률이 2배 이상 높아질 것입니다.

아무리 해도 피드 추천이 안 될 때는 이렇게 하자

초기에는 유튜브 알고리즘이 추천해주지 않는 경우가 많습니다. 이때는 활동성이 높은 다양한 커뮤니티에 자신의 영상을 간접적으로 알리는 것도 도움이 됩니다. 다만 커뮤니티에 자신의 영상을 올릴 때는 해당 커뮤니티의 성격에 위배되지 않도록 하는 것이 좋습니다.

영상을 커뮤니티에 올릴 때는 링크만 올리지 마시고, 자신이 만든 영상 주제에 대한 상세한 설명과 스크린샷 등을 첨부해주세요. 여러 커뮤니티에 단순히 영상 링크만 올리는 사람은 유튜브 영상 조회수 올리려는 사람으로밖에 안 보입니다. 그러므로 상세한 설명과 스크린샷을 추가하여 보는 사람으로 하여금 그것을 왜 봐야 하는지 당위성과 신뢰성을 부여해주도록 합니다.

주의할 것은, 커뮤니티에 단순 홍보성 글을 올리는 것으로 보이면 강퇴될 가능성이 있습니다. 커뮤니티의 종류와 자신의 채널 타기팅에 따라 1~2개 커뮤니티에 집중하여 영상을 게시하세요. 커뮤니티를 활용하기 위해서는 해당 커뮤니티에서 열심히 활동하는 멤버로서 진정성 있는 활동이 요구됩니다.

〈국내 대형 커뮤니티 종류와 특징〉

- 레몬테라스 : 30대 이상의 여성이 많은 편. 재테크나 경제경영 관련 정보도 호응이 높은 편
- 월급쟁이부자들 : 20~40대 직장인으로 구성. 재테크나 경제경영 관련 정보도 호응이 높은 편
- MLB 파크 : 가입 후 30일간 글 작성이 불가하므로 미리 가입 추천
- 에펨코리아 : 분야별로 게시판이 구분되어 있으므로 자신의 채널 콘셉트와 맞는 게시판 선택
- DC인사이드 : 게시판이 상세하게 세분화. 게시글에 대한 집중도는 다소 떨어지나 매니아층 결집도 높음
- 디젤매니아 : 남성층이 많은 편. 유머 관련 게시글의 호응도가 높음

- 오늘의유머 : 게시판이 상세하게 세분화. 게시글에 대한 집중도 떨어지나 매니아층 결집도 높음
- NBA매니아 : 이용자가 많고 게시글에 대한 집중도 높음. 유머 게시글의 반응이 높음
- 루리웹 : 가십성의 유머 게시글에 대한 반응이 높은 편
- 더쿠 : 20대 유저가 많으며, 연예인 관련 게시글의 집중도가 높은 편
- 가생이닷컴 : 해외 유저에 대한 반응을 주로 올림. 자신이 올리는 것보다 해외 반응을 보는 편

레딧(Reddit)에서 유튜브 콘텐츠 아이디어 얻는 방법

1 레딧은 글로벌 커뮤니티입니다

레딧(Reddit)은 미국을 중심으로 전 세계 수많은 사용자가 자유롭게 의견을 나누는 대표적인 글로벌 커뮤니티입니다. 2005년에 설립된 이 플랫폼은 시간 순서나 알고리즘에 따라 콘텐츠를 소비하는 기존 SNS와는 달리, 유저 주도형 게시판 중심의 구조로 되어 있습니다. 각 게시판은 '서브레딧(Subreddit)'이라 불리며, 주제별로 분화되어 있습니다. 정치, 과학, 경제, 기술, 게임, 영화, 연애, 심리학, 자기계발 등 상상할 수 있는 거의 모든 주제에 대해 활발한 대화가 이루어지고 있습니다.

레딧은 단순한 토론공간을 넘어, 실제 사용자들의 경험담, 심경 고백, 질문, 창의적인 아이디어, 밈(meme) 등 다양한 형식의 콘텐츠가 쏟아지는 곳입니다. 이 때문에 유튜브 콘텐츠를 기획할 때 매우 유용한

아이디어의 보고로 활용될 수 있습니다. 특히 유튜브의 주요 시청자층인 10~40대가 선호하는 '실제 경험 기반의 이야기'나 '사회적 논의가 활발한 이슈'를 찾기에 적합합니다.

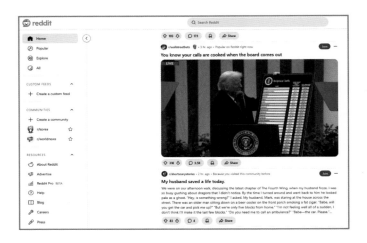

2 서브레딧 통해 관심 있는 주제 찾기

레딧의 가장 큰 특징 중 하나는 사용자가 자신의 관심사에 맞게 서브레딧을 자유롭게 구독하고 탐색할 수 있다는 점입니다.

예를 들어 인공지능이나 최신 기술 동향에 관심이 있다면 'r/ArtificialIntelligence' 또는 'r/MachineLearning'을 구독할 수 있습니다. 부업이나 경제적 자유를 주제로 콘텐츠를 만들고 싶다면 'r/sidehustle', 'r/Entrepreneur'와 같은 서브레딧이 도움이 됩니다. 자기계발, 생산성, 심리학 등 일상과 내면의 성장을 다루는 주제라면 'r/selfimprovement'나 'r/DecidingToBeBetter'와 같은 커뮤니티가 유용합니다.

이처럼 레딧은 특정 관심사를 중심으로 모인 사용자들이 자발적으로 정보를 공유하고 피드백을 주고받는 구조이기 때문에, 유튜브 콘텐츠로 발전시킬 수 있는 다양한 원천 자료를 쉽게 얻을 수 있습니다. 서브레딧은 레딧 메인 페이지(https://www.reddit.com)에서 키워드를 검색하거나, 구글 검색 창에 'site:reddit.com + 관심 키워드'를 입력하는 방식으로도 쉽게 찾을 수 있습니다.

3 정렬 기능으로 인기 게시물 찾기

레딧에서는 게시물을 단순히 시간순으로만 보는 것이 아니라, 사용자 반응과 관심도에 따라 다양한 정렬방식으로 탐색할 수 있습니다. 대표적인 정렬방식으로는 'Best, Hot, Top, New' 등이 있습니다.

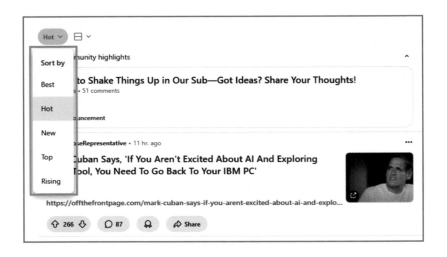

'Hot' 정렬은 현재 가장 활발하게 반응이 일어나고 있는 게시물을 보여줍니다. 실시간으로 이슈가 되고 있는 콘텐츠를 빠르게 파악할 수 있습니다. 'Top' 정렬은 시간 단위로 가장 많은 추천(업보트)을 받은 게시물을 확인할 수 있게 해줍니다. 예를 들어 'Top 〉This Month'를 선택하면 최근 한 달 동안 가장 인기있었던 콘텐츠를 볼 수 있으며, 'Top 〉This Year'로 정렬하면 한 해를 대표하는 게시물도 확인할 수 있습니다. 'New' 정렬은 가장 최근에 올라온 글을 시간순으로 나열해줍니다.

이러한 기능들을 활용하면 어떤 주제에 사람들이 관심을 갖고 감정적으로 반응했는지를 직관적으로 파악할 수 있습니다. 유튜브 콘텐츠는 '사람들의 공감'을 끌어내는 것이 핵심이기 때문에 이러한 정렬기능은 매우 유용한 도구가 됩니다.

4 유튜브 콘텐츠로 재구성하기

레딧에서 수집한 정보를 단순히 그대로 전달하는 것이 아니라, 이를 유튜브 플랫폼에 적합한 형태로 재구성하는 과정이 필요합니다. 예를 들어 'r/AskReddit'이라는 서브레딧에는 '사람들이 인생에서 가장 후회하는 일은 무엇인가요?' 식의 질문이 자주 올라옵니다.

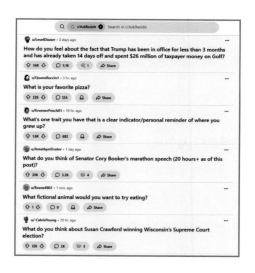

이러한 게시물에는 수백 개에서 수천 개에 이르는 댓글이 달리는데, 이 중 흥미롭고 감정적인 요소가 포함된 사례들을 선별하고 요약하여 하나의 영상 스크립트로 제작할 수 있습니다. AI를 활용하면 해당 영상 스크립트를 빠르게 완성할 수 있습니다. 댓글 내용을 내레이션 형식으로 전달하거나, 스토리텔링 기법을 활용해 감정적 몰입을 유도할 수 있습니다. 또는 '인터뷰 콘셉트', '밈 영상', '내레이션 기반 애니메이션' 등 다양한 영상 포맷으로 확장할 수도 있습니다.

레딧 활용의 핵심은 글로벌 콘텐츠를 토대로 시청자에게 흥미롭고 공감 가는 이야기를 제공하는 것입니다. 꼭 잊지 마세요.

유튜브 영상제작에 도움되는 사이트들

〈유효 키워드 검색 사이트〉

① 키워드마스터 : https://whereispost.com/keyword

② 블랙키위 : https://blackkiwi.net

〈BGM 무료 다운로드 사이트〉

유튜브 오디오 보관함 : 유튜브 홈페이지에 로그인 후 우측 상단 프로필에서 '유튜브 스튜디오(https://studio.youtube.com)'를 클릭하여 '오디오 보관함'으로 이동하면 다양한 음원을 무료로 이용할 수 있습니다.

〈유튜브 영상에 사용된 BGM 검색하기〉

크롬 확장 프로그램 : 크롬 웹스토어에서 'AHA Music' 검색→설치

〈그림을 활용하는 사이트〉

① AI 미드저니(유료) : https://www.midjourney.com

② 픽사베이(유/무료) : https://pixabay.com/ko

〈그림 배경을 따주는 누끼따기 사이트〉

removebg : https://www.remove.bg/ko

〈원고작성에 ChatGPT 활용〉

ChatGPT 사이트 : https://chat.openai.com

〈유튜브 채널 분석 사이트〉

① 블링 : https://vling.net/ko

② 유튜브 랭킹 : https://youtube-rank.com

〈타 유튜브 영상 다운로드하는 사이트〉

y2meta : https://www.y2meta.tube

〈채널아트, 프로필 편집할 때 그림 편집 무료 사이트〉

① 미리캔버스 : https://www.miricanvas.com

② 망고보드 : https://www.mangoboard.net (일부 유료)

피드 추천으로 떡상하는 콘텐츠 빠르게 찾는 법

뷰트랩(https://viewtrap.com)을 소개합니다. 뷰트랩은 피드 추천 가능성이 가장 높은 콘텐츠를 찾는 트렌드 서치 사이트입니다.

제 경험상 뷰트랩은 국내 및 해외를 통틀어 가장 유용한 유튜브 트랜드 검색 사이트로 파악됩니다. 뷰트랩은 신사임당으로 알려진 주언규 씨가 만든 유튜브 트렌드 검색 사이트로, 사용자에게 상당히 직관적으로 만들어져 있습니다.

제가 사용해본 유튜브 트렌드 사이트 중에서는 가장 유용한 것으로 보이며, 초보자뿐 아니라 중상급자들에게도 상당히 도움이 많이 되는 것으로 판단됩니다. 다만 뷰트랩은 유료이용(10건 조회 기준, 월 이용료 19,800원~)이기 때문에 만약 비용적으로 부담된다면 참고만 하면 되겠습니다. 여기서는 뷰트랩 사용법에 대해 간단히 소개하도록 하겠습니다.

뷰트랩 홈페이지에 들어가면 유튜브에서 주목받고 있는 다양한 콘텐츠들을 각종 순위별로 볼 수 있습니다. 뷰트랩에서는 피드 추천 가능성을 '노출확률'로 표현합니다. 유튜브의 피드 추천으로 노출확률이 높은 것은 'Great'로, 피드 추천이 잘 되지 않을 것으로 예상되는 콘텐츠는 'Bad'로 나누어 보여줍니다.

좌측 상단에 자신이 알아보고자 하는 콘텐츠 키워드를 기재하고 검색하면, 관련 콘텐츠 트렌드가 검색됩니다.

상단의 목차에서 '노출확률'을 클릭하면, 해당 콘텐츠와 유사한 콘텐츠를 만들었을 때 노출될 확률을 보여줍니다. 여기서 'Great'라고 나타난 것들이 우리가 공략하기에 좋은 콘텐츠입니다. 이때 상단 목차 중 '구독자'를 클릭해보세요. 구독자순으로 콘텐츠가 나열된 것을 볼 수 있습니다. 그러면 구독자 1만 명대 콘텐츠 중에서 노출확률이 높은 'Great'를 확인할 수 있습니다. 이러한 콘텐츠는 초보자들에게도 유용한 콘텐츠 주제가 됩니다.

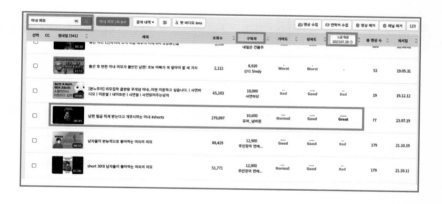

여기서 검색창 우측에 있는 콘텐츠 목록 필터 설정 아이콘을 클릭합니다.

필터 설정 아이콘에서 좌측 하단의 '노출확률'란에 'Good'과 'Great'에 체크하고, 우측의 '구독자 범위'에서 최대 '30,000명'을 기재한 뒤, '필터 결과 확인'을 클릭해줍니다.

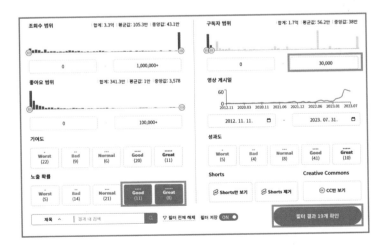

이처럼 구독자수가 많지 않으면서, 많은 조회수를 기록한 영상들을 정리해줍니다. 이렇게 정리된 영상 제작자들은 초보자이지만, 콘텐츠 아이디어나 주제 선정에서 탁월한 결과를 가져온 것들입니다. 따라서 이러한 영상 콘텐츠 아이디어와 주제를 참고로 나만의 창의적인 영상을 만든다면 유튜브의 피드 추천을 받을 가능성이 높습니다.

뷰트랩은 회원가입 시 무료로 2회 이용할 수 있으니, 한번 시도해볼 것을 추천합니다.

Google
Adsense

3장

롱폼 유튜브
효율 10배 높이는
AI 자동화

01

AI로 단 3주 만에 구독자 3,000명을 달성하다!

AI 자동화에 관해 설명하기에 앞서, 제가 AI를 활용해 유튜브 채널을 운영한 결과를 보여드립니다. 다음 그림처럼 AI를 활용해 유튜브 채널을 시작한 지 불과 3주 만에 구독자 3,046명과 수익 554달러(원화 약 60만 원)를 달성했습니다.

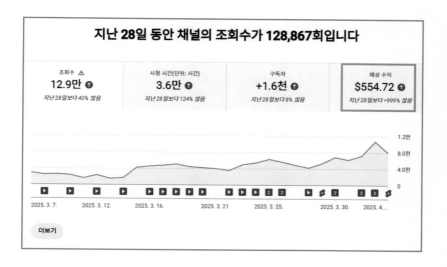

저는 3주 동안 총 36개(가로 영상 33개, 세로 영상 3개)의 영상을 업로 드했는데, 각 콘텐츠의 평균 시청 지속시간은 영상당 16분 45초에 이릅니다.

저는 AI를 활용해 유튜브 제작의 70% 이상을 자동화했고, 이를 통해 꾸준한 수익창출 파이프라인을 한 달 만에 완성했습니다. 저의 이 경험을 바탕으로, 누구나 AI를 통해 유튜브에서 의미 있는 성과를 낼 수 있다는 가능성을 보여드리겠습니다.

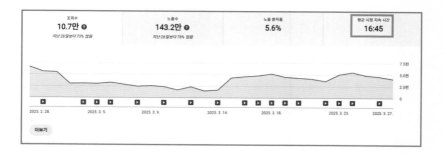

AI를 활용한 유튜브 반자동화 운영법

AI 도구를 활용한 유튜브 영상제작은 여러 측면에서 획기적입니다. 우선, 제작시간 절감효과가 매우 큽니다. 일반적으로 유튜브 영상 하나를 완성하려면 대본 작성부터 음성 녹음, 영상편집, 썸네일 제작에 이르기까지 수많은 단계를 거쳐야 합니다. 하지만 AI를 활용하면 이 모든 과정의 70% 이상을 '자동화'할 수 있습니다.

저는 ChatGPT(또는 클로드AI)로 원고를 작성하고, AI 음성기술로 자연스러운 음성을 생성하며, 자동화된 AI 영상제작 방식으로 10분 만에 영상을 제작하고, AI로 타 콘텐츠를 1분 만에 분석하며, 썸네일을 AI로 고품질 디자인을 생성하여 빠르게 제작합니다.

이런 식의 AI 자동화는 단순히 시간을 줄여주는 효과를 넘어, 영상 제작작업에 따른 피로도를 낮춰주고 반복 업무에 소모되는 에너지를 최소화해줍니다. 또한 영상 제작시간 단축으로 콘텐츠 기획, 채널의 방향성 설정, 브랜드 구축에 좀 더 집중할 수 있는 시간적 여유를 확보할 수 있습니다. 무엇보다 꾸준한 콘텐츠 제작과 안정적인 수익원이 된다는 점에서 매우 고무적입니다.

'AI를 활용한 반자동화'는 유튜브 채널 운영업무의 약 60~70% 이상을 AI에게 맡기는 방식을 말합니다. AI 반자동화는 채널 콘텐츠 품질을 일정하게 유지하면서 영상 업로드를 꾸준히 할 수 있게 해줍니다. 유튜브 알고리즘은 정기적이고 지속적인 활동을 선호하기 때문에, AI 반자동화는 유튜브 채널의 운영 가능성을 높이고, 꾸준한 업로드를 하는 데 긍정적 영향을 미칩니다.

실제로 제가 3주간 AI를 활용해 제작한 영상 36개를 꾸준히 업로드하면서 체감한 가장 큰 이점은 '지치지 않고 계속할 수 있다'는 점이었습니다. 이는 장기적인 채널 운영에서 매우 중요한 요소입니다.

날짜 ↓	조회수	댓글	좋아요(싫어요 대비)
2025. 3. 19. 게시됨	3,573	2	99.4% 좋아요 167개
2025. 3. 18. 게시됨	2,950	2	98.8% 좋아요 159개
2025. 3. 17. 게시됨	2,896	0	100.0% 좋아요 104개
2025. 3. 16. 게시됨	7,112	8	99.0% 좋아요 289개
2025. 3. 15. 게시됨	17,171	23	98.6% 좋아요 633개
2025. 3. 12. 게시됨	3,137	7	100.0% 좋아요 150개
2025. 3. 10. 게시됨	663	1	100.0% 좋아요 32개
2025. 3. 9. 게시됨	2,255	2	100.0% 좋아요 98개

*영상 콘텐츠 길이가 1시간인데 AI를 활용해 거의 매일 업로드할 수 있었습니다.

AI는 미디어 생성에 큰 장점을 보이고 있습니다. 이는 콘텐츠 제작의 구조 자체를 혁신한 기술입니다. 적극적으로 AI를 공부하고 활용하기를 추천합니다.

AI를 블로그보다 유튜브에 활용하는 이유

현재 블로그 시장에는 생성형 AI를 활용해 생성한 글이 넘쳐나고 있습니다. 이 때문에 검색엔진(네이버 블로그, 티스토리 등)의 검색 피로도가 급증하고 있죠. AI가 작성하는 글에는 '할루시네이션', 즉 거짓 정보를 마치 사실인 양 꾸며내는 현상이 간혹 발생하기 때문입니다.

이런 현상은 검색도구 사용자 입장에서도 명확한 검색결과를 얻을 수 없다는 점에서 문제가 있습니다. 네이버 블로그나 티스토리 측에게도 참 곤란한 상황입니다. 물론 AI 기술이 발전하면서 점차 AI가 웹검색이나 사실에 기반한 내용을 작성해주는 추세이긴 합니다.

앞으로도 블로그 시장에서는 AI를 활용한 텍스트 기반 콘텐츠들의 노출경쟁이 더 심화되고, 검색 피로도도 높아질 것으로 예상합니다. 따라서 상대적으로 경쟁강도가 덜한 유튜브 쪽이 성공확률이 높습니다.

현시점에서는 영상제작이라는 허들이 있다는 측면에서 블로그보다는 유튜브가 좀 더 성공 가능성이 크다고 봅니다.

AI로 제작된 영상이라도 정보 전달력과 완성도, 스토리텔링을 갖추었다면 시청자의 관심을 끌고 머무르게 하는 데 전혀 부족함이 없습니다. 특히 뉴스 요약, 큐레이션, 교육 콘텐츠, 고전이나 인문학 스토리텔링 등은 AI가 매우 쉽고 빠르고 정확하게 대량의 원고를 생성할 수 있는 분야입니다. AI를 활용하면 일정한 품질을 유지하면서도 비교적 짧은 시간 안에 다수의 콘텐츠를 제작할 수 있기 때문에 유튜브 영상제작과 매우 궁합이 좋습니다. 또 일관된 포맷으로 제작할 수 있기 때문에 시청자에게 신뢰감을 주는 데도 도움이 됩니다.

블로그 글은 작성자의 문체나 감성 또는 정보의 구체성과 정확성이 중요합니다. 이에 비해 유튜브 영상은 스토리텔링이 더 우선되는 경우가 많아서 AI의 특성과 구조가 잘 맞아떨어집니다.

이 책을 통해 유튜브 알고리즘을 이해했다면 적극적으로 AI를 활용해 영상을 만들어보기를 추천합니다. 누구나, 빠르게! 성공할 수 있습니다.

다음 그림처럼 제가 AI를 활용해 만든 채널을 통해 단 3주 만에 하루 30달러(약 4만 4천 원)가 들어오고 있습니다. 영상제작을 지속할수록 이 수익은 점점 더 커지게 될 것입니다. 다만 일부 AI를 사용하는 유료 구독료가 다소 부담될 수 있습니다. 하지만 AI 툴을 잘 활용한다면 이를 상쇄하는 소득을 가져올 수 있습니다.

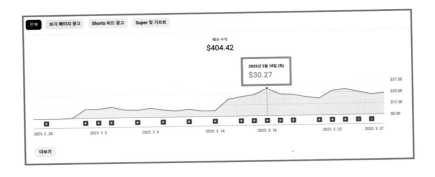

AI를 활용한 유튜브 영상제작은 복잡한 기술을 요구하지 않으며, 초보자도 짧은 학습시간을 거치면 손쉽게 활용할 수 있습니다. 핵심은 도구를 얼마나 잘 다루느냐보다 '얼마나 꾸준히 활용하느냐'에 있습니다. 중요한 것은 '일관성'과 '지속성'입니다. 영상이 다소 거칠고 미흡하더라도 일정한 주제로 꾸준히 업로드한다면 시청자는 점차 관심을 주고 반응하게 됩니다.

AI 활용은 반복적인 제작환경을 견디게 해주는 기반이 됩니다. 피로감을 덜어주는 기술적 지원은 결국 콘텐츠 제작의 장기 지속 가능성을 높이는 요소가 됩니다.

이 책에 제가 실제로 AI 툴을 사용하는 방법과 영상제작에 필요한 워크플로우를 전반적으로 담았습니다. 이 방법을 그대로 따라 하기만 하면 여러분도 충분히 성과를 낼 수 있으리라 생각됩니다. 나만의 채널 주제를 선정하여 AI 반자동화 운영법으로 자연스럽게 영상제작의 효율과 효과를 확장해나가길 바랍니다.

02

최근 AI 자동화 프로그램 사용 시 주의할 점

AI 자동화의 장단점

블로그를 운영하는 많은 사람이 수익창출을 목표로 다양한 방법을 시도합니다. 그중에서도 최근 'AI 블로그 포스팅 자동화 프로그램'이 큰 관심을 받고 있습니다. 크몽과 같은 재능마켓에도 상당수 판매됩니다. ChatGPT와 같은 생성형 AI를 기반으로 한 포스팅 자동화 프로그램도 많이 나오고 있습니다.

블로그 운영자에게 '포스팅 완전 자동화'는 상당히 매력적인 부분입니다. 자동화 프로그램을 이용해 하루에 수십 달러의 수익을 얻을 수 있다는 홍보문구도 많은 사람을 유혹합니다. 하지만 현실적으로는 생각만큼 100% 좋다고 볼 수 없습니다. 최근 AI 포스팅 완전 자동화 프로그램을 구매해 이용한 많은 운영자가 저품질 누락 등의 어려움을 겪고 있다는 사실을 알고 있나요? 완전 자동화 프로그램은 저품질을 포함한 여러 단점이 있는 것으로 분석됩니다.

첫째, 자동화된 글의 품질이 검색엔진의 기준을 충족하지 못하는 경우가 많습니다. 검색엔진은 고품질의 콘텐츠와 실제적인 경험과 자료 (사진, 동영상)를 선호하며, 단순히 키워드만 나열된 글이나 정보가 부족한 글은 상위노출에서 제외됩니다. 이는 방문자들에게도 동일한 영향을 미칩니다. 방문자가 블로그에서 유용한 정보를 얻지 못한다면 다시 방문할 가능성은 낮아집니다.

게다가 네이버 검색결과에 나오는 블로그 결과가 자동생성형 콘텐츠로 도배되면서 시장의 퀄리티가 현저히 떨어지는 현상이 나오고 있습니다. 이는 네이버라는 검색엔진에도 상당한 악영향을 줄 것으로 예상됩니다.

둘째, 포스팅 자동화 프로그램을 사용하는 과정에서 추가적인 비용이 발생하는 경우도 많습니다. 예를 들어 ChatGPT API를 활용하려면 유료 요금제에 가입해야 하고, API(Application Programming Interface)는 텍스트 소모량만큼 사용비를 추가로 지불해야 합니다. 이러한 추가 비용은 프로그램 구매 비용과 합쳐져 상당한 금액이 됩니다. 우려스러운 것은, 이러한 금전적 투자에도 불구하고 블로그 수익마저 거의 발생하지 않아 큰 실망을 겪는 운영자가 적지 않다는 것입니다.

완전 자동화 프로그램의 맹점

포스팅 자동화 프로그램은 기본적으로 AI 기술을 활용해 글을 생성합니다. 사용자가 특정 키워드나 주제를 입력하면 프로그램이 이를 바탕으로 글을 작성합니다. 이 과정에서 ChatGPT와 같은 AI 모델이 활용되며, 생성된 글은 블로그에 자동 게시됩니다. 글 작성시간을 크게 단축해주므로 바쁜 일상 속 블로그 운영자들에게는 상당히 유용할 수 있습니다.

엔비디아는 GPU 분야에서 세계 최고의 기술력을 갖추고 있으며,
이를 통해 생성형 AI를 주도하고 있습니다.

* 위 그림은 AI 자동화 프로그램으로 생성된 포스팅 일부입니다.
한눈에 봐도 인위적인 콘텐츠라는 점이 느껴집니다.

하지만 AI로 생성된 글의 품질은 항상 일정하지 않습니다. 또한 입력된 키워드나 주제가 명확하지 않거나 구체적이지 않으면 글의 품질이 인위적으로 보일 수 있습니다.

때때로 AI가 생성한 글은 경험이나 감정을 깊게 담아내지 못하는 경우가 있습니다. 이 부분은 개인적인 경험을 공유해야 하는 블로그에서 큰 단점으로 작용합니다. 깊은 수준의 경험정보를 기대했던 블로그 방문자는 AI로 작성된 자동화 글을 보고 빠르게 이탈할 가능성이 큽니다.

향후 AI 시대의 블로그 방향성

저는 영화 '인터스텔라'를 정말 좋아하는데요, '인터스텔라' 후반부에는 주인공 쿠퍼가 비행선 운행을 AI 로봇 '타스'에게 맡기지 않고 자신이 직접 '수동조종'해서 블랙홀에 진입하는 장면이 나옵니다. 다소 합리적이지 않더라도 중요한 순간에는 결국 인간이 개입해야 한다는 사실을 결정적으로 보여주는 장면입니다. 즉, 앞으로 AI가 아무리 발전하더라도 인간의 역할이 있음을 보여주는 사례입니다.

저는 블로그 운영도 인간의 역할을 놔두어야 한다고 생각합니다. 검색엔진 역시 실제적 경험이 녹아든 콘텐츠를 선호하며, 방문자들도 실제적인 경험적 정보를 찾습니다. 이런 측면에서 AI를 적극 활용해야 합니다. 하지만 AI 포스팅 자동화 프로그램에 전적으로 의존하는 방식은 바람직하지 않습니다. 자신의 경험과 지식을 바탕으로 블로그를 운영하기를 추천합니다. 검색엔진도 인간의 실제 경험이 반영된 콘텐츠를 상위에 노출시키기 때문입니다.

AI 자동화 프로그램을 '보조 도구'로 활용합시다.

AI가 생성한 원고를 운영자가 수정하고 보완하여 최종적으로 게시하는 것입니다. 즉, AI가 생성한 원고에 운영자 자신의 실제 경험과 자료를 추가하여 콘텐츠의 질을 높이는 방식을 말합니다.

AI를 활용한 완전 자동화 방식의 블로그 운영은 자칫 자신의 계정을 망칠 수 있습니다. AI 프로그램은 보조적 도구로 활용하기를 추천합니다.

다음 내용에서는 AI 반자동화 활용법을 자세히 다뤄보겠습니다.

03

AI로 1만 자 원고 작성하는 방법

최근에는 ChatGPT o1 모델 또는 Claude(클로드) 등을 사용하는 경우 대량 문서 작성이 가능합니다. 그러나 유료로 사용해야 하는 단점이 있으므로, 아래 설명한 방법대로 하면 무료로 충분히 1만 자 원고를 작성할 수 있습니다. 여기서는 'ChatGPT'로 1만 자 원고를 작성하는 방법을 알아보겠습니다. 특히 유튜브와 같은 플랫폼에서 깊이 있는 콘텐츠를 제공하기 위해서는 충분한 분량의 원고가 필요합니다. 하지만 현재 버전의 ChatGPT는 글을 최대 2,000자까지만 작성해주기 때문에, 어떻게 해야 긴 원고를 작성할 수 있는지 막막함을 느끼곤 합니다.

지금부터 설명하는 원고 작성과정은 AI를 이용해 체계적인 구조화와 단계적 확장을 함으로써 완성도 높은 대량의 원고를 만드는 방법입니다.

먼저 '명확한 주제'를 선정합니다. 너무 광범위한 주제보다는 구체적인 주제가 좋습니다. 그다음 ChatGPT에게 여러분이 선택한 주제를

5개의 주요 단락으로 나누어 작성해달라고 요청합니다. 예를 들어 '계피의 효능과 복용방법에 대해 5단락으로 작성해줘'라고 합니다.

그러면 다음과 같이 5개 단락으로 구분된 스크립트를 받을 수 있습니다.

계피의 효능과 복용 방법

1. 계피의 주요 성분과 특징
계피는 녹나무과에 속하는 나무의 껍질을 말린 것으로, 특유의 강한 향과 따뜻한 성질을 가지고 있다. 계피에는 신남알데하이드(Cinnamaldehyde), 유게놀(Eugenol) 등의 항산화 및 항염 성분이 포함되어 있어 건강에 다양한 이점을 제공한다. 전통적으로 동양과 서양에서 모두 약재 및 향신료로 널리 사용되어 왔다.

2. 면역력 증진과 항산화 효과
계피는 강력한 항산화 성분을 함유하고 있어 자유 라디칼을 제거하고 세포 손상을 방지하는 데 도움을 준다. 또한, 면역력을 강화하여 감기 예방에 효과적이며, 체온을 높여 신진대사를 촉진하는 역할을 한다. 계피의 항균 성분은 감염 예방에도 도움이 되므로 꾸준히 섭취하면 건강 유지에 유익하다.

3. 혈당 조절 및 대사 개선
계피는 혈당 수치를 안정적으로 유지하는 데 도움을 주며, 인슐린 감수성을 높이는 효과가 있다. 특히 당뇨병 환자들에게 유용할 수 있으며, 식사 후 급격한 혈당 상승을 완화하는 데 기여한다. 또한, 대사를 촉진하여 체중 관리와 지방 분해를 돕는 역할을 한다.

4. 소화 기능 개선과 항염 효과
계피는 위장을 따뜻하게 해주어 소화 기능을 개선하는 데 효과적이다. 위산 분비를 조절하고 소화불량, 복부 팽만감, 설사 등의 증상을 완화하는 데 도움을 준다. 또한, 항염 효과가 있어 관절염이나 근육통과 같은 염증성 질환을 완화하는 데 유용하다.

5. 계피의 올바른 복용 방법
계피는 차로 끓여 마시거나, 가루 형태로 음식에 첨가하는 방식으로 섭취할 수 있다. **계피차는 따뜻한 물에 계피 조각을 넣고 10~15분간 우려낸 후 섭취하면 효과적이다.** 또한, 꿀과 함께 섭취하면 보온 효과가 더욱 증가하며, 면역력 강화에도 도움이 된다. 하지만 과다 섭취 시 간 기능에 부담을 줄 수 있으므로, 하루 2~4g 정도의 적정량을 유지하는 것이 좋다.

계피는 다양한 건강 효능을 지니고 있지만, 개인의 건강 상태에 따라 적절한 복용량을 조절하는 것이 중요하다. 특히, 임산부나 특정 질환을 가진 사람은 섭취 전에 전문가와 상담하는 것이 바람직하다.

이제 1단락부터 5단락까지 차례로 글을 확장해갑니다. 1만 자 이상의 유튜브 원고로 활용하기 위해 다음과 같은 프롬프트를 제시하면 됩니다.

1단락을 2,000자로 늘려줘. 유튜브 원고목적으로 작성해야 해. 결론은 내지 않아도 돼. 만연체로 대화하듯 작성해줘. 존댓말로 작성해줘. 단, 반복되거나 중복되는 내용은 배제하고. 중제목이나 기호, 한자, 영어를 배제해줘.

그러면 1단락을 확장해 다음과 같은 2,000자 원고를 받을 수 있습니다.

계피의 주요 성분과 특징

계피는 오랜 역사를 가진 자연의 선물입니다. 독특한 향과 따뜻한 기운을 지닌 이 재료는 오랫동안 사람들에게 사랑받아 왔습니다. 음식을 맛있게 만드는 향신료로도 널리 사용되지만, 본래는 약재로 더 큰 가치를 지닌 식물입니다. 전통적으로 많은 사람들이 건강을 위해 계피를 이용해 왔으며, 이는 오랜 시간 동안 경험적으로 그 효능이 입증되어 왔기 때문입니다. 몸을 따뜻하게 해주고, 기운을 북돋아 주는 역할을 하며, 다양한 성분을 함유하고 있어 건강을 관리하는 데 도움을 줄 수 있습니다.

계피는 특정 나무의 껍질을 말려서 사용하는 것이 특징입니다. 우리가 흔히 보는 계피는 나무 껍질을 벗긴 후 자연스럽게 말려서 둥글게 말린 형태를 하고 있습니다. 표면을 보면 거칠고, 안쪽은 비교적 매끈하며, 잘 부러지는 성질을 가지고 있습니다. 갈색을 띠고 있으며, 특유의 강한 향이 나는 것이 특징입니다. 이 향은 계피를 구성하는 여러 가지 성분에서 비롯됩니다. 그중에서도 가장 중요한 성분은 매운맛과 따뜻한 성질을 담당하는 것이며, 향기로운 향을 내는 요소도 함유되어 있습니다. 이러한 성분들이 조화를 이루어 계피 특유의 효과를 만들어 냅니다.

계피의 향은 매우 강하고 특징적입니다. 한 번 맡으면 쉽게 잊히지 않는 독특한 향을 가지고 있으며, 은은하면서도 깊은 느낌을 줍니다. 따뜻한 느낌이 강한 향기이기 때문에 추운 계절에 더욱 잘 어울리는 향신료로 여겨지기도 합니다. 향 자체가 편안함을 주는 역할을 하기도 하며, 기분을 안정시키는 데 도움을 줄 수도 있습니다. 이러한 특징 덕분에 계피는 음식뿐만 아니라 차로도 많이 활용되며, 방향제로도 사용됩니다.

계피의 맛을 보면 단맛과 매운맛이 동시에 느껴집니다. 처음 입에 넣었을 때는 약간의 단맛이 감돌지만, 씹을수록 알싸한 매운맛이 퍼지는 것이 특징입니다. 이 매운맛은 계피의 주요 성분 때문인데, 이러한 성분들이 몸을 따뜻하게 하고, 혈액순환을 도와주는 역할을 합니다. 계피가 체온을 올려주고 몸을 보호하는 데 도움이 되는 이유도 바로 여기에 있습니다.

계피는 여러 종류가 존재합니다. 우리가 일반적으로 접하는 계피는 흔히 사용되는 종류이며, 나라마다 재배되는 환경과 품종에 따라 향과 맛이 조금씩 다를 수 있습니다. 어떤 계피는 더욱 달콤한 향이 강하고, 어떤 계피는 더욱 매운맛이 강한 특징을 보입니다. 하지만 기본적으로 계피가 가진 따뜻한 성질과 건강에 유익한 점은 공통으로 나타납니다.

계피는 신선한 상태로 보관하는 것이 중요합니다. 공기와 오래 접촉하면 향이 날아가고, 습기가 많으면 쉽게 변질될 수 있기 때문입니다. 따라서 건조한 곳에 밀봉해서 보관하는 것이 좋으며, 장기간 보관할 경우에는 갈아서 가루 형태로 보관하는 것도 하나의 방법이 될 수 있습니다. 이렇게 하면 필요할 때마다 소량씩 사용하기 편리하고, 음식이나 차에 쉽게 활용할 수 있습니다.

계피는 단순한 향신료를 넘어 건강을 위한 자연의 재료로 오랫동안 활용되어 왔습니다. 현대에 이르러서도 많은 연구를 통해 계피의 다양한 성분이 밝혀지고 있으며, 이를 활용한 건강 제품도 꾸준히 나오고 있습니다. 이러한 점을 보았을 때, 계피는 단순한 맛을 내는 재료를 넘어서 몸을 위한 중요한 역할을 하는 식물이라고 할 수 있습니다.

2단락도 이와 동일한 방식으로 프롬프트를 입력합니다.

2단락을 2,000자로 늘려줘. 유튜브 원고목적으로 작성해야 해. 결론은 내지 않아도 돼. 만연체로 대화하듯 작성해줘. 존댓말로 작성해줘. 단, 반복되거나 중복되는 내용은 배제하고. 중제목이나 기호, 한자, 영어를 배제해줘.

그러면 다음과 같이 2단락이 2,000자로 늘어납니다.

면역력 증진과 항산화 효과

커피는 오래전부터 건강을 위해 사용되어 온 자연 재료입니다. 계절이 바뀔 때마다 쉽게 피곤해지고 몸이 무거워지는 경우가 많습니다. 특히 날씨가 쌀쌀해지면 감기에 걸리기 쉬워지고, 면역력이 떨어지면서 여러 가지 잔병치레를 하게 되는 경우가 많습니다. 몸이 스스로 외부 환경에 적응하기 위해 노력하지만, 면역력이 낮아지면 이 과정이 원활하지 않아 작은 변화에도 쉽게 영향을 받게 됩니다. 이럴 때 커피를 꾸준히 섭취하면 도움이 될 수 있습니다. 커피는 몸을 따뜻하게 해 주면서 면역력을 높이는 데 기여하는 것으로 알려져 있습니다.

커피에 들어 있는 여러 가지 성분은 면역력 강화에 긍정적인 영향을 줄 수 있습니다. 우리 몸은 외부에서 들어오는 여러 유해한 요소들로부터 스스로 보호하려는 기능을 가지고 있는데, 이 기능이 약해지면 쉽게 피곤해지고 감기 같은 가벼운 질병에 자주 걸릴 수 있습니다. 면역력이 강한 사람들은 같은 환경에서도 건강을 유지하는 경우가 많지만, 면역력이 약한 사람들은 작은 변화에도 쉽게 영향을 받습니다. 커피에 포함된 성분은 몸이 스스로 건강을 유지하는 능력을 키우는 데 도움을 줄 수 있습니다.

또한 커피는 몸을 따뜻하게 하는 성질을 가지고 있습니다. 추운 날씨나 환절기에는 체온이 쉽게 떨어지면서 면역력도 약해질 수 있습니다. 체온이 일정하게 유지되어야 몸의 여러 기능이 정상적으로 작동하는데, 체온이 낮아지면 혈액순환이 원활하지 않게 되고 신체 기능이 둔화될 수 있습니다. 커피는 이러한 상태를 개선하는 데 도움을 줄 수 있습니다. 따뜻한 성질을 가지고 있어 차로 마시거나 음식을 통해 섭취하면 몸속부터 따뜻한 기운이 퍼지는 느낌을 받을 수 있습니다. 이런 작용은 몸을 보호하는 역할을 하면서 면역 체계를 안정적으로 유지하는 데 기여할 수 있습니다.

커피에 포함된 성분 중에는 항산화 효과를 가진 것들이 있습니다. 몸속에서 여러 대사 과정이 이루어질 때 불필요한 물질들이 생성되는데, 이런 물질들이 쌓이면 세포가 손상될 수 있습니다. 커피에 들어 있는 항산화 성분은 이러한 불필요한 물질들을 제거하는 데 도움을 줄 수 있습니다. 몸속에서 생긴 산화된 물질들을 줄이는 것은 건강을 유지하는 데 중요한 역할을 합니다. 산화가 진행되면 노화가 빨라질 수 있고, 피부 건강에도 영향을 줄 수 있습니다. 그래서 항산화 효과를 가진 음식을 섭취하는 것은 건강을 유지하는 데 있어서 중요한 요소 중 하나라고 할 수 있습니다.

커피는 단순히 면역력만 강화하는 것이 아니라, 몸 전체적인 건강을 유지하는 데 도움이 되는 요소들을 포함하고 있습니다. 몸이 지치고 피곤할 때 커피차를 마시면 몸이 한결 따뜻해지고 기운을 차리는 느낌을 받을 수 있습니다. 또한 꾸준히 섭취하면 체력이 떨어지는 것을 막는 데에도 도움이 될 수 있습니다. 특히 계절이 바뀔 때 면역력이 약해지는 경우가 많은데, 이럴 때 커피를 섭취하면 몸이 빠르게 적응하는 데 도움이 될 수 있습니다.

면역력을 높이는 것은 단순히 병을 예방하는 것 이상의 의미를 가지고 있습니다. 건강을 유지하기 위해서는 꾸준히 좋은 식습관을 갖고, 몸에 좋은 재료를 섭취하는 것이 중요합니다. 커피는 오랜 시간 동안 많은 사람들이 건강을 위해 활용해 온 자연 재료이기 때문에 이를 꾸준히 섭취하는 것은 건강을 관리하는 데 있어 좋은 방법 중 하나가 될 수 있습니다.

이와 같은 방법으로 5단락까지 동일한 프롬프트를 사용해 글을 늘리면 총 '1만 자' 정도의 원고가 완성됩니다. 이는 유튜브 영상 기준으로 약 20~30분 정도의 영상 분량이 됩니다. 이러한 방식으로 2만 자이상의 원고를 작성하면 약 1시간 분량의 영상을 10분 안에 만들 수 있습니다(346쪽 내용 참조).

최근에는 오픈AI(OpenAI)의 GPT-o3 시리즈 또는 구글 Gemini의 Pro 모델에서도 상당히 많은 토큰(글자수)을 제공하고 있습니다. 정확한 수치는 제시되어 있지 않지만 이론적으로 최대 100만 자까지도 지원되는 것으로 보입니다.

따라서 유료로 사용할 구독자라면 이런 고급 모델들을 사용해 긴 장문의 원고를 조금 더 쉽게 얻을 수 있습니다.

04

클릭률 10배 늘리는
'AI 초특급 제목 생성기'

클릭을 부르는 제목의 요건

블로그 또는 유튜브 콘텐츠에 있어서 제목은 매우 중요합니다. 방문자의 클릭률과 유입률을 결정하기 때문입니다.

'○○할 때 ○○하는 방법'

vs

'와 미쳤다… 전문가도 모르는 단 5일 만에 ○○하는 비밀'

위와 같이 제목을 다르게 했더니, 같은 내용의 콘텐츠임에도 클릭률이 273% 증가했다고 합니다. 이는 '호기심, 권위, 지름길'이라는 3가지 요소를 결합해 시청자의 관심을 끈 결과입니다.

블로그에서도 '건강에 좋은 음식'보다 '의사들도 매일 먹는 10가지 슈퍼푸드 : 30일 만에 체중 5kg 감량 보장'이라는 제목이 방문자 수와 체류시간 모두에서 6배 이상의 성과를 보였습니다.

제목은 1초 안에 독자의 감정을 자극하고, 호기심을 불러일으키며, 행동을 촉구해야 합니다. 호기심 갭, 손실 회피, 권위의 원칙, 희소성 등 다양한 심리학적 원리를 활용하는 것입니다. 우리는 제목을 지을 때 방문자들에게 다음과 같은 질문에 해답을 제시해야 합니다.

- 나에게 어떤 가치를 제공하는가?
- 왜 지금 이 콘텐츠를 봐야 하는가?
- 다른 유사 콘텐츠와 어떻게 다른가?

구독자를 유인하는 데 효과적인 제목의 구성요소는 다음과 같습니다.

- 가치 제안 : 독자가 얻을 수 있는 이점을 구체적으로 제시합니다.
- 감정 유발 : 호기심, 두려움, 기대감 등의 감정을 자극합니다.
- 구체성 : 모호한 표현보다 구체적인 숫자나 예시를 활용합니다.
- 긴급성 : 즉각적인 행동을 촉구하는 시간적 압박감을 줍니다.
- 권위성 : 전문성과 신뢰를 확보합니다.

각 콘텐츠 유형과 목적에 따라 다양한 제목 전략이 있습니다. 이러한 전략은 '핵심 키워드 활용하기', '숫자와 순위 활용하기', '호기심 자극하기' 등 여러 카테고리로 나눠볼 수 있으며, 각 카테고리는 독자의 서로 다른 심리적 욕구를 충족시킵니다.

전격 공개! 클릭률 10배 늘리는 제목 150선

지금부터 소개하는 '클릭률 10배 늘리는 유튜브·블로그 제목 문구 150선'은 다양한 마케팅적, 심리학적 접근법을 기반으로, 실제 수천 개의 성공적인 콘텐츠를 분석하여 추출한 검증된 템플릿입니다.

〈핵심 키워드 활용하기〉

'비법 공개: ○○의 모든 것'

'역대급 ○○ 완벽 가이드'

'독보적인 ○○ 마스터 방법'

'최초 공개: ○○의 지름길'

'폭발적인 결과를 만드는 ○○'

'무조건 성공하는 ○○ 전략'

'핵심만 쏙쏙: ○○ 총정리'

'비약적 성장을 위한 ○○'

'기하급수적 효과: ○○ 노하우'

'본질을 꿰뚫는 ○○ 완전정복'

〈숫자와 순위 활용하기〉

'상위 0.1%만 아는 ○○ 비밀'

'단 3일만에 ○○ 마스터하기'

'99%가 놓치는 ○○의 핵심'

'1등만 알고 있는 ○○ 전략'

'단 3가지로 ○○ 완벽 해결'

'10배 효과 보는 ○○ 방법'

'TOP 5 ○○ 솔루션'

'3초만에 ○○ 해결하는 방법'

'7단계로 완성하는 ○○'

'1000% 효과 보장하는 ○○'

〈호기심 자극하기〉

'이것만 알아도 ○○ 고수가 됩니다'

'신의 한수: ○○ 역전 전략'

'절대 클릭하지 마세요 (진지합니다)'

'지금까지 당신이 ○○에 대해 잘못 알고 있던 것'

'이 영상 보기 전에 ○○를 시작하지 마세요'

'타이탄의 도구: ○○ 비법'

'당신이 모르는 ○○의 충격적인 진실'

'전문가들조차 놀란 ○○ 방법'

'이렇게까지? ○○ 비하인드 스토리'

'더 이상 돈 낭비하지 마세요: ○○ 실화'

〈결과 강조하기〉

'단 1주일만에 ○○ 성공 사례'

'이 방법으로 ○○ 완벽 해결'

'끝판왕: ○○ 완전정복'

'드라마틱한 변화: ○○ 전후'

'파급력 있는 ○○ 전략'

'필살기: ○○ 극복법'

'사기캐급 ○○ 노하우'

'압살하는 ○○ 테크닉'

'미친 효과: ○○ 실제 사례'

'치명적인 ○○ 실수와 해결책'

〈시간과 효율성 강조하기〉

'바쁜 당신을 위한 ○○ 속성 과정'

'5분만에 ○○ 마스터하기'

'초스피드 ○○ 배우기'

'누구나 쉽게 ○○ 시작하는 법'

'시간 절약하는 ○○ 단축키'

'하루만에 ○○ 완성하기'

'직장인도 할 수 있는 ○○'

'초보자도 쉽게 따라 하는 ○○'

'잠자기 전 10분으로 ○○ 마스터'

'주말만 투자해 ○○ 완성하기'

〈감정 자극하기〉

'더 이상 고민하지 마세요: ○○ 해결책'

'지금 당장 ○○를 시작해야 하는 이유'

'와 미쳤다... 인생이 바뀌는 ○○ 노하우'

'평생 후회하지 않을 ○○ 선택법'

'포기하고 싶을 때 보는 ○○ 가이드'

'당신만 모르고 있던 ○○ 비밀'

'심리적 장벽을 넘는 ○○ 전략'

'두려움 없이 ○○ 도전하는 법'

'자신감을 높이는 ○○ 마스터 클래스'

'목숨 걸고 알려드립니다: ○○ 진실'

〈희소성과 제한 강조하기〉

'오늘만 공개: ○○ 비밀'

'한정 공개: ○○ 특별 전략'

'곧 삭제됩니다: ○○ 완전 분석'

'극비 자료: ○○ 내부 정보'

'단 24시간만: ○○ 완벽 가이드'

'선착순 100명만: ○○ 특별 비법'

'이번 기회를 놓치면 후회할 ○○'

'마지막 찬스: ○○ 공략법'

'희귀한 ○○ 정보 대공개'

'유일무이한 ○○ 접근법'

〈내 경험 강조하기〉

'실패에서 배운 ○○ 해결책'

'N년의 시행착오 끝에 발견한 ○○ 비법'

'저도 처음엔 몰랐던 ○○ 핵심'

'전문가가 알려주는 ○○ 인사이트'

'현직자의 ○○ 내부 고발'

'10년차 ○○ 전문가의 조언'

'밑바닥부터 시작한 ○○ 성공 스토리'

'수백 명을 코칭하며 발견한 ○○ 패턴'

'제가 직접 검증한 ○○ 방법론'

'N억 벌며 깨달은 ○○ 핵심'

〈차별화 포인트 강조하기〉

'남들과 다른 ○○ 접근법'

'구시대적 ○○는 이제 그만'

'20××년 최신 트렌드: ○○ 업데이트'

'틀에서 벗어난 ○○ 해결책'

'혁신적인 ○○ 메소드'

'기존 방식을 뒤엎는 ○○ 전략'

'프로들만 아는 ○○ 숨겨진 팁'

'일반인도 할 수 있는 프로급 ○○'

'과학적으로 증명된 ○○ 방법'

'새로운 패러다임: ○○ 혁명'

〈액션 유도하기〉

'지금 당장 ○○ 시작하세요'

'더 늦기 전에 알아야 할 ○○'

'오늘부터 실천하는 ○○ 루틴'

'당장 따라 하세요: ○○ 실전 가이드'

'클릭 한번으로 배우는 ○○'

'지금 아니면 영원히 못 배우는 ○○'

'바로 적용 가능한 ○○ 노하우'

'이 영상 본 후 바로 시작하는 ○○'

'5분 투자로 인생이 바뀌는 ○○'

'지금 이 순간, ○○의 기회를 잡으세요'

〈기존의 방식 부정하기〉

'이렇게 ○○하면 100% 망합니다'

'제발 ○○ 좀 이런 식으로 하지 마세요'

'○○에서 이것만은 절대 하지 마세요'

'당신의 ○○가 실패하는 진짜 이유'

'더 이상 이런 ○○는 통하지 않습니다'

'○○ 전문가들이 절대 알려주지 않는 함정'

'왜 당신의 ○○는 계속 실패하는가?'

'○○ 잘못하면 돈만 날립니다 (진짜 사례)'

'구시대적 ○○의 종말: 피해야 할 3가지'

'○○에 대한 위험한 착각들: 당장 멈추세요'

〈선명도 확대하기〉

'이것 말고, 진짜 효과 보는 ○○ 하세요'

'○○하려면 이것보다 이렇게 하세요'

'그것은 ○○가 아닙니다, 이것이 진짜 ○○입니다'

'평범한 ○○ 말고, 프로처럼 ○○하는 법'

'○○의 진짜 차이는 바로 이것입니다'

'남들과 다른 ○○: 확실히 구분되는 방법'

'○○의 레벨을 끌어올리는 확실한 차별점'

'일반 ○○ vs 프리미엄 ○○: 결정적 차이'

'○○의 진검승부: 진짜와 가짜의 구분법'

'흐릿한 ○○를 선명하게 만드는 비법'

〈노하우 제공하기〉

'○○만 지키면 100% ○○ 됩니다'

'이 방법으로 저는 월 ○○만원 법니다'

'현직자가 알려주는 ○○ 핵심 노하우'

'3년 만에 ○○ 마스터한 비결 대공개'

'단 5분 투자로 ○○ 효율 3배 높이는 방법'

'내가 ○○에서 성공한 단 하나의 비결'

'○○ 레벨업! 초보에서 전문가 되는 법'

'실전에서 바로 써먹는 ○○ 꿀팁 모음'

'단 3개월만에 ○○ 완성한 시스템 공개'

'○○ 고수들의 숨겨진 작업 루틴'

〈지름길 안내하기〉

'월 천만원, 이 방법으로 1시간이면 됩니다'

'이거 이해하는 순간 월 천만원 우습죠'

'○○ 3년 과정을 단 30일로 압축한 방법'

'남들 다 돌아가는 ○○ 지름길 찾았습니다'

'숨겨진 ○○ 숏컷으로 시간 절약하는 법'

'복잡한 ○○를 한방에 끝내는 비법'

'노력의 10%로 90%의 ○○ 효과 내는 법'

'○○의 시간을 절반으로 줄이는 테크닉'

'3초 만에 ○○ 성공하는 마법의 공식'

'남모르는 ○○ 백도어: 빠르게 성공하는 법'

〈권위로 호소하기〉

'전문가도 모르는 ○○ 비법'

'○○ 10년차가 말하는 ○○ 노하우'

'업계 1위 ○○ 전문가의 핵심 조언'

'○○ 석학들이 인정한 혁신적 방법론'

'대기업 ○○ 담당자가 공개하는 내부 전략'

'○○ 분야 CEO들만 알고 있는 비밀'

'국내 TOP ○○ 전문가가 추천하는 방법'

'○○ 마스터 클래스: 대가에게 배우는 기술'

'억대 연봉 ○○ 전문가의 성공 노하우'

'Google 출신 ○○ 전문가의 실전 팁'

저자가 직접 만든 GPTs 활용 'AI 초특급 제목 생성기'

제목은 콘텐츠의 성패를 좌우하는 주요 요소 중 하나입니다. 하지만 매번 효과적인 제목을 만들기는 쉽지 않으며, 많은 콘텐츠 제작자들이 제목 정하는 부분에서 오랜 시간을 소모합니다.

이를 해결하기 위해 제가 ChatGPT에서 제공하는 'GPTs'를 기반으로 'AI 초특급 제목 생성기'를 만들었습니다.

이 도구는 사용자가 입력한 키워드를 바탕으로 높은 조회수를 유도할 수 있는 제목 후보군을 자동으로 생성해주며, 키워드 주제에 맞춰 마케팅적으로 매우 효과적인 150선의 제목 유형을 각 주제별로 생성해줍니다.

이 도구는 키워드를 기반으로 해서 제목을 자동 생성하므로 사용자는 원하는 키워드 하나만 입력하면 됩니다. 사용방법은 간단합니다. GPTs 플랫폼에 접속한 후 원하는 키워드를 입력하면 약 100개 이상의 매우 효과적인 추천 제목이 즉시 생성됩니다.

다음 그림은 이 도구에 '계피의 효능'을 키워드로 입력했을 때 나오는 결과입니다. 아래 그림처럼 총 15가지 주제로 제목을 추천해주고 있죠. 제가 쓰기 위해 만들었기 때문에 저도 이것을 실제로 매일 이용하고 있습니다.

2. 숫자와 순위 활용하기
- 상위 1%만 아는 계피 효능의 진실
- 단 3일만에 느끼는 계피의 놀라운 변화
- 99%가 놓친 계피 섭취 타이밍
- 계피의 효능 TOP 5, 이건 꼭 알아야 합니다
- 7가지 계피 효능, 당신 몸이 바뀝니다

3. 호기심 자극하기
- 이 영상 보기 전에 계피부터 드세요
- 당신이 몰랐던 계피의 충격적인 진실
- 지금까지 알고 있던 계피, 다 틀렸습니다
- 절대 클릭하지 마세요 계피에 이런 비밀이?
- 전문가도 놀란 계피 효능의 정체

4. 결과 강조하기
- 단 1주일만에 체질이 바뀌는 계피 루틴
- 이 방법으로 계피 완벽 활용 가능
- 미친 효과 계피 하나로 몸이 이렇게 변했습니다
- 계피 하나로 압살하는 건강 테크닉
- 드라마틱한 변화 계피 섭취 전후 비교

이 결과에서 원하는 제목을 선택하면 됩니다. 맨 아래에는 최종 추천 Top 3 문장이 나오도록 만들었습니다.

★ **최종 추천 Top 3 (컨셉 믹스)**

제시된 키워드를 분석했을 때, 다음의 3개 제목을 추천드립니다:

1. **지금까지 뭐한거지 계피 안 먹고 살다니**
   (감정 자극하기 + 기존방식 부정하기 + 액션 유도하기)

2. **99%가 놓친 계피의 진짜 효능**
   (숫자와 순위 활용하기 + 호기심 자극하기 + 핵심 키워드 활용하기)

3. **단 5분 투자로 계피 효율 3배 높이는 법**
   (시간과 효율성 강조하기 + 노하우 제공하기 + 지름길 안내하기)

다만 최종적으로 추천 제목 Top 3가 아닌 다른 제목을 얻고 싶다면, ChatGPT에게 다음과 같은 프롬프트를 이용해 다시 한번 물어볼 수 있습니다.

이 문장들 중에서 유튜브 구독자가 가장 많이 클릭할 만한 문장은?

그러면 다음 그림처럼 ChatGPT가 높은 클릭율이 예상되는 좋은 제목을 추천해줍니다.

이 문장들 중에서 유튜브 구독자가 가장 많이 클릭할만한 문장은?

좋은 질문이에요! 유튜브 구독자들이 가장 많이 클릭할 만한 제목은 **"강력한 호기심"**을 자극하면서, 시간 효율, 구체적인 결과, 긴박감, 감정적인 공감까지 동시에 건드리는 문장입니다.

그 기준으로 최상위 클릭 유도 타이틀 TOP 3를 뽑자면:

🏆 **1위**

"이 영상 보기 전에 계피 먹지 마세요"
→ 왜?
• '금지' 메시지로 강한 호기심 유발
• 시청 전 행동을 멈추게 만들어 즉시 클릭 유도
• 경고성 문구는 클릭률을 최대 3배까지 올리는 트렌드 있음

🏆 **2위**

"제가 계피 10일 먹어보고 말씀드립니다"
→ 왜?
• '직접 실험+기간 명시' → 신뢰도 상승
• 시청자 입장에서 궁금한 걸 대신 해본 느낌
• 후기 콘텐츠는 시청 지속시간도 높음

참고로 구글 Gemini에서도 GPTs와 동일한 기능인 'Gems'를 제공하고 있습니다. 두 도구의 기능은 거의 동일하므로 사용자 본인의 기호에 맞는 것을 선택해 사용하면 됩니다.

이 GPTs 'AI 초특급 제목 생성기'는 복잡한 설정이나 가입절차 없이 링크를 통해 누구나 바로 사용할 수 있습니다. 이 도구는 제가 운영하는 카카오단톡방을 통해 제공하고 있으니, 다음 단톡방에서 해당 링크를 받아가기 바랍니다.

• 풍요의 단톡방 링크 : https://open.kakao.com/o/gzqyxftb

(비밀번호 : 2025)

  * 비밀번호는 매년 바뀝니다. 만약 올해가 2026년이라면 '2026'을 치고 들어오면 됩니다.

• 다음 QR코드를 읽어도 위 단톡방에 들어올 수 있습니다.

05

나만의 GPTs 만드는 방법

앞에서 소개한, 제가 만든 'AI 초특급 제목 생성기'처럼 누구나 자신의 입맛에 맞게 GPTs를 만들 수 있습니다. 예를 들어 유튜브 제목이나, 키워드 분석, 블로그 검색엔진 최적화(SEO)에 따르는 원고 작성 등을 GPTs로 만들어낼 수 있습니다. 지금부터 그 방법을 소개하겠습니다.

참고로 '나만의 GPTs 만들기' 기능은 ChatGPT 유료 버전에서만 사용할 수 있습니다. 유료 버전으로 ChatGPT 사이트(https://chatgpt.com/)에 로그인합니다. 로그인 후 우측 상단에 본인 프로필을 클릭하면 다음과 같은 팝업이 뜹니다.

팝업 메뉴에서 '내 GPT'를 클릭한 다음 '+ GPT 만들기'를 클릭합니다.

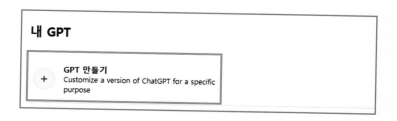

그러면 다음과 같이 나만의 GPTs를 만드는 화면이 나옵니다.

여기서는 '유튜브 제목 생성기'를 예로 들어 만드는 과정을 알아보겠습니다. 다음처럼 화면에 '이름, 설명, 지침, 대화 스타터'를 입력합니다.

'지침'은 GPTs의 작성형식, 스타일, 문체 등을 고정하는 것이므로 원하는 결과값이 나올 때까지 계속 수정합니다.

'대화 스타터'는 GPTs 사용자에게 처음에 어떤 행동을 요청할지를 결정하는 것입니다. 여기서는 '원하는 키워드를 입력하세요'라고 기입합니다.

화면 하단 '지식' 부분에 '파일 업로드'는 자신이 작성한 파일을 토대로 GPTs가 참조하고 일하도록 만드는 것입니다. 여기에 참조할 만한 파일(PDF, WORD, 엑셀, 이미지 파일 등)을 업로드합니다.

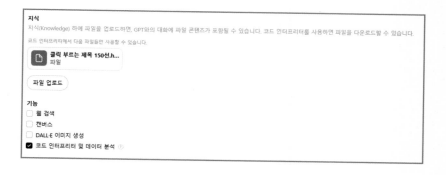

만약 웹검색이 필요하다면 '웹검색'을 체크합니다. 여기서는 '웹검색', '캔버스', '이미지 생성'은 모두 체크 해제하고, '코드 인터프리터 및 데이터 분석'만 선택해줍니다. 이것을 선택하면 업로드한 데이터를 분석해서 GPTs가 결과값을 보여줍니다. 여기까지 설정했다면 우측 상단의 '만들기'를 클릭합니다.

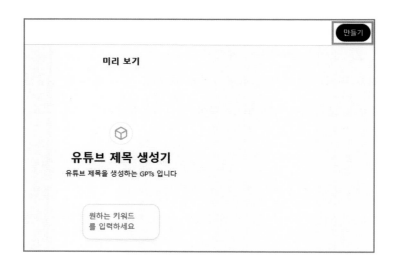

다음과 같은 팝업이 뜨면 공유 설정을 하고 '저장'을 누르면 됩니다. 설정창에서 나만 사용하려면 '나만 보기'를, 링크가 있는 사람들에게만 공유하려면 '링크가 있는 모든 사람'을 체크하면 됩니다. 'GPT 스토어'는 해당 스토어에 자신이 만든 GPTs를 판매할 수 있는 선택사항입니다.

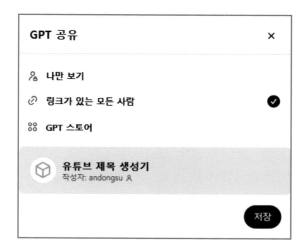

설정 저장 후 'GPT 보기'를 클릭하면 자신이 만든 GPTs를 볼 수 있습니다.

자신이 만든 GPTs 목록은 GPT 화면 우측 상단에 자신의 프로필을 클릭하고 '내 GPT'를 선택하면 언제든 다시 볼 수 있습니다.

06

감마 AI로 상위노출
블로그 이미지 만들기

감마 AI를 이용한 이미지 자동화

블로그 운영자들이 직면하는 가장 큰 어려움 중 하나는 '시간관리'입니다. 특히 블로그 내용에 적절한 이미지를 찾고, 편집하고, 최적화하는 과정은 시간상 큰 부담이 됩니다.

실제로 많은 블로거가 글 작성에 2시간을 투자했다면, 관련 이미지를 찾고 편집하는 데 추가로 1~2시간을 쓰곤 합니다. 이 때문에 하루에 발행할 수 있는 콘텐츠 양이 한계에 부딪힙니다.

'감마 AI'를 활용한 이미지 생성은 이 과정을 획기적으로 단축시킵니다. PPT 기반으로 이미지가 생성되고, 이미지 내에 텍스트가 들어있기 때문에 몇 초 내에 상위노출 가능한 이미지가 생성됩니다. 감마 AI에게 이미지 생성을 맡기고, 마음에 드는 것을 선택하고, 약간의 조정만 거치면 완성됩니다.

제가 감마 AI를 추천하는 이유는 여러 AI 이미지 생성 도구(DALL-E,

Midjourney, Stable Diffusion 등)를 비교 테스트한 결과, 감마 AI가 블로그 SEO에 가장 효과적임을 확인했기 때문입니다. 그 핵심적인 이유는 바로 '텍스트 통합 기능'입니다.

감마 AI는 다른 이미지 생성 도구들과 달리, PPT 슬라이드처럼 이미지 내에 텍스트 요소를 자연스럽게 통합할 수 있는 고유한 기능을 제공합니다. 이는 다음과 같은 효과를 가져옵니다.

- 상위노출 효과 : 블로그 콘텐츠의 핵심 키워드를 이미지 안에 직접 넣을 수 있어, 구글의 이미지 인식 알고리즘이 콘텐츠 주제를 더 명확히 파악할 수 있습니다.
- 체류시간 증가 : 텍스트가 포함된 이미지는 독자들의 시선을 더 오래 붙잡아둡니다. 실제로 감마 AI로 생성한 텍스트 포함 이미지를 사용한 블로그 포스트는 평균 체류시간이 32% 증가했습니다.
- 소셜 미디어 공유 : 텍스트가 포함된 이미지는 소셜 미디어에서 공유될 때 더 높은 참여율을 보입니다. 공유된 이미지 자체에 메시지가 포함되어 있어 클릭률이 향상됩니다.
- 모바일 사용자 경험 개선 : 모바일 기기에서는 긴 텍스트를 읽기 어렵지만, 핵심 메시지가 포함된 이미지는 중요 정보를 빠르게 전달합니다.
- 이미지 검색 효과 : 간단한 인포그래픽 스타일의 이미지 생성으로 검색엔진에서 '이미지 검색' 시 노출 가능성이 커집니다.

실제로 해외 연구결과에서 텍스트 포함 이미지를 사용한 블로그 포스트가 일반적인 AI 생성 이미지 사용 포스트보다 검색엔진에서 15~22% 더 높은 클릭률(CTR)을 기록했음이 밝혀졌습니다.

타 사이트 대비 비용절감 효과

기존의 이미지 사이트들은 콘텐츠당 구매비용이 발생합니다.

- 스톡 이미지 사이트 구독 : 월 29~249달러(사이트별 차이)
- 프리랜서 디자이너 고용 : 이미지당 20~100달러
- 포토샵 라이센스 : 월 20.99달러 또는 연간 239.88달러
- 사진촬영 장비 : 수백에서 수천 달러의 초기 투자

반면 감마 AI의 월 구독료는 대부분의 스톡 사이트보다 저렴하며, 무제한에 가까운 이미지를 생성할 수 있습니다. 또 제한된 수량 내에서 무료로 이미지를 만들 수 있으므로 이를 활용하면 이미지당 비용절감 효과가 큽니다.

지금부터 감마 AI를 활용한 블로그 이미지 생성방법을 간단히 설명하겠습니다. 지면 관계상 회원가입 절차는 생략하고 핵심 사용법만 설명하겠습니다.

먼저 감마 AI 사이트(https://gamma.app/ko)에 들어가서 회원가입을 하고, 상단에 '+ 새로 만들기'를 클릭합니다.

화면 중앙에 '생성' 아이콘을 클릭합니다.

맨 오른쪽에 '소셜' 아이콘을 클릭하고 카드 개수를 정합니다. '무엇을 만들지 설명하세요'에 자신이 작성한 블로그 내용을 복사해서 붙여넣기합니다.

그림의 방향을 선택하면 그림 크기를 정할 수 있습니다. 만약 인스타그램이나 타 SNS에 공유하기를 원한다면 '사각형'을 추천합니다.

'무엇을 만들지 설명하세요'에 자신의 블로그 내용을 붙여넣기했다면 '개요 생성'을 클릭합니다.

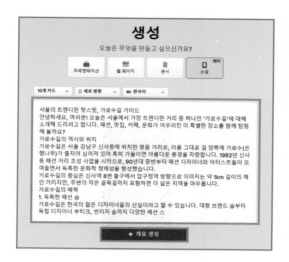

다음처럼 10개의 섹션이 구분되었습니다. 여기서 바로 '생성'을 클릭해도 좋습니다.

다만 '생성'하기 전에 화면 하단의 '사용자 정의'에서 글자의 모양이나 색상도 변경할 수 있으니 이 부분도 참고하면 좋겠습니다.

이제 생성된 결과물을 몇 개 보도록 하겠습니다.

이처럼 감마 AI로 만든 이미지들은 상당히 높은 블로그 상위노출 가능성이 있으며, 무료로 사용해도 꽤 괜찮은 결과를 얻을 수 있습니다.

07

제한 없는 초고화질 이미지
무료로 얻는 법

Fooocus, 완전 무료로 고품질 이미지를 만드는 도구

'Fooocus'는 복잡한 기술지식 없이도 누구나 쉽게 AI의 힘을 활용해 고품질 이미지를 만들 수 있게 해주는 무료 도구입니다. 다만 안타깝게도 이 도구는 사용자의 컴퓨터에서 운용되기 때문에 그래픽 카드가 없거나, 컴퓨터 사양이 낮은 편이라면 실행되지 않을 수 있습니다. 또는 이미지 생성속도가 매우 느려질 수 있습니다.

이처럼 성능이 낮은 컴퓨터라면 이 프로그램과 맞지 않을 수 있는데, 이런 경우 온라인 서버 기반의 유료 이미지 생성 서비스를 이용하길 바랍니다.

요즘 AI 이미지 생성 서비스들은 대부분 유료로 전환되고 있습니다. 하지만 Fooocus는 완전히 무료로 서비스를 제공합니다. 게다가 Stable Diffusion이라는 오픈소스 AI 모델을 기반으로 하여, 미드저니(Midjourney)와 같은 고품질 이미지를 만들 수 있습니다. 이 방법은 무료라는 것이 가장 큰 장점이며, 다양한 스타일의 고품질 이미지를 검열 없이 자유롭게 생성할 수 있으니 한 번쯤 이용해보면 좋겠습니다.

앞서 얘기했듯이 Fooocus는 사용자 본인의 컴퓨터에 직접 설치하는 방식이고, 이 도구를 사용하려면 다음과 같은 컴퓨터 그래픽 성능 요구사항이 전제됩니다.

- 운영체제 : Windows 10/11, macOS 또는 Linux
- 그래픽 카드(GPU) : NVIDIA 그래픽 카드(최소 4GB 메모리)
- 시스템 메모리(RAM) : **최소 8GB(16GB 이상 권장)**
- 저장공간 : **최소 10GB의 여유공간**

Fooocus는 구글 크롬(Chrome) 브라우저를 사용하므로 사전에 크롬 브라우저를 설치하길 바랍니다.

- 구글 크롬 설치 바로가기 : https://www.google.com/chrome/

Fooocus 설치하기

먼저 Fooocus의 공식 GitHub 페이지(github.com/lllyasviel/Fooocus)
에 접속합니다.

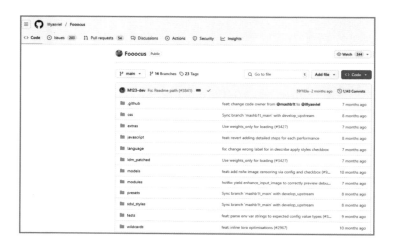

위 화면에서 하단으로 조금 스크롤하면 'Download' 단락이 나옵니
다. 그 아래에 있는 '>>> Click here to download <<<'를 클릭합니다.

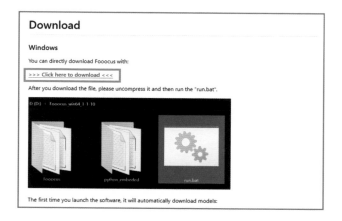

다운로드 파일은 약 6기가(GB) 정도의 공간이 요구됩니다. 자신의 컴퓨터에 저장공간을 확인하고 적당한 폴더에 저장합니다.

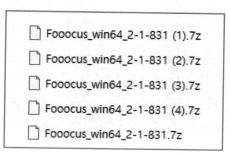

위와 같이 파일 다운로드가 완료되면 '반디집'과 같은 압축해제 프로그램을 통해 압축을 해제합니다. 다음처럼 압축 해제로 형성된 폴더에서 'run.bat' 파일을 더블클릭해서 실행하면 프로그램 설치와 필요한 업데이트가 진행됩니다.

이름	수정한 날짜	유형
Fooocus	2025-03-02 오후 2:57	파일 폴더
python_embeded	2025-03-01 오후 5:43	파일 폴더
run	2023-08-12 오전 1:14	Windows 배치 파일
run_anime	2023-10-14 오전 10:47	Windows 배치 파일
run_realistic	2023-10-14 오전 10:47	Windows 배치 파일

설치가 끝나면 다음처럼 'cmd' 입력창이 뜨는데, 이는 이미지를 생성할 때 반드시 켜놓아야 합니다.

Fooocus 사용법 및 기능

설치와 업데이트가 끝나면 구글 크롬 브라우저로 다음과 같은 Fooocus 이미지 생성 사이트가 자동으로 나옵니다.

기본적인 기능을 설명하겠습니다. 프롬프트 창에 만들고 싶은 이미지 설명문구를 쓰고, 우측의 'Generate'를 누르면 이미지가 생성됩니다. Fooocus는 한글로 입력해도 인식은 되지만, 제 경험상 '영문'으로 입력하는 게 인식률이 훨씬 좋습니다.

화면 하단에 'Advanced'를 체크합니다.

그러면 우측에 다음과 같은 화면이 나옵니다. 'Image Number'를 통해 만들고자 하는 이미지 수량을 선택할 수 있습니다.

바로 위에 있는 'Aspect Ratios'를 클릭하면 다음처럼 이미지 비율을 설정할 수 있습니다.

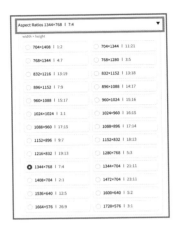

여기서는 '7:4' 비율로 설정하겠습니다. 참고로 16:9 또는 9:16 설정이 없으므로 16:9 비율로 만들고 싶다면 7:4를 선택하고, 9:16 비율로 만들고 싶다면 4:7을 선택합니다.

메뉴에서 'Styles'를 클릭하면 수십 가지 이미지 유형을 선택할 수 있습니다.

위 그림처럼 제공하는 이미지 유형이 워낙 다양하므로 제가 몇 가지 유형을 골라 추천해보겠습니다.

참고로, Fooocus는 한글로 프롬프트 입력 시 결과값이 그다지 만족스럽지 않았습니다. 되도록 영문으로 프롬프트를 작성하도록 합니다.

다음처럼 각각의 유형별 이미지 생성결과를 확인하세요.

- Fooocus Cinematic : 현실적인 디테일
- SAI Cinematic : 사진처럼 사실적인

- Mk Gond Painting : 고풍스러운 벽화

• Mk Suminagashi : 물감 풀어놓은 수묵화

• Mk Chromolithography : 몽환적이면서 색감이 살아있는

• Mk Coloring Book : 컬러링 북 스타일

• Mk Andy Warhol : 앤디 워홀 스타일

• Mk Pichwai Painting : 인도풍의 그림

• Mk illuminated Manuscript : 몽환적이고 환상적인

• Mk Alcohol Ink Art : 컬러풀 잉크 퍼지는 효과

• MRE Sumi E Symbolic : 선이 굵은 수묵화

• MRE Sumi E Detailed : 디테일한 수묵화

• Photo Silhouette : 흑백 감성적인 실루엣

• Artstyle Graffiti : 그래피티 스타일

• Misc Gothic : 다크하면서 고풍스러운

사진 다운로드는 이미지 우측 상단에 있는 '↓' 아이콘을 클릭하면
됩니다.

이 외에도 수십 가지 다양한 이미지 유형이 있으니 본인이 원하는
스타일을 선택하여 만들어보면 좋겠습니다.

생성된 이미지 파일의 세부 정보를 확인하고 싶다면 우측 하단의
'History Log'를 클릭합니다.

다음처럼 생성된 이미지들의 세부 정보 확인이 가능합니다.

Fooocus를 종료하고 싶다면 해당 크롬 브라우저를 닫은 후 실행된 'cmd' 입력창도 종료합니다.

추후 Fooocus를 다시 실행하려면 압축파일을 해제한 폴더로 들어가서 'run.bat' 파일을 더블클릭해서 실행하면 됩니다.

Fooocus에는 기존의 이미지를 업로드해서 유사 이미지를 만드는 기능이 있습니다. 화면 하단에 있는 'Input Image'를 체크하면 그 아래쪽에 다음과 같은 화면이 나옵니다. 원본 사진으로써 업스케일하고자 하는 이미지가 있다면 그림에 표시한 체크박스 영역에 업로드하면 됩니다.

이미지를 프롬프트처럼 사용해서 다른 이미지를 만들고 싶다면 다음처럼 'Image Prompt'를 클릭하고 이미지를 업로드합니다.

이 외에도 Fooocus가 제공하는 다양한 기능들이 있으니 한번 사용해보면서 익혀보기를 추천합니다.

그 외 무료 AI 이미지 생성 웹사이트

이 밖에 이미지 생성을 위해 무료 AI 이미지 생성 웹사이트를 이용하는 방법이 있습니다. 현시점에 대중적으로 많이 사용되고 있는 무료 이미지 생성 AI 서비스는 다음과 같습니다. 각 서비스는 저마다 특성과 장단점이 있으니 용도에 맞게 선택하면 됩니다.

〈ChatGPT - SORA〉
- 특징 : 텍스트 기반의 다양한 스타일 생성, 접근성
- 장점 : 텍스트로 된 아이디어를 이미지로 변환하기 좋음, 타 이미지를 불러와서 유사 이미지 생성에 유리, 이미지 수정과 합성에 유리, 텍스트 삽입 기능
- 단점 : 일관성 문제, 텍스트 문구 퀄리티, 저작권 문제(예 : 지브리 스타일, 디즈니 스타일 등)
- 사이트 : https://sora.chatgpt.com/

〈Craiyon(구 DALL · E mini)〉
- 특징 : 매우 간단한 사용법과 빠른 결과
- 장점 : 완전 무료, 회원가입 없이 사용 가능, 다소 추상적이거나 엉뚱한 이미지 생성에 강점

- 단점 : 이미지 퀄리티가 다른 고급 모델에 비해 낮음
- 사이트 : https://www.craiyon.com

〈미드저니〉

- 기반 모델 : 자체 개발한 모델 V 시리즈
- 특징 : 텍스트 to 이미지 퀄리티가 굉장히 사실적임, 특히 인물
- 장점 : 이미지 생성속도가 빠르고, 퀄리티가 실사에 가까움
- 단점 : 무료 버전이 없고, 유료 구독만 가능한 상태
- 사이트 : https://www.midjourney.com/ (디스코드로 접속해서 들어가야 함)

〈Leonardo.Ai〉

- 특징 : 게임 아트, 일러스트, 캐릭터 디자인에 최적화
- 장점 : 회원가입만 하면 일정량의 무료 크레딧 제공, 다양한 스타일 프리셋, 모델 선택 가능, 커뮤니티 기능 활성화됨
- 단점 : 한글 입력이 제한적
- 사이트 : https://leonardo.ai

〈구글 Gemini〉

- 기반 모델 : Imagen 3, 구글의 텍스트-이미지 생성모델
- 특징 : 구글에서 막대한 투자로 이미지, 동영상 성능이 향상되고 있음, 동영상 생성모델 veo 시리즈 퀄리티가 매우 높음
- 장점 : 빠르고 높은 이미지 품질, 지속적인 개선

- 단점 : 아직은 한글 인식 및 출력이 아쉬움(향후 개선 예정)
- 사이트 : https://gemini.google.com/

〈캡컷 Dreamina〉

- 기반 모델 : 기반 모델은 공개되지 않고 있음
- 특징 : 캡컷이라는 영상편집 프로그램을 개발했기 때문에 이미지 및 동영상 생성 퀄리티가 높음
- 장점 : 무료로 만들 수 있는 이미지 토큰을 많이 제공하고 있음, 이미지 및 동영상 생성속도가 빠름
- 사이트 : https://dreamina.capcut.com/

이 외에도 다양한 AI 이미지 생성 사이트(유·무료)가 있고 지금도 계속 유사 사이트가 생기고 있습니다. 이런 다양한 사이트 중 자신의 기호에 따라 선택해서 활용하면 됩니다.

08

AI 유튜브 영상 반자동화

AI를 활용한 유튜브 영상 만들기

'브루(Vrew)'는 AI 기술을 활용한 영상편집 프로그램으로, 초중급자들에게 유용한 도구입니다. 특히 텍스트만 넣으면 동영상으로 만들어주는 '텍스트 to 동영상' AI 생성 기능으로 유명합니다.

저는 어도비 프리미어 프로 프로그램을 썼었습니다. 하지만 해당 프로그램은 영상 포맷, 해상도, 프레임 레이트, 인코딩 설정 등 복잡한 전문 용어와 개념이 초보자들에게는 진입장벽이 됩니다. 초보자에게는 영상편집 자체가 상당히 난이도 있는 과제입니다.

브루(Vrew)는 초보자들의 진입장벽을 효과적으로 해결하는 도구입니다. 직관적인 인터페이스를 통해 복잡한 과정 없이 바로 편집할 수 있습니다.

또 브루(Vrew)에 내장된 무료 소스 라이브러리는 저작권 걱정 없이 사용할 수 있는 영상과 이미지를 제공합니다. 추가로 AI가 제작해주는 이미지도 자동 삽입되어 텍스트만 있으면 영상편집이 가능합니다. AI 목소리 기능은 비교적 고품질의 음성 내레이션을 제작할 수 있게 합니다.

앞서 설명한(295쪽 참조), ChatGPT를 이용한 1만 자 텍스트 원고를 가지고 브루(Vrew)를 이용해 동영상을 편집하면 1시간짜리 영상도 빠르게 고퀄리티 결과물로 만들 수 있습니다.

지금부터 브루(Vrew) '텍스트로 비디오 만들기' 기능을 중점적으로 설명하겠습니다. 브루(Vrew) 설치는 구글이나 네이버 검색을 통해 진행하면 됩니다. 설치과정은 지면 관계상 생략하도록 하겠습니다.

브루(Vrew)로 텍스트 to 동영상 만들기

브루 프로그램 실행 후 왼쪽 상단의 '새로 만들기'를 클릭합니다.

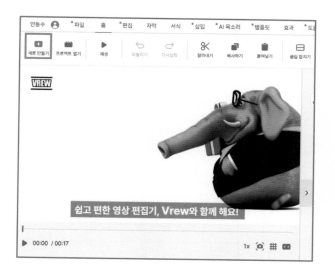

'텍스트로 비디오 만들기' 옵션을 선택합니다.

영상비율을 선택합니다(유튜브 16:9, 쇼츠 9:16, 인스타그램 정방형, 클래식 4:3 등). 여기서는 16:9 가로영상 비율로 하겠습니다.

'비디오 스타일'을 선택합니다(캐주얼한 정보 전달, 다큐멘터리, 명언 영상, 어린이 학습 영상, 뉴스 속보 등). 여기서는 다큐멘터리 스타일을 선택하겠습니다.

'주제'를 입력합니다. 여기서는 '계피의 효능과 복용법'으로 하겠습니다. 그 아래 '대본' 입력 란에 1만 자 원고 만들기 스크립트(295쪽 참조)에서 ChatGPT로 작성한 원고를 복사(ctrl+c), 붙여넣기(ctrl+v)합니다.

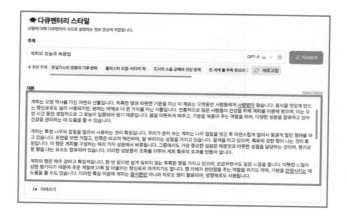

화면 우측에 '영상 요소'에서 AI 목소리를 사용할 수 있습니다.

'변경'을 클릭하면 다른 스타일의 목소리로 변경할 수 있고, 목소리의 빠르기나 감정도 조율할 수 있습니다. 자신의 원고 스타일에 맞게 목소리를 선택하면 됩니다.

'이미지&비디오'를 활성화하면 AI를 이용해 자동으로 각 문장별 사진 및 비디오를 삽입해줍니다.

'변경' 아이콘을 클릭하면 동영상에 삽입될 이미지 스타일을 변경할 수 있습니다. 여기서는 기본 설정인 '사진'으로 선택합니다.

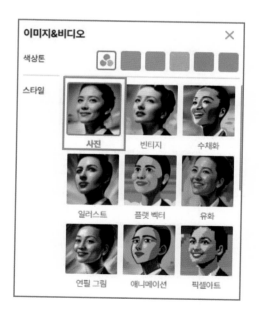

영상 요소 하단의 '무료 비디오'는 브루(Vrew)에 내재된 비디오 소스를 가져오는 기능입니다. 유용한 라이브러리 영상들이 많습니다.

다만, '무료 비디오'는 타 영상들과의 중복이라는 단점도 있기 때문에 적절히 사용하기를 추천합니다. 이때 '자동 음소거'는 반드시 체크하고, '배경음악'도 비활성화합니다.

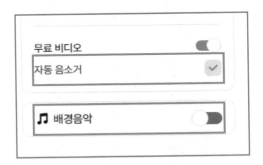

브루의 '무료 비디오'는 타 영상과 중복 가능성을 배제할 수 없으므로 '무료 비디오' 선택 후 편집과정에서 개별 수정하는 방법을 추천합니다.

여기까지 진행했다면 '완료' 아이콘을 누릅니다. 다음처럼 앞 내용에서 ChatGPT로 작성한 하나의 원고를 가지고 약 18분가량의 동영상이 자동으로 만들어졌습니다. 영상을 재생하면서 어색한 부분이 있는지 검토합니다.

브루(Vrew)로 영상편집하기

브루로 만든 영상에서 AI 음성을 수정하고 싶다면 우측 자막 영역에서 '연필' 모양을 클릭해서 해당 시나리오를 수정합니다. 음성 시나리오를 수정했다면 이에 맞게 자막을 수정합니다. 다음 그림에 표시한 부분이 '자막' 표시영역입니다.

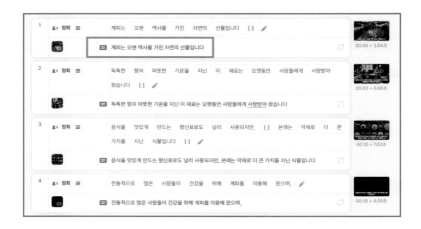

'음성' 영역과 '자막' 영역은 별도로 관리해야 합니다. 만약 음성 시나리오를 수정했다면 반드시 그 아래에 있는 '자막'도 수정합니다.

만약 해당 장면의 배경화면을 수정하고 싶다면 좌측에 '사진'을 클릭하고 '교체'를 선택합니다. 여기서 '적용 범위 변경'을 클릭하고, 전체 범위로 설정하면 모든 화면에 동일한 배경화면이 적용됩니다.

이미지 또는 비디오는 문장별로 생성할 수 있습니다. 문장 하나를 선택한 뒤 좌측 아래에 있는 '이미지 1장 생성'을 클릭합니다. 그러면 해당 시나리오에 맞는 AI 이미지를 만들게 됩니다.

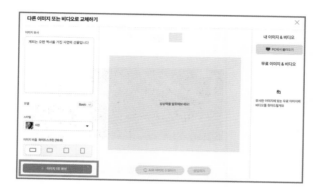

이미지가 마음에 든다면, 좌측 아래에 이미지 비율이 16:9로 되어 있는지 확인하고 '삽입하기'를 누릅니다. 만약 마음에 들지 않는다면 다시 '이미지 1장 생성'을 눌러서 다른 이미지를 생성합니다. 내 컴퓨터에 쓸 만한 다른 사진이 있다면 우측 상단에 있는 'PC에서 불러오기'를 눌러서 해당 사진을 업로드합니다.

우측에 있는 '무료 이미지 & 비디오'를 선택하면 브루에 내재된 기존 영상 이미지 라이브러리에서 원하는 이미지 또는 동영상을 불러올 수 있습니다.

브루 메인 화면 상단 메뉴에는 다양한 기능이 있습니다. 자막의 서식을 변경하고 싶다면 '서식' 아이콘을 클릭해서 자막의 문체, 위치, 크기 등을 변경할 수 있습니다.

자막의 위치를 조정하고 싶다면 '서식 > 위치' 아이콘을 클릭해서 자막의 위치를 조정합니다.

영상 만들기를 할 단계입니다. 최종 마무리하기 전에 모든 영상이 제대로 만들어졌는지 검토합니다.

좌측 상단의 영상 미리보기에서 '▶' 버튼을 눌러서 확인합니다. 미리보기 확인 과정은 반드시 진행하도록 합니다. AI가 만든 영상은 중간

중간 어색한 그림이 있을 수 있습니다. 예를 들면 다음 그림은 손가락을 6개로 표현한 오류입니다.

위와 같은 오류 이미지가 포함되어 있다면 다른 이미지를 생성해서 삽입하거나 기존 라이브러리 삽입으로 변경합니다.

모든 이미지를 검토한 결과 부자연스러운 부분이 없다면 화면 우측 상단에 있는 '내보내기'를 클릭하고 '영상 파일(MP4)'을 선택합니다.

영상 파일(mp4)을 클릭하면 동영상 크기 및 형식을 물어보는 창이 뜹니다.

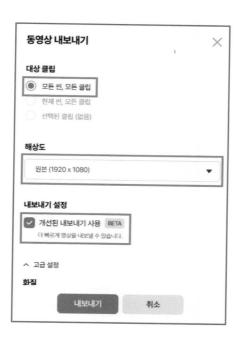

여기서 '대상 클립'은 '모든 씬, 모든 클립'으로 체크하고, '해상도'는 '원본(1920×1080)'으로 설정합니다. 만약 컴퓨터 사양이 높은 편이라면 내보내기 설정에서 '개선된 내보내기 사용'을 선택하면 좀 더 빠른 영상처리가 가능합니다.

'고급설정'은 '고화질(권장)'로 설정하고, 마찬가지로 컴퓨터 사양이 높다면 '하드웨어 가속 사용함'을 체크합니다. 최종적으로 '내보내기'를 클릭하면 영상제작이 마무리됩니다.

지금까지 설명한 방법으로 영상을 제작하는 데 드는 시간은 대략 10분 정도입니다.

09

유튜브 동영상 무료 다운로드 방법

다양한 무료 다운로드 방법

유튜브 채널을 운영하다 보면 가끔 기존 유튜브 콘텐츠를 다운로드해야 하는 상황이 생깁니다. 개인적인 학습목적으로 영상의 특정 부분을 반복 재생하고 싶거나, 와이파이 이용이 어려운 환경에서 콘텐츠 다운로드가 필요할 수 있습니다. 특히 다른 운영자가 만든 콘텐츠에서 유용한 부분을 일부 활용하고 싶거나, 영상편집 프로그램을 이용해 기존 콘텐츠를 재가공하여 자신만의 창의적인 콘텐츠로 활용하고 싶을 때 콘텐츠 다운로드가 필요합니다.

이럴 때 유튜브 동영상을 무료 다운로드하는 방법과 이를 다양하게 활용하는 꿀팁을 소개하겠습니다. 먼저 유튜브 콘텐츠를 무료로 다운로드하는 방법은 다양합니다.

• 온라인 사이트 이용하기 : 'yt1s.com', 'savefrom.net' 등 웹사이

트에 동영상 링크만 복사해 붙여넣으면 간편히 다운로드 가능

- 전용 프로그램 이용하기 : '4K Video Downloader', 'ClipGrab' 등 무료 프로그램을 설치하여 고화질 영상까지 다운로드 가능
- 모바일 앱 이용하기 : 안드로이드의 경우 'Snaptube', 'Tube-Mate' 같은 앱을 통해 다운로드 가능

저자가 추천하는 유튜브 콘텐츠 무료 다운로드 방법

제가 추천하는 방법을 활용하려면 먼저 'Brave 브라우저'를 설치해야 합니다. 많은 사람이 일반적으로 구글 크롬이나 마이크로소프트 엣지 등의 웹 브라우저를 이용할 텐데요, 이런 브라우저들은 광고 차단이 되지 않습니다. 따라서 이런 브라우저를 통해 유튜브 동영상 다운로드 사이트를 방문하면 광고 쓰나미를 경험하는 경우도 많습니다. Brave 브라우저는 광고를 우선 차단해주기 때문에 광고 페이지를 띄우지 않고도! 유튜브 콘텐츠 다운로드를 이용할 수 있습니다.

1 Brave 브라우저 설치

Brave 브라우저를 설치하는 방법은 간단합니다. Brave 공식 홈페이지(https://brave.com/download)의 다운로드 페이지로 가서 다음 화면이 나오면 윈도우즈용을 다운로드합니다. 그림처럼 'Get Brave for Windows' 버튼을 누르면 됩니다.

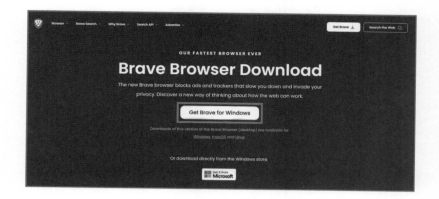

다운로드를 받은 다음에는 설치과정에 따라 진행하면 됩니다. 설치가 끝나면 자동으로 브라우저가 실행되어 Brave 브라우저를 사용할 수 있습니다.

2 다운로드 페이지 방문하기

제가 추천하는 유튜브 콘텐츠 무료 다운로드 방법은 'UtoMP3'를 이용하는 것입니다. 이 사이트에서는 MP3(음성파일)뿐 아니라 영상 다운로드도 비교적 원활하게 잘되는 편입니다.

• 유튜브 콘텐츠 무료 다운로드 사이트 : https://utomp3.com

해당 사이트에 방문했다면 다음 화면에 표시한 영역에 자신이 다운로드받고 싶은 영상의 URL을 입력하고 'START'를 클릭합니다.

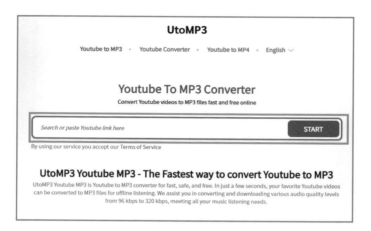

그런 다음 상단에 있는 'Youtube to MP3'를 선택하면 그림처럼 음성파일로 변환됩니다. 그 옆에 'Convert' 버튼을 누르면 다운로드 아이콘이 나오는데 'Download'를 클릭합니다.

다음과 같은 화면이 나오면 ' : ' 표시를 클릭하고 '다운로드'를 선택해 해당 파일을 다운로드합니다.

'동영상 파일'로 변환하고 싶으면 화면 상단에 있는 'Youtube to MP4'를 클릭하고 해당 영상의 URL을 입력한 다음 'START' 버튼을 클릭하면 됩니다.

앞의 결과에서 하단에 있는 'Convert' 버튼을 클릭하면 바로 다운로드 아이콘이 나오는데, 그 아이콘을 클릭하면 해당 영상이 폴더에 저장됩니다.

10

AI로 타 유튜브 채널 분석하기

'Felo AI'를 활용한 유튜브 채널 분석방법

현재까지 ChatGPT 또는 이와 유사한 AI 모델들은 외부링크에 대한 분석이 원활하지 않았습니다. 반면에 Felo AI는 유튜브 영상 및 채널 분석에 최적화된 AI 도구로, 간단한 사용법을 제공합니다. 무료로도 충분히 이용할 수 있으니 한번 시도해보면 좋겠습니다.

1 Felo 접속 및 검색범위 설정

Felo 사이트(https://felo.ai/)에 접속합니다.

2 분석할 유튜브 채널 또는 영상 선택

분석하고 싶은 유튜브 채널의 링크 또는 특정 영상의 URL을 복사해서 붙여넣습니다.

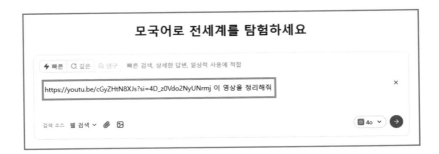

Felo 검색창에 해당 링크를 입력한 후, '이 채널을 분석해줘' 또는 '이 영상을 정리해줘'와 같은 프롬프트를 입력합니다.

3 분석결과 확인

Felo는 입력된 링크를 기반으로 콘텐츠의 주요 내용을 분석합니다.

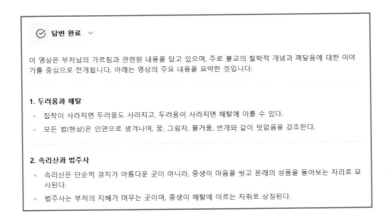

4 마인드맵 활용

Felo의 마인드맵 기능을 사용하면 분석결과를 시각적으로 정리할 수 있습니다. '마인드맵' 버튼을 클릭해서 생성된 결과를 확인하고, 필요에 따라 재구성할 수 있습니다. 분석결과 하단에 있는 '마인드맵'을 클릭합니다.

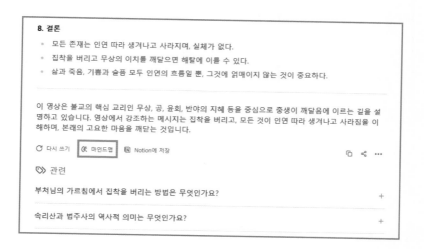

다음 그림과 같은 마인드맵을 통해 해당 콘텐츠의 내용을 빠르게 파악하고 콘텐츠를 심층 분석하여 새로운 아이디어를 얻을 수 있습니다. 또한 해당 콘텐츠 내용을 토대로 교육자료를 빠르게 만들어 유용하게 활용할 수 있습니다.

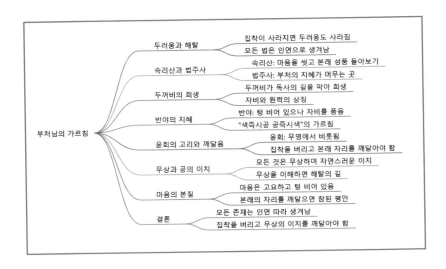

Felo AI를 활용하면 다양한 유튜브 콘텐츠 링크를 가져와서 해당 콘텐츠 내용을 분석하고, 해당 콘텐츠들의 공통점이나 시사점을 빠르게 정리 요약할 수 있습니다. 새로운 유튜브 채널을 만들고 싶거나, 콘텐츠를 기획할 때 활용하면 매우 유용합니다.

참고로 구글 Gemini를 활용하는 방법도 있습니다. 해당 유튜브 영상의 링크를 복사해서 Gemini 검색창에 붙여넣으면 관련 내용을 간단히 요약해줍니다. Felo AI처럼 마인드맵으로 만들지는 않지만, 유튜브 영상의 내용을 간단히 요약 정리하고 싶을 때는 Gemini를 사용하는 방법도 괜찮습니다.

구글
애드센스로
돈 벌기

Google
Adsense

4장

구독자를
끌어당기는
5가지 절대법칙

01

___

당신이 구독자를
모으지 못하는 진짜 이유

최근에는 유튜브 채널 운영을 시작한 지 채 몇 개월 안 되었는데 십만에서 백만 명 이상의 구독자를 획득하는 사례가 많습니다. 그 채널들은 어떻게 했기에 몇 개월 만에 그렇게 어마어마하게 많은 구독자수를 확보할 수 있었을까요?

짧은 기간 큰 성장을 이룬 채널들은 5가지 공통점이 있습니다. 그것을 정리한 것이 이 책에서 제시하는 '5가지 절대법칙'입니다. 이 5가지 법칙들은 매우 심플하고 직관적입니다. 하지만 이것을 간과한 채 좌충우돌하며 시간을 허비한다면 많은 실패비용을 지불하게 될 것입니다. 이것저것 방법을 찾아 헤매지 말고 이 법칙에 따라 유튜브 채널을 운영하세요. 이 법칙을 기억하면서 채널을 운영한다면 분명 성장속도에 큰 차이가 있을 것입니다. 짧은 기간 내 구독자를 많이 확보하는 원리는 분명히 있습니다. 그 원리들을 전략적으로 인지하고 있어야 성공할 수 있습니다.

떡상하는 영상은 뚝딱 하고 나오지 않는다

성장하는 유튜브 채널을 보고 있으면 유튜브로 돈 벌기가 쉬워 보입니다. 그러나 유튜브로 돈 벌기는 결코 쉬운 일이 아닙니다. 한 번쯤 도전해본 사람은 제 말을 이해할 것입니다. 유튜브로 성공하기 위해서는 단순히 의지, 노력, 열정만으로 되지 않습니다. 몰입도가 높은 영상을 만들기 위해서는 심도 있는 기획력과 아이디어, 편집실력 등이 요구됩니다.

이러한 이유로 블로그로 돈 버는 것보다 유튜브가 더 난이도가 높습니다. 초보자들의 착각은 영상을 꾸준히 올리면 언젠가 성공하겠다는 생각을 합니다. 그러나 연예인처럼 독특한 개성이나 특출난 콘텐츠가 아니라면 대부분 실패로 끝납니다. 블로그는 누구나 할 수 있지만 유튜브는 영상제작에 관한 감각과 실력이 없으면 성공할 수 없다는 말입니다.

유튜브를 통해 따박따박 들어오는 수익(passive income)을 얻고 싶은가요? 그렇다면 쉽게 성공하려는 마음을 버려야 합니다. 또 쉽게 포기하려는 태도 또한 버려야 합니다.

이 책에서 제시하는 성공법칙에 따라 철저하게 기획된 영상을 제작하기 바랍니다. 그리고 계획했던 목표를 달성할 때까지 지속적으로 실천해보세요. 실패하면 어떻습니까? 유튜브는 성공보다 실패로부터 더 많은 부가가치가 생깁니다. 실패를 두려워하지 마세요. 실패를 통해 더 많은 배움을 얻게 될 것이고, 유튜브에 대한 이해도는 더 높아질 것입니다.

이 책을 통해 어떻게 하면 사람들이 내 영상을 좋아할 수 있는지 저와 함께 계속 고민해보기 바랍니다. 고민하고, 노력한다면 이 책을 읽는 당신도 곧 유튜버로서 성장할 것이고, 결국 그 해답을 찾게 될 것입니다.

메타인지가 없으면 절대 유튜브로 성공할 수 없다

메타인지가 높아야 유튜브에서 성공할 수 있습니다. 메타인지의 사전적 의미는 'meta(~에 대하여)'+'cognition(아는 것)'입니다. 메타인지는 내가 아는 것과 모르는 것에 대해 정확하게 구분하는 것입니다. 그렇다면 유튜브를 하는 데 메타인지가 왜 필요할까요?

누군가 당신에게 '유튜브 성공하는 법'에 대해 묻는다면, 어떻게 대답하겠습니까? 유튜브 성공방법에 대해 짧은 시간 간략하게 핵심을 설명할 수 있다면 메타인지적으로 '아는 것'입니다. 그러나 막연하고 장황하게 말한다면 메타인지가 부족한 상태입니다. 특히 자신이 만든 영상을 객관적으로 판단하지 못하는 상태에서는 유튜브에서 결코 성공할 수 없습니다.

좀 더 쉬운 이해를 위해 예를 들겠습니다. 어떠한 영역에서 높은 수준의 결과를 가져온 A라는 사람이 쓴 책을 보고 그 책 내용을 이해했다면, 그것은 책을 한 번 본 것일 뿐입니다. 그것을 '내 것'이라고 말할 수는 없습니다. 왜냐면 실제로 A라는 사람처럼 결과물을 만들어내려면 생각지 못했던 장애물과 상당한 수준의 노력이 요구되기 때문입니다. 즉, 무엇을 자주 봤다고 해서 그것을 안다고 하면 착각입니다. 실제로 내가 그것을 실천하려고 하면 결코 생각처럼 되지 않기 때문입니다.

유튜브를 자주 봤거나 혹은 유튜브하는 방법에 관한 책을 읽었다고 유튜브하는 방법을 잘 안다고 하면 착각입니다. 실제로 유튜브 영상을 제작하여 내 영상을 다른 유튜브 영상들과 비교해보기 바랍니다. 막상 비교해보면 내 영상의 퀄리티, 몰입도, 아이디어, 노력 등 다양한 부문에서 만만치가 않다는 것을 깨닫게 됩니다.

유튜브로 성공하고 싶습니까? 그렇다면 내가 만든 영상을 철저하게 객관적으로 보아야 합니다. 그리고 어떠한 부분에서 경쟁력이 부족한지 파악해야 합니다. 타 경쟁 유튜브 채널을 분석하면서 어떠한 요소에 더 개선이 필요한지를 객관적으로 보아야 합니다. 내 영상과 타 경쟁 채널의 영상을 나란히 비교해보세요. 만약 내 영상이 기존의 영상들보다 좀 더 재밌거나 몰입도가 높다면 그때 영상 제작수준이 올라온 것입니다.

채널개설 후 첫 영상이 가장 중요하다는 사실

유튜브 영상의 추천 알고리즘은 8:2 법칙을 따릅니다. 알다시피 유튜브로 성공하려면 우선적으로 피드 추천이 되어야 합니다. 그리고 유튜브 영상 추천의 80%는 대형 채널에서 나오는 콘텐츠입니다. 나머지 20%는 신생 채널의 콘텐츠 추천입니다. 대형 채널에서 나오는 80% 콘텐츠는 이미 확보된 구독자와, 적정 수준 이상의 평균시청 지속시간, 몰입도가 높은 영상들입니다. 그러니까 80% 콘텐츠는 퀄리티가 보증되어 있으며 평균시청 지속시간이 유지될 가능성이 높습니다. 이 때문에 유튜브 알고리즘은 대형 채널의 콘텐츠를 유튜브 홈 화면에 훨씬 많은 비중으로 노출해줍니다. 그러나 고인 물은 썩는 법. 유튜브 알고리즘은 20%의 새로운 영상들을 추천해주고 있습니다. 그런데 대부분의 20% 신생 채널은 평균시청 지속시간과 반응이 적기 때문에 확산되지 못합니다. 한마디로 몰입도가 낮아서 유튜브 알고리즘의 '간택'을 받지 못하며, 피드 추천을 받지 못하고 소멸하게 됩니다.

다만 신생 채널이라도 새롭게 떠오르는 관심사를 주제로 했거나, 획기적인 콘텐츠 또는 유명인이 등장하면 '평균시청 지속시간'과 '조회율', '공유', '좋아요', '댓글' 등의 높은 점수반영으로 알고리즘의 간택을 받게 됩니다. 만약 첫 영상에서 떡상을 하면, 아무리 신생 채널이라해도 유튜브 알고리즘이 높은 확률로 피드 추천을 허용합니다. 이러한 알고리즘 때문에 유튜브 채널 개설 후 첫 영상은 매우 매우 중요합니다. 처음 올린 영상의 성적표를 토대로 해당 채널의 노출수준(피드 추천 범위)을 결정하기 때문입니다.

많은 초보 유튜버들에게 첫 영상의 기회가 열려 있습니다. 첫 영상을 올릴 때 제대로 만들어야 합니다. 이제 막 채널 개설을 했습니까? 그렇다면 이 책의 노하우와 '구독자를 끌어당기는 5가지 절대법칙'을 토대로 첫 영상을 만들어보세요. 첫 영상이 당신의 채널 성공을 좌우할 것입니다.

이미 채널 개설을 하고, 영상도 업로드한 이후입니까? 그렇다면 지금 채널을 통해 다양한 실험을 해보고, 충분히 연습하는 시간을 가지세요. 그리고 적정 수준 이상으로 실력이 향상되었다고 느낄 때, 신규 채널을 개설해서 '첫 영상의 폭발적 성장'을 목표로 하기 바랍니다. 이것이 유튜브 성공의 주요한 전략이 될 수 있습니다.

02

나의 킬러 콘텐츠는 무엇인가

키워드 검색에 대해서는 앞서 블로그 편에서 충분히 설명했으므로, 여기서는 구글 키워드 플래너를 중심으로 간략히 설명하고 넘어가도록 하겠습니다.

유튜브는 구글이 운영하는 '검색엔진'이라고 볼 수 있습니다. 검색엔진은 영상의 '검색결과 노출순위'를 담당합니다. 그리고 유튜브의 알고리즘은 검색결과에 따라 피드 추천에 '추천영상'도 띄워줍니다. 만약 검색된 결과의 '추천영상'에 올라온다면 상당수의 구독자 유입을 기대할 수 있습니다.

유튜브는 내부 알고리즘에 의해 어떤 콘텐츠를 상위에 노출할지를 스스로 결정합니다. 따라서 원칙적으로 여러분이 SEO(Search Engine Optimization, 검색엔진 최적화)를 잘해야만 검색결과 상위노출과 추천영상에 올라갈 수 있습니다.

SEO는 유튜브 알고리즘에 맞게 채널을 최적화시키는 작업을 말합니다. 기본적으로 영상의 시청시간을 늘리고 영상의 제목과 내용, 태그에 사람들이 관심 있을 만한 키워드를 적절하게 배치할수록 SEO 점수가 높아집니다.

유튜브 SEO에서 상위에 랭크하기 위해서 가장 좋은 방법은 과거에 관심이 전혀 없었다가 갑자기 관심이 발생하는 소재를 찾는 것입니다. 이러한 소재는 처음 시작하는 유튜버들에게 매우 좋은 아이템이 될 수 있습니다. 구글 키워드 플래너 등을 활용해서 어떤 키워드가 새롭게 떠오르는지 잘 살펴보기 바랍니다.

구글 키워드 플래너(https://ads.google.com/home/tools/keyword-planner)의 '도구 및 설정 → 키워드 플래너'로 들어가서 아래와 같이 '새 키워드 찾기'를 클릭한 후 여러분이 관심 있는 키워드를 입력합니다.

예를 들어 '먹방'이라는 키워드를 검색하면 다양한 키워드 아이디어 (연관 키워드)가 나옵니다. 이 키워드 아이디어는 '먹방'을 검색한 사람들이 추가로 관심을 보이는 키워드들입니다.

'새 키워드 찾기'에서 '먹방'을 기재하고 아래 '결과보기' 버튼을 클릭합니다.

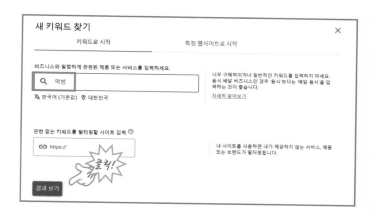

검색결과에 먹방과 관련된 '쯔양', '히밥'과 같은 연관 키워드가 165개 나열된 것을 볼 수 있습니다. 이 중에서 월간 평균 검색량이 많고, 경쟁지수가 낮으며, 입찰가가 상대적으로 높은 키워드를 공략하는 것이 구글 애드센스에 최적화되고 효과적인 전략입니다.

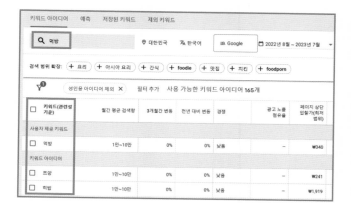

특히 '3개월간 변동 지수'가 무한대로 찍힌 키워드라면 과거에 없다가 최근에 많은 관심을 받은 키워드이므로 주목해보아야 합니다.

☐	키워드	월간 평균 검색량	↓ 3개월간 변동	전년 대비 변동	경쟁
키워드 아이디어					
☐	꿀 호떡 먹방	10~100	+∞	+∞	낮음
☐	슈기 떡볶이	10~100	+∞	0%	낮음
☐	젤리 사탕 먹방	10~100	+∞	0%	낮음
☐	문복희 간장 게장	10~100	+∞	0%	낮음
☐	흔한 남매 지구 젤리 _	10~100	+∞	0%	낮음
☐	먹방 곱창	10~100	+∞	+∞	낮음
☐	곤약 젤리 먹방	10~100	+∞	0%	낮음
☐	햇님 이 떡볶이	10~100	+∞	0%	낮음

03

첫 번째 절대법칙! – 단순함
모든 과정을 간단하게 하라

비싼 장비, 뛰어난 편집실력은 그다지 중요치 않습니다. 실제로 빠른 시간 안에 많은 구독자를 확보한 유튜버들은 대부분 SEO*에 신경 쓰지 않았다는 사실에 주목해야 합니다.

레고(LEGO) 스톱모션(Stop Motion)을 전문으로 하는 채널이 있습니다. 레고 장난감이 움직이는 영상을 짜깁기하려면 촬영시간이 오래 걸립니다. 손가락이 화면에 나오면 안 되므로 촬영과 편집과정이 번거롭습니다. 게다가 매번 스토리를 짜고, 편집하고, 음성과 자막을 넣는 데 많은 시간이 걸립니다.

이 채널을 개설하고 영상을 업로드한 사람은 고생 끝에 영상 한 편

• Search Engine Optimization(SEO) : 검색엔진 최적화 작업

을 완성합니다. 업로드한 후 '엄청난 노력을 들였으니 많은 사람들이 보겠지?'라는 생각에 차 있습니다. 그런데 웬일일까요? 조회수가 채 50회도 안 나옵니다. 그런데도 '언젠가 내 노력을 알아줄 구독자들이 있을 거야!'라는 생각으로 동일한 과정을 거쳐 후속편을 수차례 올립니다. 하지만 여전히 조회수나 구독자수가 늘지 않습니다. 이쯤 되니 처음에 가졌던 마음가짐이 점차 흐트러집니다. 유튜브라는 마라톤에서 초반에 지쳐서 포기하게 되는 것입니다.

'모든 과정을 단순하게'는 다른 무엇보다 중요합니다. 마라톤과 같은 장기전에 돌입했다고 생각해야 합니다. 과정이 복잡하거나 번거로우면 오랫동안 지속할 수 없습니다. '채널 운영에 들어가는 모든 부담을 줄이라'는 절대법칙 1을 가장 중요하게 생각해야 합니다.

'How Ridiculous'라는 해외 유튜브 채널이 있습니다. 콘셉트가 차별화되어 있으면서 심플한 구조를 가지고 있어서 우리가 배울 부분이 많습니다. 이 채널은 건물옥상 등 높은 장소에서 물건을 떨어뜨리는 간단한 콘셉트로 콘텐츠를 만들어서 수백만 명의 구독자를 확보했습니다. 여러분이 채널을 운영할 때는 이처럼 구성이 단순하고 간단하게 촬영할 수 있는 콘텐츠를 고민해야만 지치지 않고 지속적으로 운영할 수 있습니다.

'내 콘텐츠는 오래 지속할 수 있는가?'

좋은 채널은 아이디어와 기획은 물론 촬영, 편집이 단순합니다. 제작 과정이 매번 복잡하고 까다로우면 오랫동안 지속할 수 없습니다. 많은 초보자들이 운영 초기에 너무 많은 힘을 쏟는 경향을 보입니다. 큰 비용을 들여 장비를 구입하고 화려한 편집효과를 넣고, 부푼 기대를 안고 야심차게 영상을 업로드합니다. 하지만 며칠이 지나도 조회수와 구독자수는 올라가지 않습니다.

3개월도 안 되어 지치기 시작하고 6개월 이상 버티기 어렵습니다. 유튜브 운영 자체가 고된 노역처럼 느껴집니다. 그렇다고 편집을 외주로 돌리면 건당 10~15만 원 정도의 비용이 들기 때문에, 이 역시 경제적인 부담이 되어 채널을 지속적으로 운영하기 어려워집니다.

모든 과정을 가능한 한 단순하게 만들기 바랍니다.

04

두 번째 절대법칙! – 궁금함
최대한 궁금하게 만들어라

유튜브 영상에서 가장 중요한 것은 '썸네일'입니다. 영상이 아무리 재미있어도 썸네일이 매혹적이지 않다면 잠재구독자들을 끌어들일 수 없습니다. 그렇다면 썸네일은 어떻게 만들어야 할까요?

'허팝(Heopop)' 채널은 3년 전까지만 해도 주목받지 못했습니다. 그러다 대규모 수영장에 젤리를 가득 채운 썸네일이나, 초거대 슬라임(Slime)을 만드는 썸네일, 아이언맨 슈트를 입고 거리를 활보하는 썸네일 등 아이들이 좋아할 만한 것들을 공략했습니다. 썸네일의 콘셉트를 '궁금하게', '거대하게', '어마어마하게' 보이도록 하는 법칙을 철저히 따른 것입니다. 그 결과 허팝 채널의 영상들은 수백만 조회수를 기록하며 빠르게 구독자를 확보할 수 있었습니다.

대상을 성인으로 보아도 마찬가지의 결과를 나타냅니다.

'How Ridiculous' 채널이 그렇습니다. 이 채널은 높은 곳에서 볼(ball)을 떨어드려 그 반응을 봅니다. 처음에는 건물 옥상에서 공을 떨어뜨렸다가 반응이 좋자 점점 더 과감해졌습니다. 165m 높이의 거대한 댐 위에서 거대한 탱탱볼을 떨어뜨려 반응을 보았고, 그 영상은 3,700만 회 이상의 조회수를 기록했습니다. 별것 아닌 단순한 콘셉트이지만, 반응이 좋은 킬러 콘텐츠 하나를 쭉 밀고 나가자 사람들이 굉장한 호응을 보였습니다. 'How Ridiculous' 채널은 아래와 같이 썸네일만 보더라도 '거대하고', '궁금하게' 하는 장면들이 많습니다. 그냥 지나치는 썸네일이 아니라, 한 번쯤 눌러 볼 만한 썸네일을 만드는 것이 핵심입니다.

*출처 : How Ridiculous 채널, https://www.youtube.com/user/whoisjimmy/featured

썸네일은 정직해야 한다고 착각하면 안 됩니다. 썸네일은 영화로 치면 홍보 포스터입니다. 홍보 포스터를 만들 듯 과장할 수 있다면 최대한 과장되게 만들어서 사람들의 기대감을 불러일으켜야 합니다. 궁금함에 클릭해보고 싶게 해야 합니다. 썸네일을 과장되게 만들어도 전혀 문제되지 않는다는 점을 기억해야 합니다.

썸네일을 콘텐츠 내용에 딱 맞춰야 한다는 고정관념에서 벗어나기 바랍니다. '평범하게'는 곧 '재미없게'라는 말입니다. 평범하게 만들면 아무도 우리의 영상을 거들떠보지 않습니다.

사람들은 평범한 것에 관심을 집중하지 않습니다. 유튜브에서 썸네일은 대형 전시장에 진열된 상품과 같습니다. 다양하게 진열된 상품 중 굳이 하나에 주목해야 한다면, 거대하거나, 어마어마하거나, 특이하거나, 궁금하게 하는 상품에 이목이 집중됩니다. 썸네일을 만들 때는 바로 이런 점을 기억해야 합니다.

05

세 번째 절대법칙! – 관심사
전에 없던 관심사를 찾아라

구독자수를 빨리 늘리고 싶다면 '사람들의 관심사'를 집중 공략해야 합니다. '내 관심사'가 아니라 '사람들의 관심사'가 가장 주요한 열쇠입니다. 채널의 콘셉트를 정하기 전에 반드시 사람들의 관심사를 조사해 보아야 합니다. 이를 위해 네이버 광고 플랫폼의 키워드도구를 이용해 키워드별 검색순위를 확인하는 방법을 적극 활용하기 바랍니다. 키워드 트렌드를 확인할 수 있는 사이트는 다음과 같습니다.

- https://searchad.naver.com
  → 네이버 광고 플랫폼, 키워드도구 확인
- https://www.youtube.com/feed/trending
  → 실시간 인기 급상승 동영상 확인
- https://keywordtool.io/youtube
  → 유튜브, 전 세계 키워드 확인(일부 유료)

• https://trends.google.com/trends → 전 세계 트렌드 확인

네이버 광고 플랫폼 키워드도구에서 한때 먹방 채널에서 이슈가 되었던 '지구젤리'를 검색해보니 아래와 같은 결과를 확인할 수 있었습니다.

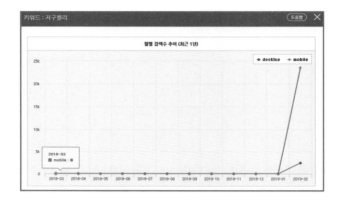

당시 검색결과를 보면, 직전 1년간 사람들은 '지구젤리' 키워드에 아무런 관심도 보이지 않았습니다. 그런데 2019년 1월을 기점으로 2월부터 폭발적으로 검색량이 증가했음을 알 수 있습니다.

이 사례를 보면 과거에 없던 사람들의 관심사가 한쪽으로 몰리는 시기가 있음을 알 수 있습니다. 이 부분이 굉장히 중요합니다. 즉, '전에는 없다가 새롭게 관심이 몰리는 키워드'가 중요한 포인트입니다. 전혀 관심이 없던 것에 관심이 몰린다는 사실은 '틈'이 생겼음을 의미합니다. 구독자들을 짧은 시간에 많이 끌어모으려면 이런 '틈(새로운 관심사)'을 찾아서 여러분의 채널에 적극적으로 활용해야 합니다.

채널명 역시 사람들의 새로운 관심사가 집중되는 직관적인 문구를 쓰는 것이 좋습니다. 예를 들면 먹방 소리를 들려주는 방송이라면

'Sound'나 'ASMR'이라는 키워드를 넣는 식입니다.

이런 식으로 채널명을 콘셉트가 명확하게 드러나는 심플한 영문을 씀으로서 국내구독자는 물론 한국 먹방 ASMR에 관심 있는 해외구독자들에게도 주목받을 수 있습니다.

06

네 번째 절대법칙! – 오감반응
영상으로 오감반응을 불러일으켜라

평범한 콘셉트의 영상은 사람들의 반응을 불러일으키지 못합니다. 구독자수를 늘리려면 반드시 '비범(非凡)한' 영상을 만들어야 합니다.

사람들의 '오감반응(五感, five senses)'을 불러일으킬 수 있는 영상은 비범한 영상입니다. 그렇다면 어떻게 해야 사람들의 오감반응을 불러일으킬 수 있을까요?

바로 '감정적 쾌감반응'에 집중하는 것입니다. 쾌감은 '감성(感性)의 만족 또는 욕망의 충족에서 오는 유쾌한 감정'을 뜻합니다.

유독 유튜브에서만 나타나는 특이한 점이 알 수 없는 포인트에서 쾌감반응을 보인다는 것입니다. 그중 가장 대표적인 것은 '듣는 쾌감'입니다. 소리(Sound)는 우리에게 감정적 반응을 일으킵니다. 특히 음악은 언어와 문화를 초월해 전 세계인이 공통적으로 느끼는 쾌감입니다. '먹는 쾌감'도 마찬가지입니다. 먹방(Mukbang)이 전 세계적으로 유행하는 이유입니다. ASMR(자율감각쾌락반응)처럼 온몸에 소름이 돋는 '촉감적 쾌감'도 있습니다. '보는 쾌감'도 있습니다. 사람들은 물체가 부서지거나 불타거나 구겨지는 반응을 보면서 알 수 없는 쾌감을 느낍니다. 액체괴물처럼 쫀득한 물체를 만지는 '촉감'과 질퍽한 소리를 듣는 '쾌감'을 전해주는 영상도 있습니다.

유튜브에서 나타나는 '감정적 쾌감반응'의 이유를 정의하기는 어렵습니다. 하지만 이런 반응이 사람들로 하여금 반복해서 보게 만드는 '중독성'을 일으킨다는 사실은 명백합니다. 그렇기 때문에 감정적 쾌감반응을 일으키는 콘셉트를 가진 채널의 대부분이 많은 구독자수를 확보하고 있는 것이지요.

그러니 짧은 기간에 많은 구독자를 모으고 싶다면, 사람들의 '오감반응'을 만드는 데 집중해야 합니다.

07

다섯 번째 절대법칙! – 반복생산
킬러 콘텐츠를 반복생산하라

가수 윤종신 씨가 운영하는 '월간 윤종신'은 매달 1곡씩 앨범을 발표하는 콘셉트를 가지고 있습니다. 처음에는 이 앨범이 사람들에게 큰 관심을 받지 못했습니다. 그러다 '좋니'라는 곡 하나로 대박이 났습니다. 매월 꾸준히 앨범을 내다가 그중 하나가 얻어 걸린 것이지요.

유튜브 채널도 이렇게 운영해야 합니다.

이 책의 5가지 법칙대로 꾸준히 하다보면 조회수 대박을 터뜨리는 영상이 나옵니다. 그것이 구독자를 끌어들이는 '킬러 콘텐츠'가 됩니다. 킬러 콘텐츠를 주제로 영상을 생산하면 구독자수가 빠르게 성장한다는 사실을 체감할 수 있습니다.

성공한 유튜버들 역시 운영 초기에는 조회수와 구독자수가 미미했으나 킬러 콘텐츠를 만나는 시점부터 가파르게 구독자수가 늘어나는 패턴을 그립니다. 그러니 초기에 구독자수가 늘지 않는다고 낙심하지 말고 여러 영상을 올려보십시오. 하다 보면 조회수와 반응이 터지는 킬러 콘텐츠를 만나는 날이 오게 되고, 그때부터 구독자수의 본격적인 상승이 시작됩니다.

'급식왕'이라는 채널이 있습니다. 이 채널은 학생들을 타깃으로 운영하고 있으며, 현재 100만 명 이상의 구독자를 확보하고 있습니다. 이 채널에서 초기에 올린 영상 중에는 10만 조회수를 넘은 것이 많지 않습니다. 그런데 초기 영상 중에서 100만 조회수가 갑자기 '팡' 터진 것이 '킬러 콘텐츠'임을 미루어 짐작할 수 있습니다. 급식왕 채널의 킬러 콘텐츠는 '학교 수업 뺄 수 있는 꿀팁'이라는 영상입니다. 이런 식으로 다양한 영상을 올리면서 수정 발전시키다 보면 큰 효과를 얻을 수 있을 것입니다.

08

유튜브 지금 시작해도
성공할 수 있을까?

요즘 사람들은 좋은 채널이라고 생각하면 적극적으로 구독 버튼을 누릅니다. 구독하는 것이 대중화되었으므로 채널 운영 세 달 만에도 몇십만 명 이상의 구독자를 모으는 것이 가능한 시기입니다.

초등학생 유튜버인 '띠예'는 2018년 말에 ASMR 먹방 채널을 개설했습니다. 그리고 개설 후 두 달 만에 100만 명에 가까운 구독자를 모았습니다. 놀라운 것은 이 초등학생이 뛰어난 편집실력이나 자금력이 있었던 것이 아니라는 사실입니다.

그러면 어떻게 그처럼 짧은 시간에 많은 구독자를 모을 수 있었을까요? 첫 번째 이유는 새로운 아이템을 활용한 먹방으로 오감반응을 유발했다는 데 있습니다. 둘째는 작은 방에서 여자아이가 혼자 음식을 먹는 썸네일을 통한 궁금증입니다. '부모님께 허락은 받고 영상을 찍는 걸까?', '아무 말도 안 하고 먹방을 찍는 아이의 정체는 뭘까?', 사람들은 썸네일을 보면서 이런 궁금증이 생깁니다.

하지만 띠예 채널이 성공한 가장 큰 이유는 앞서 설명한 절대법칙 3인 '관심사 공략'에 성공했다는 데 있습니다. 띠예의 첫 번째 영상은 '바다포도 먹어보기'입니다. '바다포도'가 무엇인지는 사실 중요치 않습니다. 사람들이 그것에 관심이 있는지가 중요할 뿐입니다. 네이버 광고 플랫폼의 키워드도구에서 영상을 올린 시점의 '바다포도'의 월간 검색량을 확인해보면 띠예가 왜 성공했는지를 알 수 있습니다.

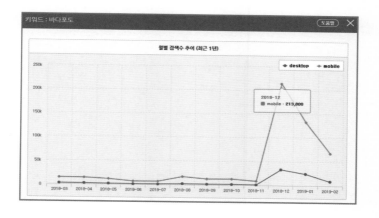

그래프를 보면 '바다포도'의 검색량은 2018년 12월에 꼭짓점을 찍었습니다. 띠예는 삿갓모양으로 검색량 증가가 시작되는 시기인 11월 2일에 영상을 업로드했고 상승하는 트래픽(검색유입)의 대부분을 흡수할 수 있었습니다. '바다포도'에 대한 사람들의 관심이 가장 집중되는 시점에 콘텐츠를 올렸고, 대중은 띠예의 썸네일에 반응했습니다.

띠예는 이러한 호응을 기반으로 유튜브 알고리즘에 의한 영상추천을 받았습니다. 결과적으로 띠예는 운 좋게 첫 영상에서 어마어마한 구독자를 끌어들였고, 이러한 주제를 킬러 콘텐츠로 해서 지속적으로 동종 콘텐츠를 반복생산함으로써 단 6개월 만에 100만 명 이상의 구독자를 얻었습니다.

전에 없다가 새로 생기는 관심사를 주제로, 사람들의 오감반응을 일으킬 수 있다면 누구나 성공할 수 있습니다. 유튜브를 시작하기에 좋은 시기는 '언제나'입니다. 이 책에서 언급한 5가지 절대법칙을 기반으로 전략적인 운영을 한다면 분명 유튜브로 성공할 수 있습니다.

09

투잡으로써 유튜브가 좋은 3가지 이유

첫째, 달러 수익을 얻기 때문에 좋습니다. 달러의 가치는 원화의 가치보다 높으며, 국가경제가 좋지 못할 때 달러를 갖는 것은 개인의 경제적 자산을 보완하는 효과를 가져옵니다. 전문가들의 의견에 의하면 우리나라 경제상황이 점점 더 안 좋아질 것이라고 합니다. 이런 측면에서 달러를 얻는 것은 상당한 메리트가 있습니다.

둘째, 은퇴문제입니다. 최근 통계에 따르면 은퇴한 부부의 노후 적정 생활비는 월 217만 원이라고 합니다. 젊을 때는 체력이 있으므로 막노동이라도 할 수 있습니다. 하지만 나이가 들면 월 200만 원 벌기가 여간 힘든 일이 아닙니다. 노후준비가 되어 있지 않다면 죽을 때까지 노동을 해야 합니다. 실제로 우리 주변에서 노후준비를 하지 못한 어르신들의 경제적 어려움을 자주 볼 수 있습니다. 더구나 국민연금 수령 가능 나이가 70세로 늘어난다는 얘기도 있고, 인구의 감소로 연금수령액도 점차 줄어든다고 합니다. 이래저래 노후생활의 경제적·심리적 부담은 커질 수밖에 없습니다. 그러니 퇴직자금으로 자영업을 하는 것보다 지금부터라도 유튜브를 병행하는 것이 좋습니다.

자영업에 비하면 유튜브는 좋은 점이 많습니다. 자영업을 하면 재료비, 인건비, 관리비가 수천만 원 이상 들어가지만, 이에 비해 유튜브 운영에는 비용이 많이 들어가지 않습니다. 또 실패하더라도 쉽게 다시 시작할 수 있는 것이 유튜브 채널 운영의 장점입니다.

셋째, 유튜브는 지식을 기반으로 수익을 창출한다는 측면에서 부가가치가 크며, 나이 제한도 없기 때문에 은퇴 후에 영위하기 좋은 직업입니다. 환갑이 넘으신 '박막례 할머니'의 유튜브 성공사례로 알 수 있듯이, 언제 시작하느냐는 중요치 않습니다.

이 책에서 제시하는 5가지 법칙에 따라 아이디어를 짜고, 전략적으로 운영한다면 유튜브는 언제나 블루오션입니다.

10

유튜브, 저 예산으로 시작하기

돈을 많이 투입하면 성공하리라는 생각은 버리기 바랍니다. 영상제 작을 위한 최소의 비용은 투입해야 하지만, 소위 '장비빨'을 세우는 태 도는 채널성장에 오히려 '독'이 됩니다.

'팡킥(PANGKICK)'이라는 채널이 있습니다. 초등학생이 운영하는 이 채널은 약 28만 명 이상의 구독자를 보유하고 있습니다. 이 채널은 '불 쌍한 먹방'이라는 콘셉트로 운영되는데, 썸네일이나 제목, 콘셉트가 나 름의 구도를 갖고 있으며, 재미있는 스토리구조를 갖추고 있습니다. 화 려한 장비나 편집기술이 아니라, 콘텐츠만으로도 성공할 수 있다는 것 을 보여주는 사례입니다.

'최홍철'이라는 채널을 운영하는 유튜버는 조명도 자막도 없는 영상 을 올리지만 콘텐츠만으로 약 50만 명 이상의 구독자를 확보했습니다. 유튜버로서 성공하려면 자본금보다 '진정성'이 필요합니다. 장비나 조 명, 화려한 영상기술은 중요치 않습니다. 차라리 진정성을 바탕으로 있는 그대로의 모습을 보여주는 것이 훨씬 낫습니다. 이러한 의미를 정확하게 보여주는 사례가 '팬미팅에 아무도 나타나지 않은 러시아 소녀 유튜버(Некто не пришёл на фан встречу)' 영상입니다. 이 영상을 보면, 유튜브를 시작한 러시아의 한 소녀가 나옵니다. 그녀는 구독자들을 대상으로 팬미팅을 추진했습니다. 하지만 팬들과 만나기로 한 그 시각에 공원에 아무도 나타나지 않았습니다. 이 영상은 책상 앞에서 이런 상황을 하소연하는 것이 주요 내용입니다. 아이러니하게도 이 귀여운 소녀가 눈물을 글썽이며 얘기하는 이 영상이 전 세계인의 '오감반응'을 불러일으켰습니다.

만나기로 한 공원에 가봤지만.. 아무도 없었어요

*출처 : https://www.youtube.com/watch?v=yuVZGh400a0

　　절대법칙 1 '최대한 단순하게 만들어라'를 잊어서는 안 됩니다. 촬영에 쓰이는 비용, 절차, 과정들을 어떻게 하면 최소화할 수 있을지를 항상 고민해야 합니다. 5가지 법칙을 준수한다면 조회수가 '팡' 터지는 영상이 나타날 것입니다. 그때까지 돈 쓰지 말고, 저 예산으로 전진하세요.

11

유튜브 업로드 주기와 맞구독

업로드 주기와 예고편 영상

영상을 꾸준히 업로드하는 것은 기본입니다. 오랜 시간 영상을 업로드하지 않으면 시청시간을 떨어뜨릴 뿐 아니라 기존의 구독자들도 떠나갑니다. 알고리즘에도 마이너스가 됩니다. 다만, 양질의 콘텐츠가 아닌 영상을 '1일 1영상 업로드'하게 되면 독이 됩니다. 따라서 양질의 영상만을 업로드하되 꾸준히 업로드하도록 합니다.

시청시간을 늘리기 위해서는 '예고편' 형태의 영상을 업로드하는 것도 좋은 방법이 될 수 있습니다. 예고편 형식으로 영상을 만들면 구독자들이 다음에 나올 영상을 기다리게 만드는 효과가 생기며, 구독자들의 관심을 유지하게 만드는 '가두리' 역할도 하게 됩니다. 다만 예고편 영상의 경우 구독자들의 관심사를 집중 공략할 수 있는 아이템이 있는 경우에만 사용해야 합니다.

공유와 댓글 활용하기

활동하고 있는 커뮤니티 혹은 블로그나 소셜 미디어를 운영하고 있다면 적극적으로 영상을 공유하기 바랍니다. 블로그나 커뮤니티를 타고 들어온 사람들이 영상의 '시청시간'을 늘려준다면 유튜브 알고리즘에 의해 추가점수를 얻을 수 있기 때문입니다.

내가 타깃으로 하는 구독자를 확보한 다른 채널이나 커뮤니티에 댓글을 다는 것도 좋은 방법이 될 수 있습니다. 유사한 타깃 구독자층을 확보하고 있는 채널이라면 적극적으로 댓글을 남겨 잠재구독자들에게 존재감을 알리도록 합니다. 댓글에 궁금증을 유발하는 문구를 넣거나 유머러스한 글을 남긴다면 더욱 큰 효과를 볼 수 있습니다.

채널에 독이 되는 맞구독

구독자수가 적다고 다른 유튜버들과 조건 없는 맞구독을 하면 안 됩니다. 맞구독은 그야말로 '독'입니다. 맞구독을 하면 유튜브 알고리즘 점수를 깎아 먹게 됩니다. 내 채널에 맞구독을 해준 사람들은 '시청시간'에 전혀 도움이 되지 않습니다. 맞구독자가 많을수록 시청시간이 늘지 않으므로 채널성장에 지장이 생길 수밖에 없습니다. 무분별한 맞구독은 지양해야 합니다. 실질 구독자를 만들어야 합니다.

알고리즘을 감안했을 때 검색노출이나 추천영상 순위에 전혀 도움이 되지 않는 맞구독은 오히려 채널의 생명력을 잃게 만드는 요인이 될 수 있습니다.

다양한 시도를 통해 채널 콘셉트 변경하기

채널 콘셉트가 명확하지 않으면 잠재구독자를 끌어들이는 힘도 약해지고 채널을 운영하는 지구력도 떨어지게 됩니다. 초보자들의 가장 큰 실수는 마음먹은 콘셉트를 끝까지 이어가지 못하는 것입니다. 이러한 실수를 하게 되는 가장 큰 이유는 투입한 노력에 대한 보상을 얻지 못하기 때문입니다. 시간과 비용을 투입했지만 그만한 구독자를 얻지 못했기 때문이지요.

이런 일을 겪지 않으려면 '채널 콘셉트'를 정하기 전에 다양한 아이디어를 생각해보고, 그 아이디어가 이 책에서 제시한 5가지 법칙에 들어맞는지 파악해보아야 합니다. 100개 이상의 영상을 올려도 지치지 않을 정도의 콘셉트를 잡고, 가능한 한 모든 과정을 단순화해야 하며, 사람들의 오감반응을 불러일으킬 수 있어야 합니다.

이를 위해 채널 콘셉트를 정하기 전에 다양한 시도를 해보는 것이 좋습니다. 사람들의 피드백을 반영하면서 자신의 채널 콘셉트가 맞지 않는다고 하면 과감하게 변경해야 합니다. 그렇게 조금씩 수정해나가면서 지속적으로 발전할 수 있습니다.

12

유튜브는 무자본으로 시작하는 1인 기업

    유튜브를 한다는 것은 1인 사업(혹은 기업)을 운영한다는 의미입니다. 구독자 규모로 나누면 1만 구독자 미만은 스타트업, 1만에서 10만 구독자 채널은 중소기업, 10만에서 100만 이상은 중견기업이라고 볼 수 있습니다.

    유튜브 채널을 사업(혹은 기업)으로 보는 이유는 채널이 가져오는 경제적 파급효과 때문입니다. 예를 들어 10만 이상의 유튜브 채널이라면 많은 구독자를 확보하고 있으며, 해당 채널이 추천하는 제품은 적어도 평균 이상의 판매고를 기록할 가능성이 높습니다.

    유튜브 채널의 영향력이 커질수록 기업가치는 커집니다. 일반 사업체와 같이 취급되어 매각되거나, 기업 투자유치를 받을 수 있고, 주식에 상장될 수도 있습니다. 최근 경제 유튜브 채널 '삼프로TV'는 산업은행으로부터 100억 원의 투자유치를 받았으며, 2023년 12월에 코스닥 시장에 상장됩니다. 또 경제 인터뷰 채널 신사임당(주언규)은 무자본으로 시작해 매월 1억 원 이상의 순수익을 얻는 기업체로 성장했고, 기업 가치로서 30억 원가량을 인정받아 실제 20억 원에 모 투자자에게 매각되었습니다.

유튜브 채널은 바라보는 사람의 시각에 따라 취미생활이 될 수도 있고, 무자본으로 하는 1인 기업 혹은 중견기업 이상의 엄청난 부가가치를 창출할 수 있습니다. 여러분이 운영하는 유튜브 채널의 성장 가능성은 여러분이 가진 비전의 크기로 결정됩니다.

13

—

구글 애드센스로 돈 버는 2가지 능력

구글 애드센스로 돈 벌기 위해 필요한 2가지 중요한 능력은 '글쓰기'와 '마케팅적 사고력'입니다. 이 2가지 능력이 업그레이드된다면 수익은 무조건 따라오게 되어 있습니다.

'글쓰기'는 현재뿐 아니라 앞으로도 사람들을 설득하는 최고의 수단입니다. 글쓰기 능력이 왜 수익화에 가장 중요한 요소일까요? 디지털콘텐츠(블로그, 유튜브)를 통해 수익화를 가져오는 99%의 비중이 바로 글쓰기 능력에 달려 있기 때문입니다. 타인을 '유혹하는 글쓰기'를 할 수 있다는 말은 설득력이 높다는 말입니다. 타인을 끌어당기는 글쓰기 능력은 블로그나 유튜브뿐 아니라 모든 오프라인 사업 전반에 필수적인 요소가 됩니다.

예를 들어 음식 리뷰를 할 때 위와 같이 '감정을 풍부하게 담은 글쓰기'를 구사할 수 있다면, 사람들을 '끌어당기는' 글쓰기 능력을 보유했다고 볼 수 있습니다. 사람들을 끌어당기는 글쓰기 능력을 보유하면 블로그뿐 아니라 유튜브 시나리오 작성에 있어서도 높은 효과와 결과를 얻을 수 있습니다.

글쓰기와 더불어 중요한 것이 '마케팅 능력' 또는 '마케팅적 사고력'입니다. 글쓰기 능력에 마케팅적 지식을 더하면 '마케팅적 글쓰기'를 할 수 있습니다. 마케팅이란, 타인의 욕구(또는 문제)를 간파하고 그것에 대한 해결방법(혹은 상품)을 제시하는 일입니다. 마케팅적 사고력을 장착한 상태에서 블로그 글쓰기 또는 유튜브 영상에 필수적인 시나리오 제작을 한다면 해당 채널의 성공확률은 우상향할 수밖에 없습니다.

구글 애드센스로 돈 버는 2가지 능력, 글쓰기와 마케팅적 사고력을 키우기 위해 다음 책을 추천합니다.

《백만장자 메신저》(브렌든 버처드 저, 리더스북)

《꽂히는 글쓰기》(조 비테일 저, 나비의 활주로)

《Stick(스틱)》(칩 히스, 댄 히스 저, 웅진지식하우스)

《비상식적 성공법칙》(간다 마사노리 저, 생각지도)

《팔지 마라 사게 하라》(장문정 저, 쌤앤파커스)

　위의 책들은 제가 직접 읽고 짧은 기간 빠른 성장을 하도록 도와준 책으로써, 독자들의 글쓰기 능력뿐 아니라 마케팅적 사고력을 단기간 급성장하게 해줄 것입니다. 추천도서들 모두 저 혼자만 보고 싶은 책들입니다. 제 책을 열심히 읽은 독자들에게만 공개하니 꼭 한번 읽어 보기 바랍니다.

14

노후 대비로 좋은 영상 편집기술

누구나 나이가 들면 체력이 떨어지고, 신체활동의 가동범위가 줄어듭니다. 그런 점에서 컴퓨터 한 대만으로 할 수 있는 유튜브 편집기술을 배워보세요. 영상 편집기술은 노후에 할 수 있는 최적의 수익원입니다. 꾸준한 노력과 영상 편집기술만 가지고 있다면 시간과 장소 관계없이 수익활동을 할 수 있습니다. 나이가 들어서도 디지털 노마드가 되어 세계를 여행하며 자유롭게 수익활동을 할 수 있는 것입니다.

나이가 들어 직장을 나온 후에 어떤 일을 하시겠습니까? 노년에 노동으로 생활비를 버는 것만큼 서러운 일은 없을 것입니다. 하루라도 젊을 때 영상 편집기술을 익히세요.

영상 편집기술을 익힌다면, 유튜브가 아닌 어떤 영상 플랫폼에서도 자신만의 경쟁력을 보유할 수 있습니다.

당신의 열정을 쏟아부을 수 있는 일은 무엇인가?

노년이 되면 어떤 모습일까요? 뜬금없지만 한번 상상해봅시다. 나이가 들면 더 행복할 수도 있고, 더 불행해지거나 무료한 삶을 살 수도 있습니다. 어쨌든 분명한 것은 미래의 삶의 모습은 현재 당신이 선택하는 것에 달려 있다는 점입니다. 이왕 똑같은 시간을 소모해야만 한다면 진정 당신이 되고 싶거나, 하고 싶은 것을 해야 하지 않을까요?

- 그림을 그리고 싶다
- 노래를 부르고 싶다
- 맛있는 것을 먹고 싶다
- 강연을 하고 싶다
- 연기를 하고 싶다

남들이 시키는 대로, 남들이 정해준 길로 살아가다 보면 후회가 남습니다. 지금 정해진, 주어진 환경이 안정적일 수 있지만 자신이 진정 하고 싶은 것들은 마음속에 남아 있을 것입니다. 체력과 열정이 떨어진 먼 미래에 자기 자신의 모습을 돌아봤을 때 후회 없는 삶을 살기 바랍니다.

이 책이 다루는 '구글 애드센스로 돈 벌기'는 단순히 돈 버는 것에서 더 나아가 자신만의 제2의 인생을 펼칠 수 있는 도구가 됩니다. 자신의 취미를 살려 돈을 벌고, 지식과 경험을 토대로 수익활동을 해보세요. 자신이 진정으로

원하는 삶이 있다면 그것을 주제로 블로그나 유튜브를 운영한다면, 큰 행복
과 수익을 덤으로 받게 될 것입니다.

3부

유튜브로 돈 벌기

Google
Adsense

5장

각 대표 주제별 킬러 콘텐츠

01

먹방 – 해외에서
더 잘 먹히는 한국 먹방

최근 유튜브 관련 연구기관의 조사결과에 따르면, 우리나라 채널 중 가장 인기가 많은 채널주제는 '먹방'이라고 합니다. 먹방은 '먹는 방송' 또는 '많은 음식을 한 번에 먹는 모습을 보여주는 방송'의 약자로, 한국에서 시작되어서 'Mukbang'이라는 용어로 해외에까지 유행하고 있습니다.

먹방 초창기에 이 콘셉트가 이렇게까지 유행하리라고 생각한 사람은 많지 않습니다. 하지만 이제는 먹방이 유튜브 채널의 대세가 되었습니다. 최근에는 개나 고양이가 음식을 먹는 소리를 들려주는 ASMR 먹방까지 유행하고 있습니다.

떵개떵

2015년부터 시작해서 500만 명 정도의 구독자를 보유하고 있는 '떵개떵' 채널에는 상당히 많은 영상들이 있습니다. 떵개떵 채널의 킬러 콘텐츠를 찾기 위해 초창기인 2016년 11월 18일에 업로드된 '점보라면' 영상을 보도록 하겠습니다. 이 영상은 떵개떵을 처음으로 유튜브 인기순위에 올려놓았습니다.

떵개떵은 영상제목에 'Eating Show'나 'social eating', 'Mukbang' 등의 단어를 붙입니다. 태그에도 마찬가지로 이런 단어들을 넣습니다. 태그에 넣는 가장 큰 이유는 '검색노출'입니다. 먹방 채널은 외국인 구독자가 많기 때문에 먹방 유튜버들은 외국인을 타깃으로 하는 경우가 많습니다. 요즘은 중화권 구독자를 대상으로, 먹방을 의미하는 '吃播'라는 용어를 넣기도 합니다.

대부분의 먹방영상은 구조가 단순합니다. 이는 3부 4장에 나오는 '단순함의 법칙'에 부합하는 형식으로, 채널을 오래 지속하기에 적합합니다.

댓글을 보면 구독자들이 반응하는 포인트를 확인할 수 있습니다. 떵개떵 채널의 영상에는 보통 이런 댓글이 달립니다.

'첨 봤는데 내숭 떨며 먹는 ○○보다 맘 편하고 복스럽게 쩝쩝대며 먹는 게 보기 좋으시네염'
'와 진짜 먹방BJ 중에서 가장 맛있게 드시는 듯'

전체적인 댓글을 보면 구독자들은 떵개떵 채널에서 '내숭 떨지 않고 털털하게 잘 먹는 데'에 반응하고 있음을 알 수 있습니다. 괜한 사족 같은 대사를 붙이는 것보다는 말없이 먹는 영상만으로 공략한 것도 좋은 반응을 얻게 된 이유 중 하나로 보입니다. 참고로 'HONG SOUND(홍사운드)'의 경우 자신의 대화 목소리를 넣는 버전과 대화가 없는 버전 2 가지로 기획했습니다.

떵개떵 채널의 먹는 모습, 제목, 썸네일, 아이템, 댓글반응을 분석해 보면 먹방 채널 전략을 구축하는 데 도움을 얻을 수 있습니다.

HONG SOUND

180만 명 이상의 구독자를 거느린, 먹방계의 유명 채널 'HONG SOUND(이하 '홍사운드')'를 보겠습니다. 이 채널은 ASMR과 먹방의 장점을 최대한 살렸습니다. 홍사운드는 '입 속에 마이크가 있는 것 아니냐?'라는 질문을 받을 정도로 먹는 소리가 리얼하기로 유명합니다. 영상을 보면 그의 진가를 확인할 수 있습니다. 'ASMR-극 리얼사운드! 뿌링클을 태어나서 처음으로 먹었을 때 반응?! 뿌링클 치킨먹방! (Eating Chicken, bburingkle)'이라는 제목의 이 영상은 60만 회 이상의 조회수를 기록했습니다.

홍사운드에서 킬러 콘텐츠가 된 영상은 2018년 5월 15일에 올린 '엽기떡볶이' 영상으로, 지금까지 1,500만 회 이상의 조회수를 기록하고 있습니다. 당시 해외에서 'ASMR'이라는 용어의 검색 트래픽이 가파른 상승세를 타고 있었기 때문에, 'ASMR'과 '먹방'을 검색한 국내 및 해외구독자들로부터 많은 반응을 얻은 것으로 보입니다. 또한 채널명을 'HONG SOUND'라고 지은 것도 해외구독자를 확보하는 데 도움이 되었을 것입니다. 영상을 본 구독자들은 이런 댓글을 남겼습니다.

'아내 : 자기는 연골 어떻게 먹어?, 홍 : 입으로… 이 부분에서 터졌네요 ㅋㅋㅋㅋㅋ'

'무 먹을때 아내분이 손으로 먹는 거 싫다 하시니까 사과하시는 거 귀여워용. 두분 오래오래 이쁜 사랑하세요'

'아내분이랑 대화하는 거 너무 귀엽다 ㅠㅜㅋㅋ'

댓글을 보면, '러시아 소녀'의 사례처럼 있는 그대로의 모습이 구독자들의 '감정적 반응'을 이끌었다는 사실을 알 수 있습니다. 유튜버의 '인간적인 모습'은 구독을 누르는 포인트가 될 수 있다는 사실을 미루어 짐작할 수 있습니다.

또한 홍사운드는 자신의 킬러 콘텐츠 영상에 다음과 같이 다른 영상의 링크를 넣었습니다.

시장통닭 먹기 ASMR : https://youtu.be/LV4w3ogosP0
네네치킨 반반 ASMR : https://youtu.be/MowWlGsUXOc
총각김치 먹방 ASMR : https://youtu.be/jR7trF7HtQ0

이런 식으로 조회수가 터진 영상에 자신의 다른 영상 링크를 추천함으로써 잠재구독자를 가둬놓고 실질구독자로 만들 가능성을 높여줍니다. 여러분도 킬러 콘텐츠를 만든 경우에 이 방법을 적극 활용하기 바랍니다.

홍사운드 채널도 '영상 초반 이탈률'이라는 약점 때문에 고민이 많았습니다. 영상 시작 후 30초 이내에 이탈하는 잠재구독자들이 많았기 때문입니다. 홍사운드는 이런 약점을 개선하기 위해 영상 초반부 임팩트를 강화했습니다. 영상 도입부에 B급 감성의 배경음악을 넣고 운영자의 목소리를 녹음했습니다. 그리고 음식의 근접촬영 영상을 간략히 넣음으로써 잠재구독자들에게 기대감을 부여했습니다. 이렇게 함으로써 홍사운드는 초반 이탈률이라는 약점을 개선할 수 있었습니다.

초반 이탈률을 걱정하는 유튜버라면 홍사운드 채널 영상의 도입부를 참조하면 인사이트를 얻을 수 있을 것입니다.

나름TV

'나름TV'는 250만 명의 구독자를 보유한 유명 채널입니다. 이 채널의 영상 중 '쿄호젤리 대체 왜 먹죠..? 팩폭하며 대왕쿄호젤리 먹다 대참사 났습니다....나름이 먹방 Kyoho Jelly MUKBANG 吃播'라는 영상을 보겠습니다. '쿄호젤리'라는 일본산 포도젤리를 아이템으로 한 영상입니다. 아래 그림과 같이 쿄호젤리는 2019년 3월에 16만 건 이상의 검색 트래픽을 기록할 정도로 신박한 아이템입니다. 2019년 이전에는

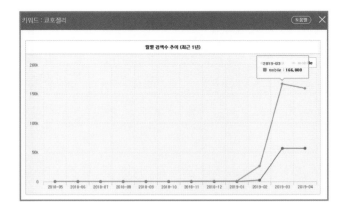

검색기록이 아예 없었으므로 '전에 없다가 새롭게 나타난 아이템'입니다. 나름TV는 이 키워드 트래픽(검색유입)이 가장 폭발한 시점인 2019년 3월 13일에 '쿄호젤리' 영상을 올렸습니다.

그런데 2019년 3월에는 이미 많은 유튜버들이 '쿄호젤리'를 소재로 먹방 영상을 업로드했습니다. 이런 상황에서 나름TV는 다른 전략을 세웠습니다. 앞선 영상들보다 특별한 무언가를 어필해야 잠재구독자들의 '반응'을 일으킬 수 있다고 생각한 것이지요.

그래서 만든 것이 '초대형 쿄호젤리'입니다. 해당 영상의 썸네일에는 거대한 쿄호젤리 앞에서 깜짝 놀란 듯한 유튜버의 표정이 연출되어 있습니다. 사실 아무리 초대형 젤리를 먹는다 해도 옷이 더럽혀지는 것 외에 더 큰 참사가 날 일은 없습니다. 하지만 나름TV는 이런 썸네일과 제목으로 마치 큰 이슈가 생긴 듯 과장함으로써 잠재구독자들에게 궁금증을 유발시켰습니다.

02

키즈 – 심리적인
'틈'을 자극하라

키즈 채널은 광고수익이 높습니다. 아이들은 모바일 광고에 대한 거부감이 없기 때문에 거리낌이 없이 광고를 클릭하기 때문이지요. 키즈 채널의 유형은 매우 다양하지만, 크게 보면 2가지 유형으로 나눌 수 있습니다. 장난감이나 만화가 등장하는 스토리형과 유튜버가 직접 등장하는 체험형입니다.

Guava Juice

해외 채널인 'Guava Juice(이하 '구아바주스')'는 유튜버가 직접 등장하는 체험형 채널입니다. 전 세계 1,800만 명의 구독자를 확보하고 있는 이 채널은 초등학생을 타깃으로 다양한 실험이나 아이템을 공개하는 방식으로 운영하고 있습니다. 이 채널의 성장을 이끈 킬러 콘텐츠는 2017년 1월 15일에 올린 'WUBBLE BUBBLE DIET COKE MEN-TOS EXPERIMENT!(다이어트 콜라에 멘토스를 넣는 실험)'라는 영상입니다. 이것은 전체 영상 중 가장 많은 6,000만 회 이상의 조회수를 기록했습니다. 해당 영상의 썸네일을 보면 아래와 같이 누구나 한 번쯤 클릭을 해보고 싶게끔 '거대하고', '궁금하게' 만들었습니다.

WUBBLE BUBBLE DIET COKE MENTOS EXPERIMENT!

*출처 : Guava Juice, https://www.youtube.com/channel/UCMNmwqCtCSpftrbvR3KkHDA

초창기 이 채널의 썸네일들은 대부분 거대한 물풍선에 콜라 넣기나 액체 슬라임 목욕하기와 같이 단순하지만 흥미로운 실험들로 만들어졌습니다. 영상을 본 구독자들의 반응은 이렇습니다.

'This video was so funny. I can't stop laughing. Enough though it did not explode it was a fail but not fail in entertainment(이 실험은 너무 재밌다. 나는 웃음을 멈출 수 없었다. 비록 실험은 실패했지만 웃기는 것에는 실패하지 않았으니까)'

여기에서 이 채널의 성공비결을 엿볼 수 있습니다. 실험을 성공시키느냐는 중요치 않습니다. 영상을 통해 어떠한 '감정적 반응'을 일으키느냐가 중요할 뿐입니다. 따지고 보면 유튜버의 도전이 반드시 성공적일 필요는 없습니다. 목적은 콘텐츠를 완벽하게 만드는 것이 아니라 구독자를 얻는 데 있기 때문입니다. 다른 댓글을 보겠습니다.

'Hahahahahaha, he spilled Diet Coke all over the floor(하하하하하하, 그는 콜라를 바닥에 모두 엎어 버렸어)'

유튜버가 완벽한 모습을 보이려고 하면 오히려 반응을 얻기 어렵습니다. 여기서 콜라를 엎지 않고 모든 미션을 완벽하게 통과했다면 과연 반응을 얻을 수 있었을까요?

사람들의 '쾌감반응'을 일으키려면 심리적인 '틈'이 있어야 합니다. 영상 속에 나타나는 인간적인 모습들은 '틈'이라고 볼 수 있습니다. 완벽해보이는 사람이 실수를 했을 때 매력적으로 다가오는 것과 같은 이치입니다. 아이들도 어른의 실수를 보면 꺄르르 하고 웃음이 터집니다. '아나운서의 대실수'라는 영상이 조회수가 터진 사례도 마찬가지입니다. '실수'는 곧 마음에 '틈'을 만들어주며, 이는 '매력'으로 다가옵니다.

공유가 활발히 이루어지는 인기 영상들은 대부분 유사한 패턴을 보입니다. 예를 들면 엄청난 바이럴(확산)을 얻은 'Worst Twerk Fail EVER - Girl Catches Fire'라는 영상도 유사한 메커니즘을 가지고 있습니다. 이 영상에는 방 출입문에 기대 물구나무서기를 하는 여자가 나옵니다. 그런데 갑자기 문이 열리면서 물구나무서기를 한 채로 엉덩이춤을 추던 여자가 뒤로 넘어지고 맙니다. 그때 탁자에 켜놓았던 촛

불이 엉덩이에 옮겨 붙었고, 여자가 화들짝 놀라 허둥지둥하는 와중에 누군가 달려나와 소화기로 불을 끕니다. 이 영상 속 주인공의 '반응'은 구독자들의 감정으로 고스란히 전달되었습니다. 이 영상에는 당시 미국에서 가장 유행한 'Twerk'라는 엉덩이춤을 거꾸로 추는 모습, '실수'에서 파생된 '당혹감', 불이 꺼졌을 때의 '안도감' 등, 다양한 감정적 '반응'을 불러일으키는 요소가 담겨 있습니다.

놀라운 점은 이것이 철저히 기획된 영상이라는 사실입니다. '실수'라는 전략을 통해 잠재구독자들의 감정적인 '틈'을 공략한다는 기획이 완벽히 성공한 것이지요.

03

음악 – 전 세계의
구독자를 얻는 유일한 통로

음악은 언어와 문화를 초월하는 소재입니다. 따라서 음악을 주제로
하는 채널은 국내뿐 아니라 해외구독자를 확보할 수 있기 때문에 많은
구독자수를 확보하는 데 있어서 상당히 유리합니다.

J.Pla

'J.Pla(이하 '제이플라')'는 국내에서 가장 많은 1,750만 명 이상의 구
독자를 확보한 채널입니다. 이 채널은 유튜버가 세계적으로 유명한
팝송을 직접 녹음하는 모습을 올립니다. 2017년 1월 13일에 올린
'Shape of you'라는 영상은 2억 회가 넘는 조회수를 기록함으로써 구
독자수 성장을 견인하는 킬러 콘텐츠의 역할을 했습니다. 당시 이 노
래의 원곡은 전 세계적으로 유행했기 때문에 해외에서도 큰 호응을 얻
었습니다.

제이플라는 '폭넓은 구독자'를 얻기 위해 세계적으로 유행하는 노

래 위주로 선곡하는 전략을 취했습니다. 'Shape of you' 다음으로 높은 조회수를 기록한 'Despacito', 'Havana' 역시 세계적인 관심이 쏠려 있는 노래를 공략한 사례입니다. 제이플라가 자작곡이나 국내 곡만을 선택했다면 결코 1,200만 명 이상의 구독자를 모을 수 없었을 것입니다.

이 사례처럼 만일 여러분이 음악 채널을 운영한다면 세계적으로 유행하는 노래를 적극적으로 모니터링할 필요가 있습니다.

초등학생들의 대통령 '허팝' 채널에서 가장 많은 조회수를 올린 영상도 인도에서 선풍적인 인기를 얻은 'Dame Tu Cosita'라는 음악의 뮤직비디오를 패러디한 것입니다(438쪽 참조).

또한 짧은 기간에 670만 명 이상의 구독자를 모은 'Big Marble' 채널은 세계적인 노래인 'Alan Walker'의 'Faded'를 패러디해서 1분 26초짜리 영상을 만들었고 단숨에 어마어마한 구독자수를 얻었습니다. 만약 음악을 소재로 패러디하는 영상을 만들고 싶다면, 'Big Marble' 채널을 유심히 살펴보기 바랍니다.

다시 제이플라 채널로 돌아가보면, 해당 채널의 영상들이 대부분 '단순한 구성'을 하고 있음을 알 수 있습니다. 즉, 노래 한 곡으로 영상 1개를 구성하는 제이플라의 영상들은 대부분 노래를 부르는 유튜버를 한 각도에서 촬영하는 단순한 구도로 되어 있습니다. 또한 앞서 언급했듯이 해외의 유명곡을 전략적으로 선택함으로써 '킬러 콘텐츠를 지속적으로 공략하라'라는 절대법칙을 충실히 따르고 있습니다.

04

이슈 – 타이밍이 생명이다

우리 주변에는 연예인, 정치, 스포츠, 사건, 사고 등 다양한 논란거리 또는 이슈들이 있습니다. 포털 실시간 검색순위에서 상위권을 차지하는 이슈들은 언제나 수십만 건 이상의 트래픽(검색유입)을 일으킵니다.

이슈를 주제로 채널을 운영할 때는 무엇보다 '신속성'과 '타이밍'이 중요합니다. 이슈가 생기면 가능한 한 빨리 영상을 업로드해야 노출횟수를 높이고, 구독자수 성장을 꾀할 수 있습니다.

이슈를 주제로 하는 채널은 영상에 얼굴을 공개하지 않아도 됩니다. 이슈 자체에 관심도가 높은 잠재구독자들의 궁금증을 밝혀주는 것에만 초점을 맞춰도 많은 구독자들을 끌어들일 수 있습니다.

이슈왕

이슈를 주제로 하는 '이슈왕' 채널은 약 70만 명 이상의 구독자를 확보하고 있습니다. 특징적인 것은 채널명에 이미 자신의 콘셉트가 녹아 있다는 점입니다. 즉, '이슈'라는 핵심용어에 '최고'를 뜻하는 '왕'이라는 문구가 들어가서 누가 봐도 채널의 성격을 짐작할 수 있습니다.

이와 유사한 사례로 2018년에 가파른 구독자수 성장을 이룬 '급식왕'을 들 수 있습니다. 이 채널은 학생을 은유적으로 표현하는 '급식'이라는 용어에 최고를 뜻하는 '왕'을 붙여서 초·중·고 학생들에게 강하게 어필할 수 있었습니다. 이런 사례들처럼 여러분이 채널을 기획할 때도 가급적 콘셉트와 채널명이 직관적으로 연결되게끔 만드는 방법도 고민할 필요가 있습니다.

이슈왕이 올리는 영상들은 포털 검색순위와 무관하지 않습니다. 포털 검색순위에서 상위에 들어가는 주제들은 이슈왕에 즉각적으로 업로드됩니다. 이슈왕이 52만 명 이상의 구독자를 모을 수 있었던 가장 큰 이유는 대중들의 관심이 증폭되는 시점에 빠르게 영상을 업로드했기 때문입니다.

이슈왕의 영상을 살펴보면, 초반부에 해당 이슈에 대한 사실관계를 객관적으로 설명하고, 후반부에 그 이유나 원인에 대해 상세한 설명과 주장을 붙입니다. 이슈를 '정리'하고 그에 대한 '주관적 관점'을 결론으로 내세우는 단순한 포맷입니다(절대법칙 1).

각종 이슈는 거의 매일 끊임없이 터집니다. 그래서 이슈왕은 영상을 하루에 1개 이상 꾸준하게 업로드합니다(절대법칙 5). 이슈왕은 2년 여의 운영기간 동안 총 1,000개 이상의 영상을 올렸습니다.

이슈왕이 올리는 영상의 제목을 보면 다음과 같이 포털에서 관심이 집중되는 '논란거리'를 가장 큰 소재로 정하고 있음을 알 수 있습니다 (절대법칙 3).

'트와이스 사나 논란 정리'

'박성광 매니저 임송 그만두는 이유'

'영화 어벤져스 규제 논란'

기본적인 검색능력과 빠른 대응력만 있다면 여러분도 이슈왕과 같은 영상을 어려움 없이 만들 수 있습니다.

05

운동/스포츠-그들은 왜 궁금증을 유발시킬까?

말왕TV

약 105만 명의 구독자를 확보한 스포츠 전문 채널 '말왕TV(이하 '말왕')'는 다양한 스포츠를 체험하고, 운동에 대한 노하우나 방법들을 설명하는 영상들을 업로드합니다.

말왕에서 처음 주목을 받은 영상은 '초보도 따라하는 볼링에서 스핀 넣는법'입니다. 3분가량의 이 영상은 230만 회 이상의 조회수를 얻었는데, 채널 초창기임을 감안한다면 '킬러 콘텐츠'였음을 짐작할 수 있습니다.

사람들은 볼링칠 때 스핀 넣는 방법에 대한 궁금증(트래픽)을 가지고 있습니다. 실제로 네이버 광고 플랫폼 키워드도구에서 '볼링 잘치는 방법'을 검색해보면 다음 그림과 같이 월간 2~3만 정도의 검색 트래픽을 형성하고 있음을 알 수 있습니다.

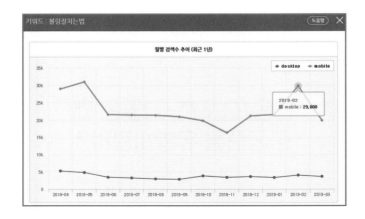

또 '볼링스핀넣는법'은 아래와 같이 매월 약 1.5만 건 정도의 검색량
을 형성하고 있습니다.

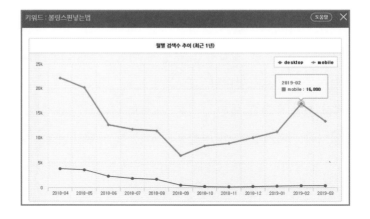

계절마다 편차는 있지만, '볼링 잘치는 법' 또는 '볼링스핀넣는법'과
같은 키워드는 나름의 꾸준한 검색수요가 있음을 확인할 수 있습니다.
따라서 해당 키워드를 사용하면 검색유입 효과를 볼 수 있겠지요.

이런 키워드는 롱테일 법칙, 즉 매월 적정한 트래픽을 안정적으로 확보하면서 장기적인 성장을 꾀하는 데 유용한 키워드라고 할 수 있습니다. '블로그 편'에서 제가 '약' 이름을 주제로 티스토리 블로그에 꾸준한 검색유입을 유도했던 것과 같은 전략으로 볼 수 있습니다(20~22쪽 참조).

피지컬갤러리 채널

피지컬갤러리는 운영을 시작한 지 채 1년도 되지 않아 75만 명 이상의 구독자를 확보한 스포츠 채널입니다. 이 채널은 '이 마사지 절대 하지 마세요'라는 킬러 콘텐츠 덕분에 단기간에 성장할 수 있었습니다. 피지컬갤러리는 일반적으로 많이 하는 '어깨 주무르기'의 위험성을 주제로 이 영상을 만들었습니다.

대체로 '절대 하지 말아야 할 것'이라는 콘셉트는 사람들을 '주목'하게 만듭니다. 사람들의 심리에는 위험을 회피하고자 하는 강한 본능이 있기 때문에, 유튜브에서는 '절대 하지 말아야 할 것'이라는 주제의 영상들이 많은 조회수를 얻곤 합니다.

또한 관심이 집중되는 효과도 있습니다. 도대체 '왜 하지 말아야 하는 것인가' 하는 '궁금증'을 증폭시키기 때문입니다(절대법칙 2). '학교에서 절대로 하면 안되는 짓들', '엄마몰래 절대하면 안되는 짓' 등의 영상으로 높은 조회수를 기록한 '급식왕' 채널도 이러한 방식으로 성공한 대표적 사례입니다.

따라서 스포츠 채널을 운영하려 한다면, 이러한 궁금증을 일으키는 썸네일과 제목을 적극적으로 활용하기 바랍니다.

06

유머 - 오감반응을 적극 활용하라

유머 채널을 운영하려면 구독자의 '쾌감반응'을 이끌어낼 줄 알아야 합니다. 앞서 설명했듯이 유튜버가 보여주는 반응은 영상을 보는 사람에게 감정적 화학반응을 일으킵니다. 쉽게 말해 눈물을 흘리는 사람을 보면 울게 되고, 웃는 사람을 보면서 웃게 된다는 의미입니다. 심리학적으로는 이를 '거울반응(mirror reaction)'이라고도 합니다.

유머 채널에서 썸네일과 제목은 매우 중요합니다. 썸네일에 나오는 한 장면만으로도 잠재구독자들이 어떤 내용이 전개될지를 짐작할 수 있어야 합니다. 그래야 '반응'을 이끌어낼 수 있기 때문입니다.

Ylvis - The Fox (What Does The Fox Say?)

유머, 재미를 준다는 것은 완벽해보이는 사람이 보여주는 '실수'와 같습니다. 8억 회 이상의 조회수를 올린 'Ylvis - The Fox (What Does The Fox Say?)'라는 영상은 우리에게 감정적 불안정성을 가져다 줍니다. 다시 말해 배꼽을 잡고 웃게 만든다는 말입니다. 'Ylvis - The Fox' 는 평범하지 않은 소재로 의외의 상황들을 만들어 감정의 불안정을 유도하고, 보는 사람으로 하여금 박장대소하게 만듭니다.

'Ylvis - The Fox'는 유럽의 개그맨들이 만든 '동물' 묘사 뮤직비디오입니다. 영어로 만들어졌지만, 누구나 무엇을 말하는지 대충 이해할 수 있습니다. 영상의 초반부에는 동물 분장을 하고 가든파티를 즐기는 사람들을 배경으로 노래가 시작됩니다. 그러다 갑자기 어이없게도 동물 분장한 사람들이 강력한 후크성(반복하게 되는) 후렴구를 부르면서 춤을 추기 시작합니다. '딩, 딩, 딩, 딩, 딩디딩디딩!', '와, 파, 파, 파, 파, 파, 파, 파우!'라고 외치는 형식으로 각종 동물의 울음소리를 성대모사하는 후렴구는 어이가 없을 정도로 웃깁니다. 심지어 손자를 무릎에 앉힌 인자한 모습의 할아버지까지 '아희, 아히, 아흐이!, 아희, 아히, 아흐이!'라고 외치는 부분에서는 뒤통수를 맞은 듯한 기분까지 듭니다. 2절 후렴구에서는 거의 정신줄을 내려놓은 듯한 멜로디와 음성으로 듣는 사람에게 카타르시스마저 느끼게 합니다. 처음 본 구독자들은 대부분 이 뮤직 비디오가 일반적 상식을 모두 뒤엎었다는 '반응'을 보입니다.

'No sexuality, No women exposing their bodies, No violence, 100% Energetic and entertaining song(섹시 어필도 없고, 여자들의 노출도 없으며, 폭력성도 없다. 그러나 100%의 에너지와 유머 요소를 가진 완벽한 노래다)'

이 영상은 2013년 9월에 업로드되었음에도 불구하고 아직까지 많은 댓글이 달리고 있으며, 영상 조회율이 떨어지지 않고 계속 유지되고 있습니다. 현재 8.4억 회 정도의 조회수를 기록하고 있는 이 영상은 전 세계 구독자 증가율을 감안했을 때 10억 회까지는 무난히 달성할 것으로 보입니다.

Comedian fk / Comedy

'Comedian fk / Comedy'는 아프리카 유튜버들이 만든 코미디 채널입니다. 이 채널은 구성이 간단하고, 촬영기법이나 편집도 단순합니다(절대법칙 1). 그럼에도 불구하고 전 세계적으로 구독자수가 계속 늘어나고 있습니다.

이 채널에서 가장 인기있는 영상은 'Hungry Children'과 'Despacito'입니다. 'Hungry Children' 영상을 살펴보겠습니다. 배고파 보이는 두 아이가 등장하고, 웃기게 생긴 청년이 그 아이들 곁을 지나갑니다. 그러다가 청년은 주머니에 있던 돈을 실수로 떨어뜨립니다. 그것을 본 아이들은 춤을 추는 척 하다가 몰래 돈을 줍습니다. 돈을 주은 아이들은 빵을 사먹고, 돈을 잃은 청년은 충격을 받아 바닥에 쓰러집니다. 이렇게 아주 단순한 내용이지만, 주요 구독자층인 초등학생들은 웃음이 팡팡 터집니다.

'Despacito' 역시 마찬가지입니다. 세계적인 노래 'Despacito'를 흥얼거리면서 걸어가는 청년이 있습니다(제목을 'Despacito'로 한 것은 음악에 관심 있는 전 세계인들을 끌어들이기 위한 미끼전략으로 보입니다). 길가에 앉아 있던 두 아이는 그 청년을 골려주고 싶다는 생각이 들어서 빈 물

병을 길바닥에 몰래 놓습니다. 청년은 기어이 물병을 밟고 넘어집니다. 골탕을 먹은 그 청년은 주머니에서 지폐를 꺼내 아이들을 가까이 오게 유혹합니다. 돈을 받으러 다가온 아이들은 한 대씩 뺨싸대기를 후려 맞습니다. 이렇게 영상은 끝이 납니다.

어떻게 보면 너무나 유치하고 단순한 내용이지만 사람들의 '반응'을 이끌어냈습니다. 이것이 포인트입니다. 유머 채널은 음악 채널과 마찬가지로 언어와 국경을 초월하는 소재인 '개그코드'가 있습니다. 유머는 동작과 표정만으로도 사람들의 '반응'을 이끌어낼 수 있다는 장점이 있습니다. 현재 많은 사람들이 'Comedian fk/Comedy' 채널의 팬이 되고 있으며, 구독자들의 반응도 좋습니다.

'Best video of the entire youtube(유튜브 전체를 통틀어 최고의 비디오다).'
'Better than U.S comedies(미국 코미디보다 낫다).'

이 사례처럼 언어와 국경을 넘어 간단한 유머 콘셉트의 스토리텔링을 하는 것만으로도 구독자들을 끌어 모을 수 있습니다.

허팝(Heopop)

국내에도 많은 유머 채널들이 있습니다. 대표적으로 초등학생들의 대통령이라 불리는 '허팝(Heopop)'은 상당히 재밌는 실험영상들을 올립니다. 허팝은 주로 커다란 연구소(?)에서 다양한 도구를 가지고 흥미로운 실험을 합니다. 허무맹랑해 보이는 실험영상들은 썸네일만으로도 궁금증을 불러일으키기에 충분합니다(절대법칙 2).

허팝 채널에서 가장 인기 있는 영상은 '요즘 전 세계 사람들이 따라하는 초병맛 외계인댄스를 해보았다! (Dame Tu Cosita Dance Challenge)'입니다. 허팝은 인도에서 유행하는 음악인 'Dame Tu Cosita'를 콘셉트로 이 영상을 만듦으로써 1억 회의 높은 조회수를 기록할 수 있었습니다. 이 영상은 세계 5위 유튜브 사용 국가인 인도 구독자를 공략함으로써 주목을 받는 데 성공했습니다. 이처럼 세계시장을 공략하면 보다 큰 결과를 얻을 수 있습니다.

허팝의 영상들은 대부분 '썸네일을 거대하게, 궁금하게'라는 법칙을 철저히 따르고 있습니다. 예를 들어 2,800만 회 이상의 조회수를 기록한 '액체괴물 수영장을 만들어보았다 (Slime Baff swimming pool - Heopop)'라는 영상에도 '거대하게' 또는 '궁금하게' 하라는 법칙을 따르는 썸네일이 달려 있습니다. 허팝은 영상제목에 영문을 함께 기재함으로써 해외 구독자를 확보하는 데에도 신경을 썼습니다.

fouseyTUBE

몰래카메라는 전체 유튜브 수익 3위 안에 들 정도로 인기가 좋은 주제입니다.

이 콘셉트로 운영하는 가장 유명한 채널로는 'fouseyTUBE'가 있습니다. 이 채널에서 가장 인기가 좋은 영상은 유튜버가 스파이더맨 분장을 하고 아이들에게 나타나는 영상입니다. 4분가량의 길이로 별다른 스토리도 없이 단순하게 만든(절대법칙 1) 이 영상은 1.6억 회 이상의 조회수를 기록할 정도로 많은 사랑을 받았습니다.

그다음으로 'MORTAL KOMBAT ELEVATOR PRANK!'은 유튜버가

갑옷을 입고 엘리베이터를 타는 사람들을 놀려주는 영상입니다. 유튜버는 엘리베이터에 타는 사람들을 공격하는 듯 보이다가 갑자기 우스꽝스런 춤을 춥니다. 몰카의 대상이 된 사람들은 깜짝 놀랐다가 이내 안도의 한숨을 내쉽니다.

우리나라에도 몰래카메라 콘셉트로 120만 명 이상의 구독자를 모은 '조재원'이라는 채널이 있습니다. 이 채널에서 600만 회 이상의 조회수를 얻은 '말 안듣는 친구 동생을 불러내서 옥상 저격 몰카ㅋㅋ'라는 영상은 조재원이 친구의 동생을 불러내 BB탄을 쏘는 몰래카메라입니다. 영문도 모른 채 밖으로 나와서 어딘가에서 날아오는 BB탄을 맞는 친구 동생의 모습을 보면서 사람들은 알 수 없는 쾌감을 느낍니다. 조재원 채널은 이 외에도 다양한 몰래카메라 영상을 업로드하여 많은 구독자를 확보했습니다.

몰래카메라는 이미 지상파(이경규의 '몰래카메라')에서도 인기를 얻었던 콘셉트이지만, 유튜브에서도 여전히 인기가 좋습니다.

07

브이로그 –
평범한 일상 속 비범함

브이로그(V-log)는 비디오(Video)와 블로그(Blog)에서 파생된 용어로, 유튜버의 일상을 보여주는 영상을 말합니다. 하지만 평범한 일상을 공개하는 것만으로 사람들의 '반응'을 일으키기는 어렵습니다. 때문에 브이로그를 콘셉트로 구독자를 모으는 것 또한 상당히 어렵습니다.

브이로그 콘셉트로 구독자를 모으려면 사람들의 관심이 집중되어 있는 아이템을 사용하거나, 잠재구독자가 재미있어 할 만한 다양한 기획을 통해 감정적 '반응'을 일으켜야 합니다.

NaNaSoNa Yoon

'NaNaSoNa Yoon' 채널은 한국인 남편과 일본인 아내의 평범한 이야기만으로 많은 사람들의 반응을 이끌어낸 브이로그 채널입니다. 이 채널의 영상에서는 특이함이나 독특함을 찾아볼 수 없습니다. 일상생활 속 이야기를 편안하게 찍어서 올릴 뿐인 데도 이 채널은 약 8만 명 정도의 구독자를 모았습니다. 다만 영상의 댓글을 통해 구독자들이 구독하는 이유를 미루어 짐작해볼 수 있습니다.

'군대 갔다온 거에 대단하다 하고 멋있다고 하는 게 좀 신기하고 새롭다'

남자가 의무적으로 군대를 다녀오는 것은 우리나라만의 특징입니다. 하지만 'NaNaSoNa Yoon'의 일본인 아내에게는 남편의 군대이야기가 특별한 경험으로 보였습니다. 일본인 아내의 신선한 '반응'이 구독자들에게 '반응'을 불러일으켰습니다. 이런 식으로 일본인 아내가 한국인 남편을 바라보는 표정이나 대하는 태도가 잠재구독자들에게 많은 호응을 얻은 것입니다. 결국 국가 간 문화적 차이에서 나타나는 특징이 이 채널의 '비범함'이자 성공비결이라고 볼 수 있습니다.

이런 사례처럼 브이로그 채널을 통해 구독자수를 확보하고 싶다면 자신의 일상 속에 나타나는 '차별성'이 무엇인지 파악하고, 그것을 핵심전략으로 구독자들의 '반응'을 이끌어내야 합니다.

08

뷰티 - 썸네일로 구독자 긁어모은다

SaraBeautyCorner

뷰티채널로서 'SaraBeautyCorner'는 독특한 콘셉트를 주제로 합니다. 이 채널은 재미있는 도구들을 활용해 화장을 하고, 군것질거리를 활용해서 화장품을 만드는 특이한 콘셉트를 가지고 있습니다.

이 채널의 영상들은 아름다우며, 전개가 상당히 빠르고, 짜임새가 있습니다. 이 채널은 시간이 오래 걸리더라도 영상을 아름답게 하고 흥미로운 썸네일을 만드는 데 역점을 두고 있습니다. 다음 그림처럼 입술에 특이한 색상을 바르는 장면이나, 눈가를 형형색색의 색깔로 꾸미는 장면을 클로즈업한 썸네일이 궁금증을 유발시킵니다.

이 채널에서 1.4억 회의 조회수를 올린 'How to Sneak Candy in Class! School Pranks and 15 DIY Edible School Supplies(학교에서 줄무늬 캔디 먹는 법! 학교에서 몰래 간식 먹는 방법)'은 흥미로운 스토리 텔링을 활용해서, 선생님 몰래 간식을 만들어 먹는 다양한 방법을 알려

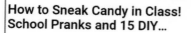

* 출처 : SaraBeautyCorner, https://www.youtube.com/channel/UC0YvTCy1I4_a—3pn47_5DBA

주고 있습니다.

　앞서 이야기했듯이, '학교에서 몰래 간식 먹는 방법', '학교에서 선생님 몰래 ○○하는 법', '학교에서 ○○ 잘하는 법', '학교에서 절대 하지 말아야 할 행동'과 같은 제목은 학생 구독자층을 유혹하는 데 매우 효과적입니다. 실제로 이 채널의 구독자는 성인뿐 아니라 학생들도 상당히 많습니다.

　뷰티 채널은 대부분 여성 유튜버들의 전유물입니다. '이사배' 또는 '조효진'과 같이 화장 전후의 '역변(갑작스런 변화)'을 보여주는 썸네일은 구독자들을 끌어들이는 데 효과적입니다. 뷰티 콘셉트로 채널을 운영할 때는 이러한 채널들의 썸네일을 참조하기 바랍니다.

09

게임 – 중요한 건 개성이다

게임을 콘셉트로 하는 유튜버들은 많습니다. 게임 채널로서 성장하려면 둘 중 한 가지가 있어야 합니다. 게임실력이 월등하게 좋거나, 영상을 찍는 사람의 개성이 뚜렷하게 드러나는 것입니다.

Jacksepticeye

전 세계 약 3,000만 명의 구독자를 확보한 'Jacksepticeye'는 위의 2가지 성공요인 중 후자에 속하는 대표적인 채널입니다. 'Jacksepticeye'는 상당히 개성 있는 목소리를 가지고 있습니다. 영상 도입부에 나오는 목소리는 듣는 사람을 주목하게 만드는 마력을 갖고 있습니다. 또한 썸네일은 다음 그림과 같이 누구라도 클릭해보고 싶을 정도로 궁금증을 유발하고 있습니다.

CARMAGEDDON! | Grand
Theft Auto V (PC) #4

　전 세계 최대 구독자수를 확보하고 있는 '퓨디파이(Pewdepie)' 못지않은 인기를 누리고 있는 'Jacksepticeye' 채널의 영상들은 대부분 100만 조회수를 넘습니다.

　사실 'Jacksepticeye'는 게임을 잘하는 유튜버가 아닙니다. 그는 매일 게임에서 집니다. 게임에서 지고 분노합니다. 그런데 잠재구독자들은 그런 그를 보면서 흥미로움을 느낍니다. 게임을 잘해서가 아니라 그의 반응이 너무나 재밌기 때문입니다. 열혈구독자들은 매일 게임에서 실패하는 그의 영상을 짜깁기한 노래도 만들었습니다. 'ALL THE WAY'라는 곡이 그것입니다. 이 노래는 7,700만 회의 조회수를 기록할 정도로 인기를 끌었고, 'Jacksepticeye'를 더욱 유명하게 만들었습니다.

　게임을 주제로 채널을 운영하고 싶다면, 게임실력도 중요하지만 자신의 개성을 살릴 수 있는 기획을 먼저 하기 바랍니다. 거기에 성공의 열쇠가 있습니다.

10

교육/감동 -
관심사를 활용한 콘텐츠 기획하기

올리버쌤

유튜브는 언어를 학습하는 도구로서 많은 장점을 가지고 있습니다. 그 이유는 다음과 같습니다.

- 언제 어디서나 접속할 수 있다.
- 영상 자막을 활용해 학습이 가능하다.
- 영상을 이용한 간접체험 학습이다.
- 배우고 싶은 영상을 선택할 수 있다.
- 영상길이가 10분 이내로 적정하다.
- 자투리시간을 활용하기 좋다.

우리나라에서는 유독 '영어'를 주제로 하는 교육채널이 인기가 많습니다. 대표적인 채널로는 '올리버쌤'을 꼽을 수 있습니다. '올리버쌤' 채널의 영상은 대부분 3분을 넘지 않으며, 많은 콘텐츠를 쏟아낼 수 있을 정도로 구성이 단순합니다. 또한 사람들이 궁금해 할 만한 주제를 쏙쏙 골라 영상을 만듭니다. 예를 들면 '번거롭다(hassle)는 말 영어로 어떻게 말하죠?'라는 제목의 영상은 평상시 우리가 궁금해 할 만한 주제입니다. 그는 1인 2역을 통해 자주 틀리는 문장을 알려줍니다.

올리버쌤의 채널은 배울 만한 점이 많습니다. 교육채널에서 순수하게 교육만 하는 것은 구독자를 끌어들이는 데 한계가 있습니다. 따라서 사람들의 관심사를 공략해야 합니다. 올리버쌤은 교육채널이지만, 가장 큰 호응을 얻은 영상은 '아기 진돗개를 본 미국 경찰관의 놀라운 반응'입니다. 올리버쌤은 '미국 부모님 반응'이나 '와이프 공개'와 같은 관심사 기반의 콘텐츠로 성장했습니다. 이와 같이 교육채널을 운영할 때는 관심사를 기반으로 썸네일과 제목을 구성해 구독자를 끌어들이는 전략이 중요합니다.

ComingHomeTV

'감동'을 주제로 하는 대표적인 채널로는 'ComingHomeTV'가 있습니다. 이 채널은 참전 군인들이 가족들 몰래 귀국해서 깜짝 상봉을 하는 단순한 구조를 갖고 있습니다(절대법칙 1). 'Soldiers Coming Home'이라는 표현으로 대표되는 이런 부류의 영상들은 단순하면서도 사람들의 극적인 '반응'을 만들어냅니다(절대법칙 1, 4).

노후에도 안정적 현금흐름을
만들기 위한 생존전략

월급에만 의존하는 것은 어쩌면 위태롭고 불안해 보이기까지 합니다. 이 책을 쓰는 목표는 저와 여러분이 월급에만 의존하는 삶의 태도를 버리는 데 있습니다. 당장 회사를 나오라는 얘기가 아닙니다. 직장을 나오거나 퇴직 이후에도 독립적인 삶을 살 수 있는 능력을 키우자는 것이지요. 핵심은 '자립능력'을 키우는 데 있습니다.

이 책은 '공부한 것을 돈으로 바꾸는 기술'입니다. 이제 당신도 경제적으로 자립할 수 있습니다.

이 책을 통해 구글 애드센스라는 재테크 수단을 익혔으니, 아는 데만 그치지 말고 적극적인 실천으로 점점 누적되는 달러 수익을 자신의 것으로 만들어보기 바랍니다.

'시작하라. 그 자체가 천재성이고, 힘이며, 마력이다'
– 요한 볼프강 폰 괴테

<AI로 돈벌기 '유튜브대학교' 입학 안내>

안녕하세요, 《구글 애드센스로 돈 벌기》 저자 풍요(안동수)입니다.

AI로 돈벌기 '유튜브대학교(YTU)'는 애드센스 수익을 본격적으로 만들고 싶은 분들을 위한 '전문가 강의 + 스터디' 과정 입니다.

본 과정은 저자가 직접 검증한 AI 반자동 수익화 유튜브 실전 커리큘럼과 스터디 모임으로 구성되어 있습니다. 같은 목표를 가진 분들과 함께 정보를 공유할 계획입니다.

구독자 0에서 1,000명까지, 수익 0에서 1,000달러까지. '롱런하는 주제 선택 → 콘텐츠 제작 → 업로드 → 수익화까지' AI로 자동화하여 단기간 내 수익달성을 목표로 합니다.

〈수강생 목표달성 사례〉

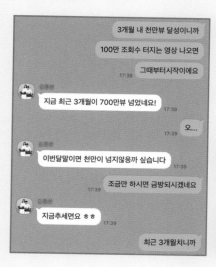
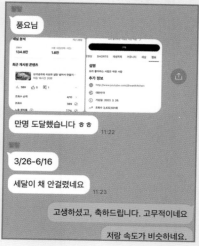

〈이런 분들에게 추천합니다〉

- 유튜브를 시작하고 싶지만 영상제작이 막막한 분
- 얼굴 공개 없이 수익형 채널을 운영하고 싶은 분
- AI 툴을 이용한 영상 자동화에 관심 있는 직장인 및 N잡러
- 집에서 부수입 만들고 싶은 전업주부 및 대학생
- 유튜브 채널 수익화에 실패한 분
- 그 외 인세, SNS 등 수익 파이프라인을 만들고 싶은 분

- 신청 문의 : aptk5925@gmail.com
- '풍요의 AI로 돈벌기' 단톡방 문의 : https://open.kakao.com/o/gzqyxftb
  (카카오톡에서 '풍요의 AI로 돈벌기'를 검색하면 됩니다)

(링크 : 단톡방 '풍요의 AI로 돈벌기')
* 비밀번호 : 2025